复旦大学韩国研究丛书

中文社会科学引文索引（CSSCI）来源集刊
中国学术期刊综合评价数据库（CNKI）来源集刊
万方数据（WANFANG DATA）来源集刊

复旦大学韩国研究中心 编

韩国研究论丛

CHINESE JOURNAL OF KOREAN STUDIES

总第三十八辑

（2019年第二辑）

社会科学文献出版社
SOCIAL SCIENCES ACADEMIC PRESS (CHINA)

This Publication was supported by the Academy of Korean Studies Grant (AKS – 2019 – P01)

　　为适应我国信息化建设，扩大本论丛及作者知识信息交流渠道，本论丛已被《中国学术期刊网络出版总库》（CAJD）、CNKI及万方数据等系列数据库收录，其作者文章著作权使用费与本论丛稿酬一次性给付。免费提供作者文章引用统计分析资料。如作者不同意文章被收录，请在来稿时向本论丛声明，本论丛将做适当处理。

复旦大学《韩国研究论丛》编委会

主 任 委 员 石源华

副主任委员 郑继永

委　　　员 （中文拼音顺序）

蔡　建　　陈尚胜　　崔志鹰　　方秀玉　　郭　锐
韩献栋　　洪　军　　金成镐　　金健人　　李春虎
李花子　　李　文　　李英武　　刘　鸣　　吕　超
满海峰　　牛林杰　　朴灿奎　　沈丁立　　沈定昌
汪伟民　　吴心伯　　袁正清　　张慧智　　赵青海
〔韩〕黄载皓　　〔韩〕金兴圭　　〔韩〕李熙玉
〔韩〕朴泰均　　〔韩〕尹丝淳　　〔韩〕郑钟昊

主　　　编 郑继永

副 主 编 邢丽菊　蔡　建

责任编辑 朱　芹

目录

政治与外交

浅析韩国"纪念外交"及对中国的启示 …………………… 李　宁 / 3

"慰安妇"问题与韩日关系：协议、争议与影响 …………… 李婷婷 / 17

不对称同盟内部的自主性考察：以冷战后的美韩同盟为例 …… 李　阳 / 31

冷战后韩国海洋安全战略调整的动因探析 ………… 杨鲁慧　朱迪娜 / 47

韩国"新北方政策"下的韩俄远东合作：以"九桥战略"为核心

…………………………………………………… 张慧智　徐　曼 / 63

日韩贸易纠纷的缘起、特征与影响

——经济民族主义与政治民族主义的缠斗阴霾

…………………………………………………… 高　兰　赵丽娟 / 77

历史与文化

20世纪初中朝联合认识形成初探 …………………………… 刘牧琳 / 93

论朝鲜义勇队的北上与韩国光复军点验问题的产生 ………… 石建国 / 105

朝鲜王朝廷臣李廷龟两次赴明"辩诬"述论 ………………… 王　臻 / 118

由"卢李调停"看朝鲜宣祖初年的政治形势 ……… 尹铉哲　刘吉国 / 131

身份认同视角下的中韩人文交流

——基于"缘理论"框架的分析 …………………………… 宗立宁 / 142

近代开埠期韩国文人诗词中的李舜臣形象研究 ………… 裴钟硕 / 157
朝鲜时期北学派的华夷天下观 ………………………… 陈毅立 / 169
丽末鲜初的儒学政治化形态研究 ………… 方浩范　马晓阳 / 182
退溪"四端七情论"：一个现象学的考察 ……………… 林　曦 / 195

社会与经济

"一带一路"视域下中韩产业园建设研究 ……………… 唐　坤 / 209
韩国国际医疗旅游发展：现状、问题与经验启示
　　………………………………………… 梁江川　潘　玲 / 221
"一带一路"倡议下中韩知识产权国际保护合作研究 ……… 任　虎 / 236
"冰上丝绸之路"背景下的中韩北极合作 ………… 王晨光　孙　凯 / 248

CONTENTS

Politics and Diplomacy

A Brief Analysis of "Memorial Diplomacy" of ROK and
Its Enlightenment to China　　　　　　　　　　*Li Ning* / 3

The "Comfort Women" Issue and ROK-Japan Relations: From
Agreement to Disputes　　　　　　　　*Li Tingting* / 17

A Study on Autonomous in Asymmetry Alliance: The Case of U. S. -
ROK Alliance in Post-Cold War Era　　　　　　*Li Yang* / 31

An Analysis of the Motives of the ROK's Maritime Security Strategy
Adjustment after the Cold War　　　*Yang Luhui, Zhu Dina* / 47

ROK's Far East Cooperation with Russia under the
"New North Policy"
—Taking "9 - Bridges Strategy" as the Core
　　　　　　　　　　　　Zhang Huizhi, Xu Man / 63

The Origin, Characteristics and Impact of the Japan-ROK Trade
Disputes
—Economic Nationalism and Political Nationalism
　　　　　　　　　　　　Gao Lan, Zhao Lijuan / 77

History and Culture

The Formation of the Ideology of the Sino-Korea Union in
　　Early Twentieth Century　　　　　　　　　　　　*Liu Mulin* / 93

Discussion on the Korean Volunteer Militia Went North and Appearing
　　of the Problem of Point Inspection of the Korean Revival Army
　　　　　　　　　　　　　　　　　　　　　　　　Shi Jianguo / 105

An Analysis of the Two "False Accusations" that the Chosŏn Secretary
　　Li Ting-gui Went to the Ming Dynasty　　　　*Wang Zhen* / 118

The Research on the Political Situation in Early Years of Joseon
　　Seonjo by "Lu Li Mediation"　　*Yin Xuanzhe*, *Liu Jiguo* / 131

Cultural Exchanges between China and ROK from the Perspective
　　of Identity
　　——*Analysis Based on the Theory of "YUAN"*　　*Zong Lining* / 142

A Study on the Image of Li Shunchen in Korean Literati's Poems
　　during the Early Modernization Period　　*Pei Zhongshuo* / 157

Zhonghua Consciousness of the "Northern School" in the Lee's
　　Korean Dynasty　　　　　　　　　　　　　　　*Chen Yili* / 169

A Study of the Political Mode of the Confucianism in the Late Goryeo
　　Dynasty and the Early Joseon Dynasty
　　　　　　　　　　　　　　　Fang Haofan, *Ma Xiaoyang* / 182

Toegye's Arguments on the Four Beginnings and Seven Emotions:
　　A Phenomenological Inquiry　　　　　　　　　　*Lin Xi* / 195

Society and Economy

The Research on the Construction of Industrial Park between China and ROK from the Perspective of "the Belt and Road"

Tang Kun / 209

A Case Study of International Medical Tourism Development in ROK: Current Situation, Problems and Enlightenment

Liang Jiangchuan, Pan Ling / 221

The Research on China-ROK Cooperation on International Intellectual Property Protection Under "the Belt and Road" Initiative

Ren Hu / 236

China-ROK Arctic Cooperation in the Context of "the Polar Silk Road" *Wang Chenguang, Sun Kai* / 248

政治与外交

浅析韩国"纪念外交"及对中国的启示

李 宁

【内容提要】 韩国"纪念外交"是指韩国政府与民间组织,通过在特定国家、地区设立纪念设施,开展外交活动的形式。它通过政府与民间组织相互配合,根据不同对象国、不同纪念内容等,有针对性地设立纪念设施,表达其反战态度及对战后遗留问题的诉求,旨在通过纪念外交,提升韩国国际形象,强化与相关国家间的双边关系,增强国内外韩人的爱国心及凝聚力。这一行之有效的公共外交形式可以为中国提供借鉴。

【关键词】 纪念外交 公共外交 认知 政府 民间组织

【作者简介】 李宁,复旦大学国际关系与公共事务学院博士研究生,上海国际问题研究院全球治理所助理研究员,国家领土主权与海洋权益协同创新中心在培博士研究生。

韩国的"纪念外交",是指韩国政府与民间组织通过在特定国家、地区设立纪念碑、塑像等纪念设施开展外交活动的形式。作为韩国公共外交的新路径,"纪念外交"在表达反战态度及对战后遗留问题的诉求的同时,也拉近了韩国与纪念设施所在国的双边关系,有助于韩国输出国家文化、塑造国家形象,成为一种行之有效的公共外交新形式。

二战结束以来,韩日之间对战争遗留问题的解决态度及方式一直存在着严重分歧。无论是"慰安妇"问题,还是战争期间强征劳工等问题,日方的态度、做法都让韩国政府和民众无法接受。因此，由韩国民间团体主导，韩方开始通过在国内外多地设立纪念碑等形式，表达反战情感及对战后遗留问题的诉求。朴槿惠时期，政府开始大力推进这一行动，设立国务总理直属机构，与民间团体、海外韩侨团体密切合作，通过这种纪念形式，增加国际社会对韩国的了解，大大提升了韩国在国际上的正面形象，同时拉近了其与外交大国及周边国家的双边关系。到文在寅政府执政，韩国也并没有因国内政治波动影响到这一公共外交活动的继续推行。时至今日，这种以设立纪念设施为主要形式的外交行为，成为韩国公共外交的重要标签。

一 韩国海外纪念设施的类型

韩国在国外设立的纪念性设施一般分为三种类型：有关二战期间被日强征的"慰安妇"的塑像、纪念碑等；有关二战期间被强征的劳工的纪念碑；有关二战期间韩国在海外的反战事件、人物等的纪念设施。先前，韩国政府曾在海外零星地设立过类似性质的纪念碑，如1997年在塞班岛设立朝鲜和平纪念碑，纪念第二次世界大战期间被强征至塞班岛的朝鲜人，但规模性的集中建设行为开始于2010年之后。

其中，最受瞩目的莫过于围绕"慰安妇"问题设立的纪念设施。2010年，通过在美韩裔团体的不断努力，第一座"慰安妇"纪念碑在美国新泽西州最大的韩裔聚居区——帕利塞德斯帕尔克市建成。这座纪念碑的建成引发了当地日裔美国人的强烈不满甚至抗议，但当地韩侨以沉默抗议应对，展现了大韩民族隐忍坚持的品质，赢得了美国社会的广泛支持。由此开始，在韩国官方的积极支持下，政府与国内民间团体、海外侨团积极合作，在美国设立了多处关于"慰安妇"的纪念设施。2011年12月，韩国民间团体韩国挺身队问题对策协议会在韩国首尔的日本大使馆前树立了著名的"慰安妇"少女雕塑"和平碑"；截至2014年11月26日，该组织在韩国国内共主导设立了七座"慰安妇"少女雕像，在美国主导设立了两座"慰安妇"少女雕像。[①] 受到鼓舞的在美韩裔团体宣布，将筹资建立更多的"慰安妇"纪念

---

① 此数据来源于韩国挺身队问题对策协议会网站，http：//womenandwar.net/kr/peace-statue/。

碑，让世人了解这段历史，并警醒后人。① 根据笔者的不完全统计，现在美国国内已经建有十几座"慰安妇"纪念碑或雕塑。紧握双拳、表情痛苦的"慰安妇"少女形象和蝴蝶标志成为反对战争、反对反人性罪行的著名标志。

在所有的"慰安妇"纪念碑中，现存于美国卑尔根县的纪念碑尤为引人注目。2013年3月，在美国韩侨的努力下，美国地方政府独立出资，为"慰安妇"建碑。这是美国地方政府首次主动建立"慰安妇"纪念碑，资金由地方政府财政预算支付。之前，该地已经建有"与世界历史上的重大人权问题相关的"② 纪念美国奴隶制度牺牲黑人、纪念被纳粹屠杀的犹太人、纪念被土耳其屠杀的亚美尼亚人、纪念受英国掠夺之苦的爱尔兰人等四座纪念碑。韩国媒体认为，该纪念碑建在这样一个具有象征性的、被称为"荣誉之环"（Ring of Honor）的地方，更加有意义。之后，在韩国政府和韩裔团体的努力下，美国新泽西州的尤宁城也由政府出资，建立了蝴蝶标志的"慰安妇"纪念碑。从这些事件可以看出，在韩国政府及民间团体的努力下，"慰安妇"问题已经在美国受到广泛关注，并得到社会主流的支持。

除了在美国建立纪念碑，韩国政府也积极在其抗日时期的主要活动地——中国建立各种纪念设施，现存的已有上海大韩民国临时政府旧址、重庆大韩民国临时政府旧址等。2013年6月，朴槿惠总统在访华期间向习近平主席提出希望在中方支持下建立韩国抗日英雄安重根纪念碑的请求，中方将原计划的纪念碑升级成纪念馆，并在2014年初建成。2014年5月，韩国政府特定代表团访问纪念馆，并向中方表达感谢。同时，韩国光复军第二支队驻地旧址纪念碑也在中国西安落成。抗日期间韩国义士在中国国土上同中国人民并肩抗战的历史通过在各地不断落成的纪念设施重新被两国民众所认识。

除此之外，在韩国国务总理直属机构"调查对日抗争时期被强征事例及支援国外被强征牺牲者委员会"的主导下，2014年6月，第三座被日强征遇难者纪念碑在太平洋岛国巴布亚新几内亚建成。此前，韩国政府曾于2010年5月和9月分别在菲律宾和印度尼西亚设立了纪念碑。这些纪念碑旨在纪念那些在二战期间被日军强征到异国客死他乡的朝鲜人。该机构表

---

① 《"慰安妇"斗争韩国零让步》，凤凰新闻网，http：//news.ifeng.com/a/20151229/46869643_0.shtml。

② 《美国地方政府将首次主动建立韩国慰安妇纪念碑》，参考消息网，https：//world.cankaoxiaoxi.com/2012/1015/104797.shtml。

示,韩国政府计划加快在海外设置纪念碑的步伐,争取每年建立一座纪念碑。为此,政府每年将划拨 2 亿韩元的预算。①

表 1　2010 年后韩国在海外设立二战相关纪念设施统计

时间	地点	设施名称	主导者
2010	美国新泽西州帕利塞德斯帕尔克市	"慰安妇"纪念碑	美国韩裔团体
2010.5	菲律宾	被日强征遇难者纪念碑	韩国政府
2010.9	印度尼西亚	被日强征遇难者纪念碑	韩国政府
2011.12	韩国首尔日本驻韩大使馆前	"慰安妇"雕塑	韩国民间团体
2012.6	美国纽约州维斯特博格	"慰安妇"纪念碑	韩美公共政策委员会、韩国光州市、美国长岛县
2013.3	美国纽约州	"慰安妇"纪念展馆(筹备)	韩美公共政策委员会
2013.3	美国新泽西州卑尔根县	"慰安妇"纪念碑	美国地方政府
2013.7.30	美国加利福尼亚州格伦代尔市	"慰安妇"雕塑	加州韩裔美国人
2014.1	美国纽约州艾森豪威尔公园	"慰安妇"纪念碑	韩裔团体
2014.1.19	中国黑龙江省哈尔滨市	安重根纪念馆	朴槿惠访华时提出(中国政府出资)
2014.5	美国弗吉尼亚州费尔法克斯县	"慰安妇"纪念碑	韩裔团体
2014.5	中国陕西省西安市	韩国光复军驻地旧址纪念碑	韩国政府
2014.6	巴布亚新几内亚	被日强征遇难者纪念碑	韩国政府
2014.8	美国新泽西州尤宁城	"慰安妇"纪念碑	美国地方政府、韩裔团体
2014.8.16	美国密歇根州底特律西北南菲尔德	"慰安妇"雕塑	韩美女性会
2015.7.7	美国芝加哥市	"慰安妇"雕塑	芝加哥"慰安妇"少女像推进委员会
2015.9.22	美国加利福尼亚州旧金山市	"慰安妇"纪念碑	包括美国华侨、韩侨在内的多族裔权益组织"慰安妇正义同盟"。
2015.11.18	加拿大多伦多市	"慰安妇"雕塑	韩国加拿大文化协会

① 《韩国拟在太平洋岛国立碑　悼念被日本强征遇难者》,中国新闻网,http://www.chinanews.com/gj/2014/01-13/5728064.shtml。

续表

时间	地点	设施	主导
2015.12.31	韩国釜山市	"慰安妇"雕塑	韩国民间团体
2016.8.6	澳大利亚悉尼克罗伊登公园	"慰安妇"雕塑	韩裔社团
2016.10.22	中国上海市	"慰安妇"雕塑	中韩艺术家
2017.3.9	德国巴伐利亚州维森特市	"慰安妇"雕塑	德国韩裔居民
2018.5	美国新泽西州	"慰安妇"纪念碑	美籍韩裔学生团体

资料来源：作者根据相关资料整理，尚有遗漏。

* "慰安妇"雕塑包括具有代表性的"慰安妇"少女像、"慰安妇"少女群像等，也包括个人或团体自行设计的各种相关雕像。

二 韩国"纪念外交"的特点

综观以上韩国开展的"纪念外交"，可以发现其具有以下几个特点。

第一，"纪念外交"中，纪念设施的设立根据纪念议题的不同，其针对的受众国具有明显差异。从表1中可以明显看出，围绕"慰安妇"问题的各种纪念设施，大多设立在美国；有关二战期间韩国在海外的反战复国事件、人物的纪念设施，主要设置在中国；而关于二战期间被日军强征的劳工的纪念设施则主要设立在东南亚国家。

不同内容的纪念设施的所在国存在明显的差异。"慰安妇"问题是二战遗留问题中最受国际社会关心的问题之一，"慰安妇"对韩国人来说也是一个非常敏感的词语。二战期间，日本强制14万~16万朝鲜女性成为"慰安妇"，[①] 她们当中的幸存者在日本投降后，忍受着难以启齿的病痛和屈辱度日，慑于传统偏见，不敢公开自己的遭遇。经过数十年的沉默后，日军从军"慰安妇"问题于20世纪90年代初被曝光，一些当年的受害者勇敢地站出来，揭露日军的暴行。然而日本政府及右翼势力却试图否定"慰安妇"制度的反人类性质，反对"慰安妇"幸存者提出的赔偿要求。韩国政府及社会团体在与日方不断交涉、抗议的过程中，逐渐将"慰安妇"问题上升为

---

① 苏智良：《慰安妇研究》，上海书店出版社，1999，第279页。

世界性的人权问题，并希望在西方主流社会得到更广泛的支持，给日本在舆论和道义上施加压力。鉴于此，在美国建立各种形式的纪念设施增加美国民众对这一问题的认识，得到美国社会更广泛的支持，成为韩国在美国建立相关设施的主要目的。

二战期间，朝鲜半岛成为日本的殖民地，韩国人反日抗日的主战场转移到了中国。许多韩国志士来到中国，一方面在中国政府的帮助下组织临时政府、建立军队，继续反日复国斗争，另一方面也以各种形式参与中国的抗日斗争。所以，在中国，不仅有大韩民国临时政府的旧址，还有安重根、尹奉吉这样的抗日英雄的事迹流传。也因此，中国成为韩国设立有关反战事件、人物的纪念设施的主要对象国。

在战争期间，日本还从朝鲜强制征用了 80 万劳工，[①] 其中很多人被派驻到当时同样被日本占领的东南亚国家。在那里，朝鲜劳工和其他国家被强制征用的劳工一起，在日军的军事奴役下工作，其中相当一部分由于恶劣的生存环境、非人的待遇、高强度的工作，甚至是由于完成了工作而不再被日军需要，惨死在当地。为了纪念这些劳工，韩国政府在当地树立纪念碑，提醒世人不要忘记那段共同被军国主义欺压的历史。

第二，在韩国纪念外交中，根据纪念设施内容的不同，其主导设立者也有明显的不同。通过表 1 我们很容易发现，有关"慰安妇"内容的纪念设施，多是由民间团体出面主导建设而成，而其他的纪念设施，则主要由政府出面主导建设而成。我们还可以看出，韩国政府一般主导在亚洲相关国家设立纪念设施，而民间机构等非政府团体一般主导在亚洲外的其他国家设立纪念设施。这是韩国根据"纪念外交"的不同受众而做出的有针对性的"差别化"对待。亚洲相关国家拥有比较相似的文化，且在二战期间都曾遭受过日本侵略，存在共同记忆，所以在亚洲相关国家，政府的纪念行为被大众广泛认可，政府主导的"纪念外交"能够取得较好的效果。在美国等其他国家，绝大多数民众缺乏对"慰安妇"等历史问题的了解，甚至根本不知道"慰安妇"的存在，对那段历史的认知不足。如果以政府主导的方式自上而下开展"纪念外交"，非但不会起到使美国社会真正了解"慰安妇"问

---

① 《韩媒：新资料证明日本殖民时期强征 80 万朝鲜劳工》，中国新闻网，http://www.chinanews.com/gj/2014/04 - 08/6039347.shtml。

题的目的，甚至可能会引起民众的反感。所以韩国民间团体将"慰安妇"问题与女性问题、人权问题等联系起来，首先通过设立纪念设施的方式使美国社会对此有所了解，进而通过自下而上的方式加强美国社会对这一问题的认知，赢得其支持，最终争取美国政府在态度和政策上的倾斜。事实证明，这种"差别化"的方式是非常成功的。

第三，在韩国"纪念外交"中，政府与民间团体密切合作、相互配合，提升了韩国"纪念外交"的影响力。韩国海外侨民众多，目前有749万多韩侨散居在全世界170个国家和地区，其中居住在亚洲地区的韩裔约388万人，美洲地区约289万人，欧洲地区约69万人，中东地区约2万人，非洲地区约1万人。[①] 这些韩裔侨民出于对民族、国家的认同感以及在国外结成团体相互照应的心理，组成各种民间团体，积极参与当地事务，成为当地社区的重要组成部分。此外，韩国政府在20世纪80年代末向世界大力宣传本国文化和经济建设所取得的成就以塑造本国和平发展形象的过程中，充分认识到海外韩侨的重要作用，因而对海外韩侨事务加大了统筹管理的力度。20世纪90年代，韩国政府在外交通商部属下成立了韩国国际交流财团、韩国国际协力团、在外同胞财团等机构，其中在外同胞财团就是面向韩裔侨民，"维护在外同胞在居住国中对本民族的认同感，保障自己的权益和地位，增强凝聚力"。[②] 在这样的背景下，韩国政府与海外韩裔团体在韩国公共外交中相互配合，适宜政府出面、由政府主导效率更高的项目由政府层面执行，适宜社会团体操作、由社会团体主导能够取得更好效果的项目由社会团体出面。政府主导的情况下，社会团体积极参与；社会团体主导的情况下，政府鼎力支持。这样，既避免了政府外交过于生硬、不易被国外社会接受的尴尬，又减少了民间团体缺少共同方向而导致的资源浪费。在美韩裔团体掀起设立"慰安妇"雕像高潮的同时，韩国政府积极配合，向联合国申请"慰安妇纪念日"，就是一个非常典型的例证。

第四，韩方在设立各种纪念设施的时候，均表现出了鲜明的民族文化特征。这一点在设立"慰安妇"相关纪念设施的时候表现得尤为明显。由韩

---

① 参考韩国在外同胞财团官方网站，http://www.okf.or.kr/homepage/index.do。
② 参考韩国在外同胞财团官方网站，http://www.okf.or.kr/homepage/business/fund_business.do。

国著名雕刻家金云成夫妇设计制作的著名的"慰安妇"少女塑像，以韩国第一个勇敢站出来揭露"慰安妇"存在及日军暴行的金学顺老人为原型，展现了一位穿着传统韩服的少女，紧握双拳，赤脚安静地坐在椅子上的形象，旁边空着的椅子既是对已经逝去的"慰安妇"老人表示追悼，又有期待大家和她一起反对日本战争罪行的意义，而地上年老的影子则寓意对日本彻底悔意的长久等待。随着一座座"慰安妇"少女塑像在美国落成，韩民族曾经饱受痛苦、现在努力发展的正面形象愈发深入人心，不仅是韩服这种明显的民族标识，韩民族内敛、隐忍、坚强的民族性格也随之表现出来，得到了美国主流社会的广泛认同。

三 韩国"纪念外交"的意义

1965年，美国塔夫茨大学弗莱彻法律与外交学院（Fletcher School of Law and Diplomacy）院长埃德蒙德·格利恩（Edmund Gullion）在爱德华·默罗公共外交研究中心（Edward R. Murrow Center）成立仪式的演说中，将公共外交定义为"公众态度对外交政策的形成和执行所造成的影响。它涵盖了超越传统外交的国际关系领域，包括'一国政府在其他国家境内培植舆论；一国利益集团与他国利益集团的互动；有关外交事务及其影响的通讯报道；职业外交官和驻外记者之间的联络与沟通和跨文化沟通的过程'"。[1] 随着社会不断发展变化，"公共外交是国家软实力提升的重要途径"[2] 已成为外交实践和学术研究领域的普遍共识，更有学者认为，公共外交对国家安全等高政治领域同样具有重要作用。[3] 由此可见，公共外交作为传统外交的重要补充形式，已经越来越成为国家对外事务中的重要组成部分。

近年来，传统公共外交"自上而下"的模式也在逐渐发生变化，呈现

---

[1] 转引自莫盛凯《中国公共外交之理论与实践刍议》，《外交评论》（外交学院学报）2013年第4期，第45~56页。
[2] 杨洁篪：《努力开拓中国特色公共外交新局面》，《求是》2011年第4期，第43~46页。
[3] 北京外国语大学副教授周鑫宇认为，公共外交不应仅被归于文化、宣传领域，它的各方面政策功能可以有效地作用于他国内政，对国家海外利益保护、应对全球化导致的利益和文化摩擦、推动全球治理等方面具有特殊作用。参考周鑫宇《公共外交的"高政治"探讨：权力运用与利益维护》，《世界经济与政治》2015年第2期，第96~110页。

出政府和非政府行为体共同作为公共外交的行为主体，影响他国民众的二元模式。① 这种二元模式，既利用了政府能够总体把握国内国际环境、提出国家外交指导性方向、具有强大资源调动能力的优势，又避免了执行过程中宣传色彩、政治意味明显，不被国外受众接受的尴尬；既利用了非政府组织处理灵活、接受度高的优势，又避免了其方向过于分散、受资金资源制约难有所作为的窘境。

韩国"纪念外交"正是这种二元模式公共外交的最优体现：政府与民间团体相互配合，一方面，紧扣纪念韩国在第二次世界大战中遭受屈辱历史的主题，占领道德高地；另一方面，通过各种形式的纪念活动，宣传韩国的人文理念。这对提升韩国的国际形象、加强韩国与纪念设施所在国的双边关系、强化海内外韩国人的凝聚力具有重要的作用和意义。

首先，韩国"纪念外交"在多个国家大规模地展开，提升了韩国在国际社会的形象，营造了有利于韩国诉求的国际环境。"纪念外交"的纪念对象是在二战中为国家独立而勇敢斗争的义士、军人和在战争期间遭到摧残、受到反人性对待的百姓，这一点使韩国首先在道义上成为国际社会给予同情和帮助的一方。"纪念外交"的形式并非是大张旗鼓的示威、抗议等强硬方式，而是由政府或民间团体主导、出资，在公共场所设立无声却具有深刻意义的纪念设施，将历史实物化、固定化，并将其意义从纪念历史上升到反人权、反人性的高度，以此来表达韩国民众对那段历史的记忆、对法西斯罪行的痛恨，以及坚决反对战争的感情。这种形式所展现出的内敛而坚韧的民族性格，得到了纪念设施所在国民众的赞赏，使纪念外交取得事半功倍的良好效果。韩国人站在正义的一方、不忘历史又面向未来的积极形象得到国际社会的广泛认可。同时，韩国也通过纪念外交，营造了更加有利于其解决关于强制劳工、"慰安妇"等历史问题的诉求的良好国际环境，这不仅包括一边倒的舆论支持，还包括政策、资金等各方面的倾向性支持。例如2014年，在日方指责中方应韩方请求建立安重根纪念馆时，中国外交部回应：安重根是著名的抗日义士，受到中国人民的尊敬，不接受日方所谓的"抗议"。在开馆后，外交部进一步表示，"我国政府认为在义举现场

---

① 郑华：《新公共外交内涵对中国公共外交的启示》，《世界经济与政治》2011年第4期，第143～153页。

设置缅怀受韩中两国国民尊敬的安义士的纪念馆非常有意义","希望借此机会,让东北亚各国谨记安义士主张的'东洋和平论'的崇高精神"。① 又例如在美国,有地方政府认为人们应该更多地了解"慰安妇"问题及相关历史,所以决定独立出资设立纪念设施;2013 年,纽约州议会众议院和参议院先后通过决议,指出"慰安妇"制度是反人道主义罪行,其残酷程度没有先例;② 美国加利福尼亚联邦地方法院驳回了日裔居民要求撤走象征"慰安妇"问题的少女雕像的提议;③ 2014 年,美国国会众议院通过财政年度拨款法案,首次把"慰安妇"议题收入国会法案,敦促日本政府正视这一问题并道歉。④ 这些事例充分说明,韩国的"纪念外交"在塑造韩国崇尚和平、支持人权的国家形象和营造有利于自身诉求的国际环境方面取得了相当的成绩。

其次,韩国的"纪念外交"通过有针对性地在相关国家设立纪念设施,营造出韩国与这些国家之间的共同历史联系感,拉近了感情,强化了韩国与目标对象国之间的双边关系。公共外交的核心是咨询和理念的跨国界流通。⑤ 韩国政府和民间团体所做的,正是通过"纪念外交"的形式,将二战期间所发生在韩国民众身上的骇人经历及战争受害者对这些罪行的观点展现出来,一方面,唤起与之有共同经历的国家的历史记忆,引发共同话题,营造共同患难的共情感;另一方面,向可能对有关议题产生影响却不了解相关历史的国家民众进行宣传,增加其对韩国相关诉求的理解与支持,进而影响所在国政府的态度。在这一过程中,韩国与对方政府或民众之间的观点交流、思想碰撞,最终形成共识。无论是以上哪一方面,对韩国与相关国家的双边关系都具有相当的促进作用。韩国政府在中国及东南亚国家设立的安重根纪念馆、光复军旧址纪念碑、被日强征遇难者纪念碑等,无

---

① 《外交部:不接受日方"抗议"中方建设安重根纪念馆》,人民网,http://world.people.com.cn/n/2014/0120/c1002-24175083.html。
② 《美国多地建慰安妇纪念碑 日本团体阻挠促成立法》,人民网,http://finance.people.com.cn/n/2014/0127/c70846-24237069.html。
③ 《日媒:美国法庭驳回日裔居民"慰安妇像"诉讼》,参考消息网,http://world.cankaoxiaoxi.com/2014/0807/453010.shtml。
④ 《美国首次将慰安妇议题纳入法案敦促日本道歉》,新浪新闻,https://news.sina.com.cn/w/2014-01-17/071029268054.shtml。
⑤ 檀有志:《美国学界的公共外交研究简况》,《美国研究》2013 年第 2 期,第 128~143 页。

不说明这些国家对二战期间日军所作所为的认识与韩国是相同或相似的，双方在这一点上是有共识的。这种历史共同记忆将成为双边关系中的重要组成部分。安重根纪念馆落成后，韩国媒体评价："安重根纪念馆的落成是中韩两国密切合作的结果。中韩两国共同拥有悲痛的历史，合作纪念烈士、警惕日本右翼政治势力抬头，这符合中韩两国的共同利益。"① 随着一座又一座关于"慰安妇"的纪念设施在美国各个城市不断设立，美国政府也对这一问题表现出倾向性。2014年4月，时任美国总统的奥巴马访问韩国时，就曾公开指责日本在第二次世界大战期间制造的"慰安妇"问题严重侵犯人权。② 在这一认识基调上的韩美双边关系，无疑得到了进一步强化。由此可见，韩国纪念外交对于推进与相关国家的共同历史共识，拉近双边关系具有相当程度的促进作用。

最后，韩国"纪念外交"拉近并细化了韩国与海外韩侨的联系，提升了国民与韩侨的民族感情和国家凝聚力，是政府与民间合作开展公共外交的典范。前文中提到，韩国拥有数量众多且居住地相对集中的海外韩侨，这些韩侨具备一定的经济能力，在政治上也有一定的影响力；在文化上，他们重视民族文化传统，本身就是母国文化最好的载体，且同时具有本地化特征，熟悉所在国的政治、经济、文化等情况及所在国国民的思考方式，因此这些侨民本身就是一笔丰富而巨大的财富。韩国政府非常重视对海外韩侨的联络与管理工作。韩国在外同胞财团的工作重点之一，就是构建"全球化韩人网络"，即通过类似韩商大会等经济、文化活动，将全球无论年龄、职业、所在地等的所有海外韩侨整合成"世界韩人网络"。韩国政府通过这样的"网络"维系与海外韩侨的联系，活化了巨大的海外人力、物力、财力资源，而韩国"纪念外交"无疑使这种联系更加具体化。同时，由于"纪念外交"承载了韩国人对历史的感情，能够担当海外韩人的精神依托，所以更具备了提升民族向心力的作用。

---

① 《安重根纪念馆引爆中韩日争吵　日本抗议中韩联手》，环球网，https://world.huanqiu.com/article/9CaKrnJE1L3。
② 《美国设立"慰安妇"纪念碑　幸存者要求日本道歉》，中国青年网，http://news.youth.cn/gj/201406/t20140601_5293541.htm。

四　余　论

"纪念外交",作为韩国公共外交的一种成功形式,它的内容、特点及意义可以为中国的公共外交提供以下几点借鉴。

一是公共外交的出发点要有道义根基支撑。《墨子·非命上》中说:"义人在上,天下必治",在《吕氏春秋·似顺论》中也有"义,小为之则小有福,大为之则大有福"的名言,这里的"义",都是指道。而在公共外交中的"道义",笔者认为应该是正当性与互利性。在公共外交中,出发点的正确性,宣传时的正当感,都是其能够发挥作用的重要支撑。所谓"得道者多助,失道者寡助",类似韩国"纪念外交"开展的正义性在中国开展公共外交时就显得尤为重要,能够相对减少有针对性的猜忌、怀疑等。

二是应该注重公共外交中的文化内涵因素。基于文化在国际政治上的战略意义,以及在国际外交事务中的深刻内涵,各国都把拓展其在海外的文化影响作为外交事务的重要组成部分。[①] 从国际文化交流的实践看,许多国家在开展对外文化教育交流与合作时都有自己的外交战略考虑,而不是"为文化而文化""为艺术而艺术""为教育而教育""为交流而交流"。[②] 简而言之,就是要在对外交流的过程中,贯彻国家的外交战略,使对方即使与我们存在文化差异,也能够理解、认同我们的文化、行为方式和思考方式,进而支持我们。在这样的过程中,如果不能使对方感受并赞赏我们的一些优秀的民族品格、传统文明等,无论公共外交有多么华丽的包装、动人的形式,都无法得到真正的理解与认同。韩国的"纪念外交"表现出韩国人的内敛、坚忍,其认真对待历史、反思过去的民族文化内涵得到了广泛的认同,触动了其他国家的政府、民众主动为其设立纪念设施,并给予舆论、资金、政策等的支持。中国作为历史悠久的文明大国,更应在公共外交开展的过程中注重文化内涵的表现。

三是根据对象国不同、受众不同,公共外交应该在顶层设计的统筹协调下,对外交开展的主导方和开展的形式、内容、范围等有所区别,并尽量细

[①] 李智:《文化外交:一种传播学的解读》,北京大学出版社,2005,第12页。
[②] 李智:《文化外交:一种传播学的解读》,第16页。

致化和差别化进行，因地制宜、因人而异。当今社会已经进入到多元化时代，不同地区、国家之间，甚至相同国家的不同阶层之间，都存在着认知差异，"一刀切"的办法已经不能适用。特别需要注意的是，在当今时代，信息传播飞速发展，任何不当的行为都有可能被迅速传播、放大，造成事与愿违的影响，不恰当的公共外交所带来的负面影响将会给缺少话语权的中国公共外交造成一定困扰。而统筹协调下的差别化公共外交则可以以受众易于接受的方式，润物细无声地消弭海外民众对当代中国认知上的偏颇，破除其思维定式，使其正确地认识、了解中国，改变其认知。

四是充分活化海外华侨资源，善加统筹。相比韩国的海外侨胞数量，我国的海外华侨数量更众，遍及地区更广。如前所述，他们既是中国形象在海外最鲜活的代表，又了解当地的社会、人文环境以及当地人的思考方式，因此他们应该成为中国公共外交最前沿的代表者与参与者。更好地拉近与海外华侨的距离，调动海外华侨的积极性、主动性，增进政府与海外华侨组织的协调合作，将会成为我国公共外交工作的基础保障与重要助力。

近两年，中韩之间在越来越多的议题上展开合作。2015年10月28日，由中韩两国的雕刻艺术家共同完成的韩国"慰安妇"少女和中国"慰安妇"少女雕像竖立在首尔城北区汉城大学附近的公园内，[①] 自此，中韩两国继共同纪念大韩民国临时政府、安重根义士、光复军之后，又开始在"慰安妇"问题上寻求新的合作，表达共同诉求。今天，"慰安妇"雕像已经在全世界范围内成为韩国反对战争罪行、追求和平的最著名的标签。在韩国"纪念外交"的努力下，更多人对"慰安妇"、强征劳工等历史问题加深了了解，更多国家和地区站在韩国一边，谴责日本的战争罪行和缺乏悔过诚意的态度。在这一过程中，韩国提升了自身的国际形象，进一步强化了世界范围内韩民族的凝聚力。

2019年下半年，因韩国法院判决强制劳工赔偿问题引发韩日商贸冲突，韩国开展"纪念外交"的努力在此时再次展现成效。日本政府迫于国际舆论压力，不得不一再改变发起贸易战的说辞；韩国内外同心，共同应对危局。韩国"纪念外交"这一公共外交的成功案例，值得中国借鉴。

---

① 《韩中共建的慰安妇少女像将在首尔揭幕》，韩联社，http://chinese.yonhapnews.co.kr/domestic/2015/10/26/0402000000ACK20151026001000881.HTML。

A Brief Analysis of "Memorial Diplomacy" of ROK and Its Enlightenment to China

Li Ning

Abstract　The ROK's "Memorial Diplomacy" model refers to the behavior of the ROK's government and non-governmental organizations to carry out diplomatic action through the establishment of commemorative facilities in specific countries and regions. This model, through the cooperation of the government and civil society organizations, and the establishment of targeted commemorative facilities according to different target countries and different commemorative contents, expresses its anti-war attitude and demands on the issues left over from the post-war period. With adopting "Memorial Diplomacy", ROK aims to increase its international image, strengthen bilateral relations with relevant countries, enhance patriotism and cohesion at home and abroad. This effective model of public diplomacy can be used for reference by China.

Keywords　Memorial Diplomacy; Public Diplomacy; Cognition; Government; Civil Society Organizations

"慰安妇"问题与韩日关系：
协议、争议与影响*

李婷婷

【内容提要】 韩日政府就"慰安妇"问题达成的协议及其后续争议，对塑造两国关系的新近发展有着重要影响。争议的根本原因在于协议内容与所称效力间的落差，即未就双方既有法律争议和史实争议取得本质进展，却宣称问题已获"最终和不可逆的解决"。在演变机制上，争议先在两国国内围绕本国得失、协议的必要性与可行性，以及协议的有效性问题各自展开，尤以韩国批评者的集体行动为主要推动力；朴槿惠弹劾案后，争议以釜山少女像事件为转折点，升级为外交层面的国际法之争，两国围绕协议有效性和局限性各执一词。未来协议难免走向名存实亡，两国的历史和解因本轮争议更添复杂性。

【关键词】 "慰安妇"问题 韩日关系 韩日"慰安妇"协议 历史和解 国际法

【作者简介】 李婷婷，北京大学外国语学院助理教授、研究员。

韩日关系近年反复受到近现代历史遗留问题的困扰，随着2019年韩国三一运动暨临时政府成立100周年和2020年日本殖民朝鲜半岛110周年接踵而至，短期内仍将面临各种历史问题的持续牵动。对于研判韩日关系的新近变化和未来走向，"慰安妇"①问题可提供重要切入点：该问题自2012年

---

* 本文系国家社科基金特别委托项目（项目号：15@ZH009）的阶段性成果。
① "慰安妇"是指日军在第二次世界大战期间强征的随军性奴隶，各当事方对这一问题的表述方式有不同主张。本文出于表述一致性考虑，使用了韩日协议中的说法。

底安倍再度执政后成为牵动两国关系全局的热点问题，2015年双方政府曾就此达成协议，却因饱受争议而迅速走向名存实亡。这一过程既体现出韩日关系的长期症结，也对两国关系的现状和前景有着重要影响。

"慰安妇"问题持续牵动韩日关系全局的症结和机制何在？两国政府间的官方协议为何不断引发争议？韩国政府在争议过程中的立场变化应该如何理解？协议从达成到迅速架空，给两国关系与历史和解等长期课题带来了哪些影响和启示？这些问题不但是韩日关系研究的前沿课题，对我国处理对日历史问题以及理解韩国的对外决策机制也有重要参考价值。国内学界对韩日"慰安妇"问题的历史和2015年协议的达成原因已有多方探讨，[①] 但对于协议达成后两国的后续争议和外交博弈，虽有及时关注和评析，[②] 却还未及从学理和政策层面加以深入研究。本文基于现有研究的成果和局限，聚焦于韩日"慰安妇"协议达成以来后续争议的内容及其演变，尝试分析两国"慰安妇"问题的症结、争议升级机制及其对韩日关系的影响。

一　协议内容：进展与局限

韩日两国关于"慰安妇"问题的交涉始于20世纪90年代初。尽管"慰安妇"强征事件本身发生在第二次世界大战期间，但战后因冷战格局、威权政治、历史认识等因素未受到充分关注，在对日本的战后处理和韩日邦交正常化等谈判中均未成为独立议题。直到1991年8月韩国"慰安妇"幸存者金学顺老人首次公开证言，"慰安妇"问题才进入两国公众的视野并渐受重视，韩日双方围绕史实、道义和法律责任三个层面的核心议题进行了多方交涉。2012年安倍再度执政后推行历史修正主义，"慰安妇"问题随着日方调查河野谈话出台过程等措施愈发受到关注，升级为牵动韩日关系全局的热点问题。

2015年的韩日"慰安妇"协议便是两国政府在上述背景下谋求终结争

[①] 参见姜龙范《日韩建交后的"慰安妇问题"：政府、民意与美国因素》，《日本学刊》2018年第6期；李成日《安倍政府的"慰安妇"问题认识与日韩关系的困境》，《东北亚学刊》2018年第3期；张源《日韩"慰安妇"问题的历史演变及其原因分析》，《当代韩国》2018年第2期。

[②] 参见金赢《韩日"慰安妇"问题：协议引分歧，和解尚难期》，《世界知识》2016年第2期；郑继永《韩日"慰安妇"问题：一个难解的结》，《世界知识》2017年第4期。

议、改善关系的产物。朴槿惠政府早期曾将"慰安妇"问题与两国关系挂钩，以日本纠正历史修正主义主张为发展关系的前提，双方一度陷入僵局。到 2014 年初，面对现实合作需求和美国的调解，两国政府开始尝试修复关系，于同年 4 月启动了关于"慰安妇"问题的外交部局长级会谈，次年初又增加了由韩国总统秘书室室长和日本国家安全保障局局长牵头的非公开高级会谈，谋求两国关系在二战结束 70 周年和双边关系正常化 50 周年的节点年内取得突破。截至 2015 年底，双方共进行了 12 轮局长级会谈和 8 轮非公开高级会谈，并于同年 12 月 28 日达成协议。①

韩日"慰安妇"协议并非书面文件，而是两国外交部部长以口头形式发表的三条共识，主要内容包括：第一，关于"慰安妇"问题的史实和责任判断，日本外相岸田文雄称其为"在当时军方参与下对大量女性的名誉和尊严造成严重伤害的问题"，表示日本政府对此"痛感责任"，并宣布安倍将以内阁总理大臣的身份，向受害者表达"由衷的谢罪和反省之意"；第二，在补偿措施方面，日方承诺以政府预算出资约 10 亿日元，供韩国政府建立"支援"财团，两国政府合作"恢复前'慰安妇'的名誉和尊严并治愈其心灵伤痛"；第三，关于协议效力范围，双方确认"慰安妇"问题将通过协议的履行得到"最终和不可逆的解决"，并同意在联合国等国际场合避免就该问题相互批判。此外，韩方表示有注意到日方对驻韩使馆前少女像的担忧，将与有关团体进行协商，努力寻求适当解决方案。②

协议内容看似简明，但两国政府对此的解读有显著分歧。分歧的根本原因在于协议本身的局限——协议达成的主要基础不是两国历史认识差距的缩小和共识的扩大，而是政府恢复双边合作的政治决断，以及部分模糊表述和

---

① 关于会谈详细经过，参见한•일 일본군위안부 피해자 문제 합의 검토 태스크포스,「한•일 일본군위안부 피해자 문제 합의（2015.12.28）검토 결과 보고서」, 2017 년 12 월 27 일, 외교부, 2018 년 1 월 1 일, http：//www.mofa.go.kr/www/brd/m_4076/view.do？seq = 367886, pp. 5 – 10。

② 「한•일 외교장관회담 결과（일본군위안부 피해자 문제 관련 합의 내용）」, 외교부, 2015 년 12 월 28 일, http：//www.mofa.go.kr/www/brd/m_4076/view.do？seq = 357655&srchFr = &srchTo = &srchWord = % ED% 95% 9C% C2% B7% EC% 9D% BC% C2% A0% EC% 99% B8% EA% B5% 90% EC% 9E% A5% EA% B4% 80% ED% 9A% 8C% EB% 8B% B4% C2% A0% EA% B2% B0% EA% B3% BC&srchTp = 0&multi_itm_seq = 0&itm_seq_1 = 0&itm_seq_2 = 0&company_cd = &company_nm = &page = 1&titleNm = ;「日韓両外相共同記者発表」, 外務省、2015 年 12 月 28 日、http：//www.mofa.go.jp/mofaj/a_o/na/kr/page4_001664.html。

履约措施的创新。以下将结合韩日双方对各条内容的解读分歧，对协议的局限加以具体分析。

第一，在史实问题上，协议没有对"慰安妇"征用的强制性和日本军方的参与角色做具体判定，只是部分截取河野谈话的说法，模糊表述为"军方参与"和对女性的"严重伤害"。事后日方表示协议并不影响其近年提出的史实质疑，安倍本人也曾明确表示，日本政府的有关立场并未改变，军方或政府资料都没有证据显示"慰安妇"有被强制征用的情况。① 对此，韩国外交部发言人强调，"慰安妇"强征是任何情况下都无法否认的历史事实，"在受害者证言、联合国文件、远东国际法庭资料、对印尼三宝垄慰安所的巴达维亚临时法庭判决、库马拉斯瓦米报告、荷兰政府调查报告等多种资料中都已经得到证实"，② 并呼吁日方克制可能阻碍协议履行的言行。③

第二，在责任性质上，协议笼统表述为日方"痛感责任"，去掉了日方看重的"道义的"等修饰语，但也没有体现韩方主张的法律责任。事后韩方认为这种模糊表述已是日方迄今的最大让步，相当于在法律问责上有所进展。时任外长尹炳世等外交界重要人士指出，这是日本官方首次在"责任"前不加修饰语，且履行措施中已事实上包括了法律责任的大部分组成要素，具有重大意义。④ 相反，日方称协议无关法律责任。岸田在协议当天强调，协议的责任表述是"基于历届内阁的立场"，"对日韩间财产请求权的法律立场与过去相比没有任何改变"；⑤ 安倍也指出，"慰安妇"问题通过1965年协定，

---

① 《安倍否认日军强征"慰安妇" 称日韩协议有利于安保》，中国新闻网，2016年1月18日，http://finance.chinanews.com/gj/2016/01-18/7721054.shtml。

② 「대변인 정례브리핑」，외교부，2016년 1월 19일，http://www.mofa.go.kr/www/brd/m_4078/view.do?seq=358218&srchFr=&srchTo=&srchWord=&srchTp=&multi_itm_seq=0&itm_seq_1=0&itm_seq_2=0&company_cd=&company_nm=&page=21。

③ 「대변인 정례브리핑」，외교부，2016년 2월 2일，http://www.mofa.go.kr/www/brd/m_4078/view.do?seq=358380&srchFr=&srchTo=&srchWord=2.2&srchTp=0&multi_itm_seq=0&itm_seq_1=0&itm_seq_2=0&company_cd=&company_nm=&page=2。

④ 유명환，「위안부 협상에 담긴 정치적 결단」，서울신문，2015년 12월 29일，http://www.seoul.co.kr/news/newsView.php?id=20151229030007；윤병세，「일본군 위안부 피해자 문제 합의 관련 새누리당 의총 보고」，외교부，2015년 12년 31일，http://www.mofa.go.kr/www/brd/m_20140/view.do?seq=302420；윤덕민，「한·일 위안부 피해자 합의 이후」，세계일보，2016년 1월 6일，http://www.segye.com/newsView/20160105003013。

⑤ 「기시다 日외무상"소녀상 적절히 이전되는 것으로 안다"」，연합뉴스，2015년 12월 28일，https://www.yna.co.kr/view/AKR20151228153152073。

"在法律上已得到完全且最终的解决,这一立场在此次共识中也毫无改动"。①

与此相关,协议对"慰安妇"受害者的弥补措施也较以往有所进展,但未明确这些措施是"道义补偿"还是"法律赔偿",韩日双方对此各持不同意见。具体来讲,比起亚洲妇女基金会的民间筹款和民间运营,日本政府预算出资、韩国政府建立财团、两国合作落实等方式已部分反映了韩国受害者的法律问责要求,尽管也有批评者表示这种方式有将落实责任转嫁给韩国政府之嫌,但韩方认为这事实上已体现出法律责任的多个要素。对此,日方则强调政府预算出资的补偿方案"并非赔偿",② 意在划清其与法律责任的界限。

第三,在协议效力上,双方对如何理解"最终和不可逆的解决"也有严重分歧。日方认为这一表述宣告了两国"慰安妇"争议全面彻底的终结,为争议"画上了终止符"。③ 据称安倍本人也曾表示,协议是为了践行不让子孙后代背负谢罪宿命的决心,今后将不再就"慰安妇"问题对韩道歉。④ 而韩方则称该表述的适用范围有限。关于"最终",韩国外交部指出,"慰安妇"问题包括外交悬案、普世人权、历史记忆和受害者尊严与名誉四个层面,政府间协议的效力仅限于外交层面,与恢复受害者尊严和名誉有关,但无法限制历史教育和女性人权等普世价值。此外,韩方认为"不可逆"亦有其前提,即双方的切实守约,包括"日方不得做出推翻或逆行于协议内容的言行"。⑤

此外,双方对少女像问题的解读也存在分歧。日方认为转移少女像是协议措施的组成部分和前提条件。岸田多次表示,据他理解,少女像将得到"适当的移除";⑥ 自民党早期也曾提出将少女像的移除作为10亿日元划拨

---

① 《安倍称日韩"慰安妇"问题早已在法律上得到解决》,中国新闻网,2016年1月7日,http://www.chinanews.com/gj/2016/01-07/7706538.shtml。
② 「기시다 日외무상 " 소녀상 적절히 이전되는 것으로 안다 "」,연합뉴스,2015년12월28일。
③ 「기시다 日외무상 " 소녀상 적절히 이전되는 것으로 안다 "」。
④ 「安倍首相発言全文、『次世代に謝罪する宿命を背負わせない』決意を実行」、『産経新聞』2015年12月28日。
⑤ 이상덕,「일본군 위안부 피해자 문제 타결과 그 의미」,『외교』116, 2016, p. 180;「일본군 위안부 문제 합의 관련 Q&A」, 외교부, http://www.mofa.go.kr/www/wpge/m_20331/contents.do。
⑥ 「기시다 日외무상 " 소녀상 적절히 이전되는 것으로 안다 "」;「岸田外務大臣会見記録」、外務省、2016年1月4日、http://www.mofa.go.jp/mofaj/press/kaiken/kaiken4_000281.html;「岸田外務大臣会見記録」、外務省、2016年1月8日、http://www.mofa.go.jp/mofaj/press/kaiken/kaiken4_000286.html。

的条件,后又通过决议要求首相官邸就此加强对韩说服工作。① 韩国政府则认为少女像问题与协议效力无关,强调协议内容的重点在于为寻求解决方案进行"努力",韩方虽表示会与有关社会团体进行协调,但无法强制后者采取特定措施,并指责日方不应做超出协议内容的解读。②

综上可见,韩日政府在"慰安妇"协议各项内容的解读上都有重大分歧,这反映出协议未能根本解决两国在法律和史实层面的争议,仅靠模糊表述和部分措辞或措施上的创新并无法掩盖这一事实。这样的协议内容或许有助于暂时搁置争议,但离两国政府宣称的"最终和不可逆的解决",显然有明显差距。这种局限和落差也构成了协议达成后深陷争议的根本原因。

二 国内争议：焦点问题与演变机制

韩日"慰安妇"协议达成以来持续面临争议,根据争议的展开层面和主要参与者,以 2017 年初的釜山少女像事件为转折点,可以分为国内争议和外交博弈两个时期。本节聚焦于前期的国内争议,对其焦点问题与演变机制加以考察分析。

国内争议自协议达成之初便在两国社会批评者的推动下,在韩日内部分别展开。焦点议题涉及三方面,其中前两类在两国对称出现,第三类则仅见于韩国。

第一类是基于各自的国家利益认知,对协议具体内容的得失判断。韩国主要在野党和社会团体批评政府在史实等原则问题上过度让步,为日本开脱责任留下口实,且未充分体现韩国各界多年来在法律问责方面努力的成果;日方则有批评者认为政府在道歉和补偿问题上过分让步,给韩方留下了过多解读空间。

第二类批判针对的是协议整体的必要性和可行性。韩国方面,批评者认

---

① 「岸田外務大臣会見記録」、外務省、2016 年 1 月 8 日;《日本自民党决议要求尽快撤走首尔"慰安妇"少女像》,人民网,http://world.people.com.cn/n1/2016/0127/c1002 - 28089686.html。

② 「대변인 정례브리핑」, 외교부, 2016 년 1 월 5 일, http://www.mofa.go.kr/www/brd/m_ 4078/view.do? seq = 357741&srchFr = &srchTo = &srchWord = 1. 5&srchTp = 0&multi_ itm_ seq = 0&itm_ seq_ 1 = 0&itm_ seq_ 2 = 0&company_ cd = &company_ nm = &page = 1;이상덕,「일본군 위안부 피해자 문제 타결과 그 의미」,『외교』116, 2016, p. 179.

为，本国在"慰安妇"问题上拥有对日外交优势，没必要强求形式上的和解，受害者补偿也无须日方出资，完全可以通过本国国内力量加以解决；在可行性上，鉴于日本右翼势力的历史修正主义认识，道歉和反省等协议内容难以得到切实履行。日方批评者则强调"慰安妇"问题通过1965年协定已完全解决，无须再订协议，更极端者则主张"慰安妇"是自愿商业行为，日方无须对此补偿或道歉；至于可行性，批评者认为韩方不会守约，还会再提新要求，使协议得不到切实履行。

第三类仅见于韩国的批判则直指协议的法理基础，从根本上挑战协议的有效性，其批判焦点主要有两方面。第一是针对协议的形式，即外长间口头协议是否具有国际法效力。时任最大在野党共同民主党党首的文在寅在协议达成后即主张其无效，指出协议内容相当于让渡国民权利，必须经过国会批准才能生效。① 此后又有法律专家进一步撰文指出，协议刻意避开国会审议，涉嫌侵害国会的审议同意权。② 此外，也有专家指出协议形式不符合《维也纳外交关系公约》对条约的定义，即便是作为口头约定，也没能建立起任何法律上的权利义务关系，不具备法律约束力，只是两国政府的政治宣言。③

法理批判的另一焦点议题是协议当事方权限，即韩日政府是否有权代表"慰安妇"受害者达成和解。韩国代表性"慰安妇"权益团体"韩国挺身队问题对策协议会"（以下简称"挺对协"）联合百家市民团体发表声明，指出协议在协商过程中将"慰安妇"受害者排除在外，在内容上则"彻底背叛受害者和国民的愿望"。④ 韩国民主主义法学研究会也发表声明，认为协

---

① 「문재인 "위안부 협상, 국회 동의 없었다…무효 선언"」, 연합뉴스, 2015년 12월 30일, https：//www.yna.co.kr/view/AKR20151230049400001。
② 방승주，「위안부 피해자 문제에 대한 한일외교장관회담의 헌법적 문제점」,『민주법학』60, 2016, pp. 105-144。
③ 조시현,「2015년 한일 위안부 합의의 법적 문제」,『민주법학』60, 2016, pp. 79-103; 민주주의법학연구회, 「일본군'위안부'문제에 관한, 한일외교장관 회담에 대한 교수, 법률가 의견서」,『민주법학』60, 2016, pp. 345-350。
④ 「일본군'위안부'문제해결을 위한 한일 외교장관 회담 합의에 대한 제 시민사회단체 입장」, 한국정신대문제대책협의회, 2015년12월28일, http：//www.womenandwar.net/contents/board/normal/normalView.asp? page_ str_ menu = 335&action_ flag = &search_ field = &search_ word = &page_ no = 0&bbs_ seq = 14429&passwd = ;「'위안부'문제해결올연대네트워크 성명서」, 한국정신대문제대책협의회, 2016년1월14일, http：//www.womenandwar.net/contents/board/normal/normalView.asp? page_ str_ menu = 335&action_ flag = &search_ field = &search_ word = &page_ no = 0&bbs_ seq = 14474&passwd = 。

议排除"慰安妇"受害者的做法不但是无效的，还有违国际人权标准。① 此外，"慰安妇"受害者代表和"挺对协"还通过每周三在驻韩日本使馆前例行集会和在韩、日、美等国召开记者会等形式积极发声，争取国际理解和支持。受其影响，联合国有关机构和官员也曾对协议未考虑"慰安妇"受害者的感受表示遗憾，指出只有受害当事人才有权判断是否得到了真诚的赔偿。②

面对国内批评，韩、日政府均采取了多方应对措施来维护协议成果，防止争议扩散。首先，双方积极进行对内说服工作，宣传协议对本国的有利之处，并强调尽快解决"慰安妇"问题的重要性。除了恢复双边合作的共同需求以外，朴槿惠总统强调应在更多"慰安妇"受害者在世时解决问题，安倍首相则强调不让后代继续背负道歉命运。③ 其次，双方还加紧履行和坐实协议。韩国在2016年7月成立了"和解—治愈财团"，日本内阁次月即批准从无须国会审议的年度预算预备费中出资10亿日元并完成汇款，随后财团按在世受害者1亿韩元、去世受害者2000万韩元的标准，开始向登记在册的"慰安妇"受害者及其遗属发放现金。此外，两国政府也相互保持克制，避免矛盾升级，即便出现应媒体要求不得不就对方政府的分歧解读进行评论的情况，也只是强调珍惜协议成果和呼吁为履行协议营造良好氛围，避免直接批评。通过这些措施，两国政府在协议达成之初得以将争议控制在国内层面。

但与此同时，两国国内争议的演变方向却背道而驰：日本的国内争议趋向收敛，而韩国社会与政府的矛盾却逐渐加剧。究其原因，日本批评者的国家利益认知和政策主张有极右倾向，经过政府的事后解读和强硬表态，初期争议逐渐收敛为几大共识，如日本对政府法律责任和"慰安妇"强征性问题的立场不变、日本已通过出资完成履约、对韩"慰安妇"问题已彻底解决、韩方应继续落实受害者补偿和少女像迁移等。相反，韩国批评者多属进

---

① 민주주의법학연구회，「12.28 일본군 '위안부' 문제 '합의'를 규탄하는 민주주의법학연구회 성명서」，『민주법학』60，2016，p. 352。
② 《联合国消除对妇女歧视委员会批日本在"慰安妇"问题立场》，新华网，http：//www.xinhuanet.com/2016-03/07/c_128780935.htm；《联合国人权高专：唯有"慰安妇"受害人能判断赔偿是否妥当》，环球网，2016年3月11日，http：//world.huanqiu.com/exclusive/2016-03/8690503.html。
③「청'위안부 문제 합의 관련 국민께 드리는 말씀'전문」，연합뉴스，2015년 12월 31일，https：//www.yna.co.kr/view/AKR20151231087400001；「安倍首相発言全文、『次世代に謝罪する宿命を背負わせない』決意を実行」、『産経新聞』2015年12月28日。

步派，与朴槿惠保守政府的政见不同，在"慰安妇"问题上更看重受害者立场和女性人权等原则性问题，而非政府单方面判断的政治需求。再加上政府的事后应对背离批评者的诉求，愈发激起后者的不满，并逐渐演化为各种集体行动，如大学生守护少女像行动、社会团体建立替代性民间财团、律师团体起诉政府有关负责人、在野党提起废除协议的国会议案等，进一步扩大了批评者的社会基础及其与本国政府间的隔阂。

三 外交博弈：国际法之争及其政治含义

随着2016年底韩国爆出"亲信干政门"以及朴槿惠总统弹劾案的推进，两国政府分别管控国内争议的局面发生重大变化，韩国的舆论天平加速倒向批评者一方。以次年初的釜山少女像风波为标志，争议进一步扩展到了外交层面。此后韩、日政府作为协议当事方和国内外双层博弈的主要承担者，将争议焦点锁定在了国际法问题上。本节聚焦外交博弈的两大事件——釜山少女像风波和文在寅新政府对"慰安妇"协议的国内调查和处理，对韩日双方的争议焦点、博弈机制及其背后的政治含义加以深入解析。

釜山少女像风波的起因是韩国市民团体在日本驻釜山领馆门前新设"慰安妇"少女像，地方政府迫于舆论压力最终予以批准。日方对此高调应对，先是官房长官菅义伟要求韩方撤回许可，随后又宣布临时召回驻韩大使，并采取中断日韩货币互换协议磋商、推迟日韩高级经济对话、临时召回釜山总领事和暂停领事馆人员出席釜山市相关活动等措施。① 这些措施在韩引发了强烈反弹，但由于总统弹劾和下届大选成为压倒性政治议程，政府无暇对日深入交涉，两国陷入长期僵持，直到韩国总统选举一个月前，日本大使才在离岗85天后返韩。

日方将其强势做法解释为守护国际法，指责韩国允许新设少女像有违"慰安妇"协议和《维也纳外交关系公约》。关于"慰安妇"协议，日方认为驻韩使馆前少女像的移除是协议履行措施的一部分，并根据自身解读，指责韩方在使馆少女像尚未移除的情况下又允许在釜山领馆前新设少女像有违协议精神。此外，日方还援引《维也纳外交关系公约》第22条，指责在其

---

① 《日官方不满釜山少女像 召回驻韩大使等报复》，中国新闻网，http://www.chinanews.com/gj/2017/01-06/8116025.shtml。

使领馆前建少女像"有损使馆尊严"。① 对此,韩方认为日方的主张超出了协议和公约的原本内容,有滥用国际法之嫌。

少女像和两国的国际法解读差异都不是新问题,日方这次之所以如此高调回应,实因其背后有多重政治考量。首先,面对韩国的政治变局,安倍政府唯恐韩方推翻协议。日本各界从朴槿惠丑闻曝光之初就开始担心韩国改变"慰安妇"政策,到了2016年底,面对韩国国会通过总统弹劾案、相关舆论进一步恶化的局面,日方先发制人强硬表态,有助于遏阻韩方推翻协议。此外,在国内舆论较为统一的"慰安妇"问题上对韩发难,也利于安倍提振国内支持。基于多方考虑,安倍政府抓住釜山少女像设在日本领馆门前这一特殊行为,以守护国际法为由进行了强硬反击。

如果说釜山少女像风波是日方有意强调"慰安妇"协议的有效性,韩国政府对"慰安妇"协议的国内调查则重在凸显协议的局限性。文在寅总统当选之初便宣布成立外交部部长直属工作组,全面检验"慰安妇"协议的达成过程和内容,② 还对协议的履行机构"和解—治愈财团"发起了审查,派会计和审计人员评估其运营和资金情况。③ 工作组在2017年底发布的调查报告中指出,协议在程序上未能充分体现受害者中心和国民中心原则,青瓦台和外交部沟通不足,在内容上则包括非公开约定。④ 据此,文在寅表示"协议在程序和内容上都有重大缺陷","不能解决'慰安妇'问题"。⑤ 日本方面则对此发出了超强警告,称"日韩关系将无法管控",协议"一毫米都不会改变"。⑥

---

① 《维也纳外交关系公约》第22条第2款规定,"接受国负有特殊责任,采取一切适当步骤保护使馆馆舍免受侵入或损害,并防止一切扰乱使馆安宁或有损使馆尊严之情事"。
② 「'한일 일본군위안부 피해자 문제 합의 검토 TF' 출범」,외교부,2017년 7월 31일,http://www.mofa.go.kr/www/brd/m_4080/view.do? seq = 365986&srchFr = & srchTo = & srchWord = % EC%9C%84% EC%95%88% EB% B6% 80& srchTp = 0& multi_itm_ seq = 0& itm_ seq_ 1 = 0& itm_ seq_ 2 = 0& company_ cd = & company_ nm = &page = 1。
③ 「여성가족부,화해·치유재단 점검결과 등 발표」,여성가족부,2017년12월27일,http://www.mogef.go.kr/nw/rpd/nw_rpd_s001d.do? mid = news405&bbtSn = 705334。
④ 한·일 일본군위안부 피해자 문제 합의 검토 태스크포스,「한·일 일본군위안부 피해자 문제 합의 (2015.12.28) 검토 결과 보고서」,2017년12월27일,pp.30 - 31。
⑤ 「위안부 TF 조사결과에 대한 대통령 입장문」,청와대,2017년12월28일,http://www1.president.go.kr/articles/1915。
⑥ 「『慰安婦合意検討タスクフォース』の検討結果発表について(外務大臣談話)」,外務省、2017年12月27日,http://www.mofa.go.jp/mofaj/press/danwa/page4_003587.html;「日韓合意、首相『1ミリも動かず』」、『日本経済新聞』2017年12月28日。

韩方的用意在于通过论证协议在原则和程序上的缺陷，指出协议效力存在局限。在协议原则上，韩方指出协议有违国际社会在解决女性人权问题时普遍遵循的受害者中心主义原则，协商过程中，外交部在协议效力最终和不可逆、克制对日批判承诺和补偿金额等重要问题上未告知受害者。① 在程序上，报告指出协商决策权过度集中于青瓦台，外交部被边缘化，不符合正当民主程序。② 对此，日方则予以反驳，指出协议是"在民主选举的两国首脑领导下"，"经过正当谈判过程达成的"，表示"不认为谈判过程存在问题"。③

在此基础上，韩国政府又通过一系列国内程序，逐步架空了"慰安妇"协议的履行基础。2018年1月，韩国外长康京和宣布将以政府预算出资同等金额，抵换日方所拨的10亿日元；④ 这笔预算在7月下旬获批，国务会议同意以政府预备费向女性家族部下辖的"两性平等基金"出资103亿韩元。⑤ 此外，韩国政府还于2018年11月宣布将解散基于"慰安妇"协议建立的"和解—治愈财团"；关于日方拨款的余额（约57.8亿韩元）和韩方出资103亿韩元的后续用途，将与"慰安妇"受害者和相关团体协商规划。⑥

尽管如此，韩国政府还是反复强调并不准备推翻"慰安妇"协议或要求日方重新谈判，也不会单方面返还日方出资余额，⑦这较文在寅早期的政策主张和"慰安妇"受害者的要求已有所缓和，除顾及了日方的国际法指控外，也中和了多方政治考量。首先，韩国部分参与对日决策的政治精英反对推翻协议，担心这种做法会严重损害对日关系和本国信誉。这其中既有协议支持者，也包括虽不满协议、但反对过激应对的稳健派，其在韩国内外决策中的作用不容忽视。其次，日方此前的强硬态度，尤其是在少女像风波中

---

① 한·일 일본군위안부 피해자 문제 합의 검토 태스크포스，「한·일 일본군위안부 피해자 문제 합의 (2015. 12. 28) 검토 결과 보고서」，2017년 12월 27일，pp. 26 - 27。
② 한·일 일본군위안부 피해자 문제 합의 검토 태스크포스，pp. 24, 29。
③ 「『慰安婦合意検討タスクフォース』の検討結果発表について（外務大臣談話）」、外務省、2017年12月27日。
④ 「강경화 장관, 한일 위안부 합의 처리 방향 관련 정부 입장 발표」，청와대，2018년 1월 9일，http：//www1. president. go. kr/articles/2017。
⑤ 「'위안부 합의'日 출연금 10억엔 대체할 정부 예비비 편성」，연합뉴스，2018년 7월 24일，https：//www. yna. co. kr/view/AKR20180724050200005？ input =1195m。
⑥ 「여성가족부, 화해·치유재단 해산 추진」，여성가족부，2018년 11월 21일，http：//www. mogef. go. kr/nw/rpd/nw_ rpd_ s001d. do? mid = news405&bbtSn = 705987。
⑦ 「강경화 장관, 한일 위안부 합의 처리 방향 관련 정부 입장 발표」。

的强势应对，降低了韩国对重新谈判的预期。此外，韩日合作，尤其是在朝核问题上的美日韩安全合作的现实需求，也使韩方对过度激化韩日两国矛盾有所顾忌。

日本方面的反应同样带有折中意味，一方面延续既有立场、敦促韩方信守协议，另一方面则改变少女像风波时的强硬做法，采取了更为克制的应对方式。在国际法主张方面，安倍在韩国宣布解散财团后重申"日韩共识是最终且不可逆的解决"，并指出"若不遵守国际承诺，则国与国之间的关系将无法成立"；外相河野太郎则称对韩方的决定"终究无法接受"，指出"履行共识固然是对我国（日本），更是对国际社会的职责"。对于拨款余额，官房长官菅义伟表示不打算要求归还，而是"将强烈要求剩余钱款从切实履行共识的观点出发被妥善使用，勿以与日本政府意向相悖的形式被使用"。但与此同时，日本方面并未提高调门将韩方决定定义为撕毁协议，或是采取召驻韩大使临时回国的对抗措施。① 与韩方情况类似，这也体现了日方政府对国内政治、韩方立场和日韩合作需求的多方政治考量。

总之，经过两轮外交博弈，日本方面得以遏阻韩方推翻协议，韩国方面则得以对协议效力提出异议并加以架空，可以说双方都整合并代表了各自国内的主流民意，避免了对本国而言的最差结果。出于强调自身主张的正当性与合法性，两国在两轮外交博弈中都以国际法问题为中心，并将争议焦点落在了双方对协议效力的解读差异上。无论是从国际法争议还是从国内外双层政治博弈来看，韩、日政府短期内都难以在现有立场上做出让步，相关争议在未来很可能陷入长期僵持。

四　结论

本文研究表明，韩日"慰安妇"协议之所以深陷争议，根源在于其内容本身的局限，即仅重申了两国在道义层面的既有共识，却未能在法律和史实争议问题上取得实质进展，与两国政府宣布问题已获"最终和不可逆的解决"的政治宣言之间存在显著落差。协议先在两国国内引发批判，后以

---

① 《韩宣布解散"慰安妇"财团致日韩关系紧张　安倍欲严正抗议》，中国新闻网，http://sports.chinanews.com/gj/2018/11-22/8682699.shtml。

釜山少女像事件为转折点，演变为外交层面的国际法之争。其中韩国批评者的主张和集体行动是推动争议持续和升级的主要动力，而朴槿惠总统弹劾案则促使争议加速进入外交层面。韩日两国目前围绕协议的有效性和局限性各执一词，预计短期难以打破国际法争议的僵局。

关于韩日"慰安妇"协议及其后续争议对两国关系的影响，可从2015年协议本身、"慰安妇"问题乃至历史和解的长期课题这两个方面加以探讨。首先，2015年协议本身恐将随着国际法效力争议的长期化而名存实亡。尽管日方仍坚称协议效力无可争议、必须遵守，但韩方的不同主张已非常明确，并通过其国内措施在补偿金和财团等方面事实上架空了协议，即便协议不被正式废除或修订，也难免走向有名无实。其次，对于历史和解的长期课题，韩日"慰安妇"协议非但没能推进和解进程，反而扩大了两国的隔阂与问题的复杂性。具体来讲，协议未能缩小双方在日本政府法律责任和"慰安妇"征用强制性问题上的既有分歧，却引出了少女像和协议本身是否符合国际法等问题，两国相互间的舆论和国民感情也在争议过程中有所恶化。这种结果也说明对于"慰安妇"问题等历史和解课题，仅靠外交手段难以从根本上解决问题，应重视与受害者和社会舆论的沟通协调。

The "Comfort Women" Issue and ROK-Japan Relations: From Agreement to Disputes

Li Tingting

Abstract The ROK-Japan Comfort Women Agreement and its related controversies have played an important role in shaping the subsequent developments of ROK-Japan relations. The Agreement became the target of frequent controversies mainly because of the gap between its actual achievements and claimed effects: the two governments failed to achieve fundamental progress compared to their existing legal and factual disputes, yet went so far as to claim the agreement to be "final and irreversible". Controversies first arose respectively in the domestic realms of ROK and Japan, with regard to the national gains and losses as well as the necessity, feasibility, and validity of the Agreement, and the validity issue kept escalating in Korea due to the collective actions of Korean critics and protesters. Shortly after the Park Geun-hye impeachment and triggered by the Pusan Statue of Peace incident, controversies about the Agreement upgraded to the diplomatic level and took the form of international law disputes between the two governments. In the aftermath of such disputes, the Agreement could hardly maintain efficacy except for its nominal existence, which only added more complexity to the historical reconciliation between ROK and Japan.

Keywords　The "Comfort Women" Issue; ROK-Japan Relations; ROK-Japan Comfort Women Agreement; Historical Reconciliation; International Law

不对称同盟内部的自主性考察：
以冷战后的美韩同盟为例

李 阳

【内容提要】 美韩同盟长期以来维持着不对称同盟性质，在同盟内部建立了"自主性换安全保障"的基本逻辑。在冷战期间，美国的实力优势和韩国外部威胁的存在保证了同盟内部不对称格局的实现。冷战结束后，东亚地区国际体系发生剧烈变动，美韩同盟内部利益分歧也逐渐扩大，在二者的共同作用下，韩国开始试图提升在同盟内部的自主性以确保自身利益的最大化。通过考察韩国在安全、经济和外交领域的自主实践可以发现，由于权力、利益和威胁三对平衡关系的影响，美韩同盟内部将持续存在韩国自主性上升和同盟关系继续强化这两种看似矛盾的趋势。

【关键词】 美韩同盟　自主性　不对称同盟　后冷战时代
【作者简介】 李阳，复旦大学国际关系与公共事务学院博士研究生。

美韩同盟是美国亚太双边安全同盟体系的组成部分和韩国维护自身安全的主要保障，对于东北亚乃至东亚地区的国际体系有着重要影响。近年来，美国推行"亚太再平衡"战略，将包括美韩同盟在内的双边安全同盟体系作为维护霸权地位、制衡新兴大国的政策工具，在此背景下，中韩关系也因为朝核危机、部署"萨德"等事态而发生波动。因此，分析美韩同盟发展对周边国家和整个地区造成的影响，具有明显的现实意义。本文认为，由于美韩同盟内在的缺陷和冷战后同盟外部环境的变化，同盟内部将始终存在韩国谋求提升自主性的现象。

一 冷战时期美韩同盟的历史遗产

对于如何处理朝鲜半岛问题,美国政府内部在朝鲜战争爆发前一直存在分歧。一方面,国务院从政治角度出发,认为"朝鲜犹如东西方在远东争夺实力和影响的缩影……因而支持一个非共产主义的朝鲜政权在政治上非常重要,无论朝鲜在军事上有无价值",主张扶持韩国政权;① 另一方面,军方抱持"先欧后亚"的态度,认为西欧的战略价值远大于东亚,因此"从军事安全利益考虑美国没有必要在韩国派驻军队"。② 最终,美国对韩国采取了外交上承认、军事上抽身的立场。1949 年 1 月,美韩两国正式建交;同年 5 月,驻韩美军基本撤离。1950 年 1 月,美国对外公布"艾奇逊防线",韩国未被包含在内。③

朝鲜战争不仅彻底重塑了韩国的安全环境,也凸显了韩国在东亚地缘上对于美国的战略意义。对于韩国来说,战争初期的溃败和南北对峙格局的确立,不仅表明外部安全威胁将长期存在,也暴露出自身实力的弱小和美国安全保障的重要性;对于美国来说,同一时期北约组织成立、东西德分立和新中国成立等标志性事件的相继发生,意味着韩国业已成为美国在东北亚对抗苏联阵营的前线。美韩因而在利益上产生了互补:韩国首要关注的是国家层面,即通过牺牲自主权来换取美国的安全保障与经济援助,解决最为根本的国家安全和政权生存问题;美国则着眼于地区层面和全球层面,将韩国视为"集结地域"④,认为保卫韩国,进可牵制中、苏,退可保卫日本、维系美国东北亚安全体系的稳定。于是,"自主性换安全保障"构成了美韩同盟关系的内核。朝鲜战争结束后,美韩两国随即在 1953 年 10 月 1 日签订双边共同防御条约,正式确立了双边同盟关系。

美韩同盟从诞生伊始就具备了三大特征。

第一,同盟以抵御外部威胁为首要目标。1953 年的停战协定并不是正

---

① The U. S. Department of State, ed., *Foreign Relationships of the United States*, *Diplomatic Paper* (*FRUS*), Washington D. C.: Government Printing Office, 1948, Vol. 6, pp. 784-785.
② *FRUS*, 1947, Vol. 6, p. 817.
③ 方秀玉:《战后韩国外交与中国:理论与政策分析》,上海辞书出版社,2011,第 151~152 页。
④ 〔韩〕金大中:《建设和平与民主》,冯世则等译,世界知识出版社,1991,第 175 页。

式的和平条约，朝鲜半岛始终存在冲突再起的隐患，且从军事上看，朝韩之间当时存在"北强南弱"的格局，朝鲜又与社会主义阵营建立了紧密联系，因此，保护韩国、威慑朝中苏是美韩同盟的基础功能。1954年，两国签署《美韩协商备忘录》，美国宣布将向韩国提供7亿美元经济和军事援助。此外，美韩两军每年举行"鹞鹰"、"乙支自由卫士"和"关键决断"等大规模联合演习，以武力针对朝鲜的色彩显而易见。防范外部威胁不仅是美韩同盟建立的"催化剂"，也是现实中维系和巩固美韩同盟的"稳定剂"。

第二，美韩同盟呈现出"美主韩从"的特征。《美韩共同防御条约》第二条规定，缔约双方在受到攻击时将"单独或共同"地通过"自助和互助"的形式来防御军事进攻，第三条则规定缔约双方在面对共同威胁时将依据"宪法程序"做出反应，[1] 这样的表述事实上回避了美国在韩国受到侵略时将强制自动介入的义务。此外，美国还在通过《美韩共同防御条约》时补充了附加条款，规定条约仅在受韩国政府合法统治的领土面临入侵时生效，[2] 此举实际上是为了防止韩国擅自对朝鲜发动军事冒险而将美国卷入其中。美韩同盟对内约束的一面为韩国对同盟态度的变化埋下了伏笔。

第三，随着美韩利益分歧扩大，韩国开始积极发挥自主性以保障自身利益。这一点主要集中体现在以下三个议题上。

首先是对朝政策。韩国担忧朝鲜武力南下或是美国因为苏联的"和平攻势"而抛弃韩国，因此主张对朝鲜采取强硬立场；而美国则不希望陷入与社会主义阵营的直接对抗。围绕这一分歧，两国早在协商朝鲜战争停战问题时就发生了矛盾：李承晚政府自行采取了单方面释放战俘、从板门店会场撤回代表、宣称韩军将单独进攻朝鲜等行动，向美国方面施压，最终促使急于停战的艾森豪威尔政府与韩国结盟并提供援助。[3]

其次是美国的安全保障承诺。进入冷战中期，韩国开始担忧美国能否充分履行这一承诺。1968年，朝鲜半岛接连发生朝鲜武装人员突袭青瓦台总

---

[1] "Mutual Defense Treaty Between the United States and the Republic of Korea," October 1, 1953, http://avalon.law.yale.edu/20th_century/kor001.asp.

[2] "Mutual Defense Treaty Between the United States and the Republic of Korea".

[3] *FRUS*, 1952 – 1954, Korea, Vol. 15, Part 1, pp. 902 – 903, 912.

统府、朝鲜俘获美国间谍船"普韦布洛"号和朝方士兵登陆韩国等事件,①而深陷越战泥潭的美国却在私下里与朝鲜展开谈判以免危机升级,美国此举令韩国大失所望。② 此外,从1970年到1971年,驻韩美军数量从66531人削减至40740人,美方还准备将剩余部队驻地后撤。③ 受此刺激,韩国开始谋求发展自主国防。从1970年的朴正熙政府起,韩方一直积极推动国防现代化,韩国国防预算在1972年超过朝鲜并逐年增加。④

最后是对华政策。韩国长期跟随美国对中国采取敌视态度,然而美国在尼克松执政之后开始缓和中美关系,对华问题反而变成了动摇韩国对美信心的消极因素。韩国最担心的莫过于中国会要求美国撤走驻韩美军,而美国在1971年基辛格访华和1972年尼克松访华的过程中也确实向中国表示将逐步削减驻韩军队。⑤ 美国的单边作风令韩国产生了被抛弃感,促使韩国主动寻求对华接触。1972年,韩国外交部提出以承认中国、寻求与中国展开非官方接触为主旨的对华新政策,中韩两国外交官开始在第三国进行秘密接触。⑥ 1973年,韩国总统朴正熙发表"有关和平统一外交政策的特别声明",表示愿意在平等互惠的条件下向中国和苏联等国家实施门户开放。

总体来说,冷战为美韩同盟留下了复杂的历史遗产:一方面,外部威胁的存在维系着同盟的团结;另一方面,美韩双方对威胁和利益的认知分歧又一直困扰着同盟本身的稳定。更为重要的是,历史证明美韩同盟在美国的全球战略中相对于北约或美日同盟,始终扮演着次要角色,美国在牺牲韩国利益时的顾虑也更少。利益不能得到充分保障因此构成了韩国追求自主的深层根源。

---

① "North Korean Provocative Actions, 1950－2007," United States Congress, April 20, 2007, https://fas.org/sgp/crs/row/RL30004.pdf.
② FRUS, 1964－1968, Korea, Vol. 29, Part 1, pp. 309－310.
③ Tim Kane, "Global U. S. Troop Deployment, 1950－2005," The Heritage Foundation, May 24, 2006, https://www.heritage.org/defense/report/global－us－troop－deployment－1950－2005.
④ Suh Jacjung, "The Imbalance of Power, the Balance of Asymmetric Terror: Mutual Assured (MAD) in Korea," John Feffer ed., The Future of U. S.－Korean Relations: The Imbalance of Power (London and New York: Routledge, 2006), p. 65.
⑤ FRUS, 1969－1972, China, Vol. 17, pp. 769, 779.
⑥ 王恩美:《1971年"中国代表权"问题与韩国政府"中国政策"的转变》,《台湾政治大学历史学报》2011年第11期,第171~219页。

二 冷战后韩国追求自主性的具体尝试

冷战结束后，在国际体系结构层面上，中俄等国改变了原先对韩国的对立态度，缓解了韩国的安全压力；在国际体系运作的过程中，多边安全对话成为地区内解决安全问题的主要方式，同时美国也提出"半岛问题内部化"，鼓励韩国对朝发挥积极作用。由此，韩国判断美、俄在东北亚的影响力相对下降，中、日的影响力则相对上升，认为不能消极依赖美韩同盟，而应奉行与中、俄、日等国的全方位综合安全外交，以防止任何国家或国家集团威胁朝鲜的统一进程，并试图通过在这些国家之间扮演调解人来促进地区安全与稳定。① 客观环境和主观判断上的变化为韩国在安全、经济和外交领域提升自主程度、减少对美依赖提供了必要前提和可能条件。

（一） 韩国在安全领域谋求自主性的尝试

《美韩共同防御条约》的核心内容是美韩防务合作和美国在韩驻军，因此可将其视为观察美韩安全联系紧密程度的晴雨表。围绕两点核心内容，冷战后韩国在安全领域争取自主性的尝试集中表现在收回战时指挥权、分担同盟义务和驻韩美军调整三个议题上。

韩军将战时指挥权移交给美军的初衷是为了借助美方力量抵御朝鲜，但此举逐步成为美国约束韩国的手段和美韩关系不平等的象征。1987年，卢泰愚首次向美国提出收回指挥权，1994年美国归还和平时期指挥权也鼓舞了韩国的这一诉求。2005年，卢武铉政府正式提出希望美国能够在2011年至2012年交还战时指挥权，此时小布什政府忙于反恐战争，也希望能为驻韩美军"松绑"。2006年9月，两国领导人就移交战时指挥权达成基本共识；2007年2月，两国同意于2012年完成移交并撤销美韩联合司令部，此后韩国将建立完整的作战指挥体系。

分担同盟义务对于韩国来说主要表现为分担驻韩美军防卫费。在冷战前期，由于韩国实力弱小，1966年的《驻韩美军地位协定》规定美国全额负

---

① 吴心伯：《冷战后韩国的安全政策》，《当代亚太》1996年第2期，第40～44页。

担驻军费用；① 1979 年，韩国在美国压力下同意承担相当于本国 GNP 总额 6% 的防卫费；冷战结束后，由于朝韩实力对比已对韩国有利，美国要求韩国承担更多防卫费。1991 年 1 月，韩国与美国签署《防卫费分担特别协定》，同意承担总额为 1.5 亿美元的费用，此后韩国分担的数额从 1995 年的 3 亿美元逐年上涨为 2018 年的约 8.63 亿美元。② 虽然韩国国内一直有舆论批评防卫费开销不透明、增幅过高、总额负担过重，③ 但美方层层加码的立场并未改变：2017 年 5 月，特朗普要求韩国承担部署"萨德"的相关费用；2018 年 6 月，美方代表又在第 10 次《特别协定》谈判中要求韩方承担美军在半岛出动战略武器的费用。④

驻韩美军的调整涉及两项内容，即驻韩美军地位的变动和部署的调整。韩国在这两个议题上争取自主性的动力与本国民族主义情绪的发展息息相关。一方面，根据 1966 年的《驻韩美军地位协定》，驻韩美军享有治外法权，这被韩国民间视为美韩关系不平等的象征；另一方面，韩国经济发展和民主化进程的推进也为民族主义情绪提供了社会基础和表达诉求的舆论空间，以 20 世纪 90 年代驻韩美军的一系列丑闻和罪案为导火索，韩国民间的反美情绪在冷战后呈现出集中爆发的势头。⑤ 在这一背景下，美国不得不在 2000 年 12 月再次修改《驻韩美军地位协定》，在美军犯罪嫌疑人的引渡时

---

① 有观点认为，由于此时韩国实力较弱，美国并不期待韩国承担较多义务，实质上是默许了韩国对同盟义务的消极态度。因此当时的韩国更适合被称为"easy-riding"，而非传统意义上的"free-riding"（搭便车）。参见 Jong-Sup Lee and Uk Heo, "The U. S. – South Korea Alliance: Free-Riding or Bargaining?" *Asian Survey*, Vol. 41, No. 5 (2001), pp. 822–845。

② 《韩美下月再进行驻军费分担谈判拟敲定终稿》，韩联社，http://chinese.yonhapnews.co.kr/domestic/2018/10/19/0401000000ACK20181019005100881.HTML。

③ 有韩国民间团体在分析美韩两国国防预算后认为，韩国承担的防卫费比例已经达到 72.6%，远高于韩国政府宣称的 42%。参见《韩民间团体：驻韩美军七成费用是韩国政府掏的钱》，新华网，http://www.xinhuanet.com/world/2018-05/23/c_129878371.htm。

④ 陈尚文等：《美国要让韩国承担萨德费用 韩媒：想清楚再说》，环球网，http://mil.huanqiu.com/world/2017-05/10574656.html。

⑤ 这些案件中具有代表性的例子包括 1992 年 10 月 28 日的驻韩美军士兵枪杀夜总会女员工案、1995 年 5 月 19 日驻韩美军士兵在首尔地铁站酒后殴打韩国市民案、1999 年 10 月被媒体揭露的美军在朝鲜战争期间大规模屠杀韩国平民的"老根里事件"、2000 年初驻韩美军将未经处理的有毒物质排入汉江案、2000 年 5 月美军战机在梅香里靶场误炸当地村民案等。

间、韩国警方的拘留权限等问题上做出让步。① 在2002年美军装甲车碾死两名韩国女中学生的"杨州公路事件"中，由于美军拒绝将管辖权移交给韩国并判决肇事士兵无罪，韩国民间再次爆发大规模反美浪潮，在任总统金大中和当选总统卢武铉都呼吁再次修改《驻韩美军地位协定》，后者还要求美军撤离首尔等大城市周边。2002年12月，美韩两国再次修改《驻韩美军地位协定》。2004年1月，美军同意撤出首尔附近的龙山基地。

（二）韩国在经济领域谋求自主性的尝试

由于克林顿政府在冷战后推行"新太平洋共同体"战略，试图确保美国在亚太各新兴经济体中的经济利益，美韩在经济领域矛盾上升。美国政界和商界亦长期指责韩国在双边贸易中存在行政干预过多、对本国补贴太高，以及对钢铁、汽车、农产品等美国商品征收关税过度等"贸易不公平"行为。韩国一方面试图维护本国经济利益，另一方面也积极谋求与中国等周边国家加强经贸联系，减轻在经济上对美国的依赖。前者的结果是2012年生效的《美韩自由贸易协定》，后者则以2015年生效的《中韩自由贸易协定》为主要成果。

由于美韩两国在双边贸易问题上的分歧较大，《美韩自由贸易协定》的诞生较为曲折。虽然谈判进程仅耗时一年，但由于谈判内容在两国国内引发不满，条约迟迟无法生效。直到李明博政府执政后，双方的态度才开始松动，韩国同意暂时搁置美国牛肉进口问题，美国奥巴马政府也同意在汽车贸易上对韩国的关税减让给予宽限。最终，《美韩自由贸易协定》于2012年正式生效。即使如此，协定生效一事仍然在韩国朝野引发了强烈反对，在国会表决期间甚至发生了295名议员中只有170人参加投票、执政党强行单方面通过协定的闹剧。②

与此同时，韩国也在积极发展与中国的经贸联系。2005年，中韩双边贸易额首次突破1000亿美元；2010年，中国成为韩国最大贸易伙伴国、最大出口市场和最大进口来源国。朴槿惠上台之后，韩国加快了在经济上与中

---

① 高浩荣：《韩美就修改〈驻韩美军地位协定〉达成协议》，人民网，http://www.people.com.cn/GB/channel2/17/20001228/365602.html。
② 马佳佳：《韩美自贸协定四年后终获批 韩朝野争执仍未平》，中国新闻网，http://www.chinanews.com/gj/2011/11-23/3481531.shtml。

国接近的步伐，2015年6月两国签署了《中韩自贸协定》。此外，两国的经济合作关系也迅速从贸易领域外溢到其他领域：2015年3月，韩国正式加入亚投行；2016年6月，中朝建立起人民币和韩元的直接交易机制；2017年12月，两国领导人宣布启动中韩自贸协定第二阶段谈判。①

（三）韩国在外交领域谋求自主性的尝试

"自主外交"同样是冷战后历任韩国政府追求的目标之一。1993年，金泳三总统提出以世界化、多边化、多元化、地区合作和面向未来为内容的"新外交"五点方针。② 以此为开端，韩国外交开始改变完全追随美国的立场，谋求在亚太地区多个强国之间发展全方位外交以维持大国影响力的平衡，进而提高韩国的国际地位。

对朝外交和对华外交是韩国周边外交的重点。在韩朝关系上，从第一次朝核危机结束到2006年朝鲜首次核试验，金大中、卢武铉两任总统先后对朝鲜开展"阳光政策"和"和平繁荣政策"，以多种形式促进南北双方的和解。在中韩关系上，两国关系在1997年金大中访华时提升为"面向21世纪的合作伙伴关系"，2003年卢武铉访华时提升为"面向21世纪的全面合作伙伴关系"，2008年李明博访华时提升为"中韩战略合作伙伴关系"，2013年朴槿惠访华期间两国发表《中韩面向未来联合声明》，标志着中韩关系走向成熟。尽管此后两国关系一度因"萨德"事件遇冷，但又在韩国做出"三不"承诺和文在寅访华后有所恢复。

在参与全球事务上，金泳三之后的历任韩国政府都保持积极态度并取得了重要成果。1993年6月，韩国首次出兵参加联合国维和行动；1995年，韩

---

① 商务部国际贸易经济合作研究院、中国驻韩国大使馆经济商务参赞处、商务部对外投资和经济合作司：《对外投资合作国别（地区）指南：韩国（2017年版）》，2017年9月，http：//fec.mofcom.gov.cn/article/gbdqzn/upload/hanguo.pdf；《中国同韩国的关系》，中华人民共和国外交部，https：//www.fmprc.gov.cn/web/gjhdq_676201/gj_676203/yz_676205/1206_676524/sbgx_676528/。

② "世界化"是指韩国外交不应仅局限于南北问题，还要为全球性问题积极做贡献；"多边化"和"多元化"是指在后冷战时期推行涉及经济、环境、文化领域的全方位外交；"地区合作"指韩国主导亚太特别是东北亚地区的安保和经济合作；"面向未来"指摆脱南北分立的负担、面向统一的外交。参见朴钟锦《韩国政治经济与外交》，知识产权出版社，2013，第244页；宋成有等《中韩关系史·现代卷》（第2版），社会科学文献出版社，2014，第199页。

国当选联合国非常任理事国；1996年，韩国加入经济合作与发展组织（OECD）；2005年，身为"团结谋共识"运动（Uniting for Consensus）主导国之一的韩国在联合国带领50多个国家强烈反对日本"入常"。无论是金大中的"四强平衡外交"、卢武铉的"东北亚平衡者构想"、李明博的"新亚洲外交构想"还是朴槿惠的"东北亚和平合作构想"，从根本上看，四者强调"中等强国外交"，意图通过参与全球事务提升韩国国际地位的思路是一脉相承的。

三 韩国自主性对于美韩同盟的影响程度

冷战后韩国谋求自主性的行为在内容上比较丰富，仅仅以某一时期或领域来衡量其影响都可能失之偏颇。美韩同盟以安全为基础、以美国为主导且有着明确针对对象，因此可根据以下三个标准来衡量韩国自主性对于同盟本身的影响程度，即同盟内容的变化、韩国对美国追随态度的变化，以及韩国和同盟针对国关系的变化。

（一）同盟内容

由缔约国认可并遵守的同盟条约内容是同盟关系最直接的体现。美韩同盟首先是双边安全同盟，安全领域内容的调整必然反映同盟关系的深刻变化。如果韩国谋求自主性的行为确实对美韩同盟产生了实质性的冲击，那么这种冲击必然会反映在同盟条约的变化上。半个多世纪以来，美韩同盟条约的关键内容——美国在韩国的军事存在、美韩两国之间的安全合作联系和韩军在战时服从美军指挥——并没有从根本上发生变化。

首先，冷战后美国在韩国的军事存在并未受到根本削弱。第一次朝核危机促使美国放弃了老布什政府的大规模撤军计划；小布什时代，虽然因为反恐战争而减少了驻韩美军的数量，但在奥巴马提出"亚太再平衡"且朝鲜多次进行核试验之后，以"萨德"的部署为标志，美军重新加强了在韩国的部署。[①] 而韩国对于驻韩美军也表现出复杂立场。正如金大中

---

① 这一批"萨德"反导系统的具体部署、运作和维护费用仍然由美军负责，韩国只负责提供基地和基础设施。参见《美韩正式磋商部署萨德系统 自称不威胁中国安全》，环球网，http：//mil.huanqiu.com/observation/2016-02/8521410.html。

所说，绝大多数韩国人对美国的态度是"既感谢又批评"的：反对美军的特权地位并不等于反对美军驻扎。① 随着朝鲜掌握核武器技术，韩国政府对于驻韩美军后撤问题的热情也逐渐降低。② 即使是在2018年美朝关系和朝韩关系实现历史性突破之后，韩国总统文在寅仍然认为驻韩美军是东北亚和平的"均衡者"，并表示即使未来半岛实现统一也依然需要美军继续驻扎。③

其次，美韩安全合作更加紧密全面。从2010年开始，美韩同盟也像美日同盟一样建立了两国外交部部长和国防部部长之间的"2+2"年度会议机制；2011年，美韩设立由两国国防部副部长主持、统一管辖各种双边安全磋商机制的防务协商对话机制。这些制度的形成意味着以联合指挥体系、联合防御和危机管理体系、安全情报共享体系为主要内容的美韩安全合作关系得到全面强化。④ 美韩两军之间的协同也在同步加强：2015年6月，双方正式组建了第一支两军联合部队"美韩联合师团"；2018年8月，两军又宣布将成立"美韩联合炮兵旅"并准备将其部署到朝韩前沿。⑤

最后，韩军战时指挥权移交问题迟迟没有实质性进展。2009年朝鲜第二次核试验、2010年"天安"号沉没事件和延坪岛炮击事件相继发生后，韩美间的战时指挥权移交被推迟到2015年。2013年朝鲜第三次核试验后，美韩两国发表联合声明再次将战时指挥权移交时间推迟，同时提出不再设定具体时限，改为"基于条件的战时作战指挥权移交"方案。尽管文在寅政府也提出过要尽快"构建收回战时指挥权的条件"，但仍然没有设立明确时

---

① 王林昌：《金大中谈韩国与朝日美关系》，《人民日报（海外版）》2002年9月7日第4版。
② 首尔近郊的龙山基地的命运可以作为观察韩国对驻韩美军态度变化的典型事例。该基地传统上被视为美国在首尔军事存在和安全保障的象征，地位极为敏感。在卢武铉任内，美韩双方曾于2004年同意将美军尽快撤离此地；而在2009年朝鲜再次核试验后，原定于2014年的撤离时间随即被李明博政府推迟到2018年以后。
③ 刘强：《文在寅：即使朝韩统一了 也需要驻韩美军继续驻扎》，网易新闻，http：//news.163.com/18/0926/09/DSKDID5S00018750.html。
④ 韩献栋：《利益差异、战略分歧和美韩同盟关系的再调整》，《东北亚论坛》2010年第1期，第19~30页。
⑤ 〔韩〕全玹奭：《韩美成立联合炮兵旅团》，《朝鲜日报》2018年8月7日，http：//cnnews.chosun.com/client/news/viw.asp?cate=C01&mcate=M1001&nNewsNumb=20180850245&nidx=50246。

间表，反而表示收回作战指挥权后的联军司令部运行机制仍然会与现行机制类似。①

(二) 韩国对美国的追随态度

冷战后的韩国既是一个新兴经济强国，又是追求"自主外交""均衡外交"的国际事务参与者，在经济、外交领域谋求自主性会显著影响到其传统的对美追随立场。因此，本文认为可以通过观察韩国在对外政策上对美国的追随力度来衡量韩国自主性对美韩同盟关系的影响程度。

从实践来看，韩国在经济领域和外交领域发挥自主性的同时，亦在尽量避免损害与美国的同盟关系。在经济领域，由于美韩经贸摩擦并不会危及美国的霸权地位，因此韩国得以与美国进行一定程度的利益交换。例如，在2018年的自贸协定修订中，韩国以扩大开放汽车市场为代价换取了美国在钢铁关税上的豁免权。韩国之所以在与美国的双边经贸摩擦上进行议价，一方面是因为面临国内相关产业利益集团的施压，另一方面也是因为同一时期韩国与中国、欧洲等经济体贸易联系的加深在客观上降低了韩国经济对美国的依赖程度。

而在外交领域，韩国同样在努力避免与美国的正面冲突。例如，金大中在其任内一方面对朝鲜实行"阳光政策"，并大力发展与中国和俄罗斯的关系，另一方面也极为重视美韩同盟，以至于在离任时被视为最亲美的总统。② 继任的卢武铉虽然在驻韩美军问题上表现得态度强硬，但在上任一年后访美时亦表示自己"已经消除了所有担忧，带着希望返回韩国"。③ 同时，卢武铉还不顾国内反对，派出多达3600人、规模仅次于驻伊美军和英军的"宰桐部队"前往伊拉克战场。类似的，提出"东北亚和平合作构想"的朴槿惠政府也将韩美关系由原先的"全面战略同盟关系"提升为"全球伙伴关系"。④

---

① 《韩美拟就战时指挥权移交后重编联军司令部达成协议》，韩联社，http://chinese.yonhapnews.co.kr/domestic/2018/10/10/0401000000ACK20181010001600881.HTML。

② Nicholas Eberstadt, "Our Other Korea Problem," *The National Interest*, No. 69 (2002), p. 115.

③ "Ex-U. S. Defense Chief Calls Roh 'Crazy'," *The Korea Herald*, http://www.koreaherald.com/view.php?ud=20140115000619&mod=skb；范永红编著《平民总统卢武铉》，东方出版社，2007，第192~193页。

④ 李小飞：《韩美将全面战略同盟关系升级为全球伙伴关系》，环球网，http://world.huanqiu.com/exclusive/2013-05/3912734.html。

（三）韩国和同盟针对对象关系的变化程度

朝鲜和中国是美韩同盟在安全问题上最为关注的国家。

在对朝外交上，韩国向朝鲜释放善意的举动的前提在于不能和美国对朝政策相冲突。例如，2000年6月举行的韩朝首脑会谈为金大中政府的"阳光政策"建立了良好开端，但事前克林顿政府已经表示将以"接触式遏制"取代原先的对朝政策。① 相反的例子是，2007年的韩朝第二次首脑会谈虽然顺利举行，但由于同期美国拒绝将朝鲜从"支持恐怖主义国家"名单中删除，会谈未能缓解半岛局势。此外，随着朝核问题的升级，韩国在"无核化"等根本问题上也迎合美国，将朝鲜主动弃核作为改善关系的前提。2008年后，受到奥巴马政府对朝"战略忍耐"政策的影响，李明博政府提出"无核、开放、3000"的口号，宣布在朝鲜放弃核武器之前不与其进行谈判；这一立场被朴槿惠政府延续下来。其结果是，从2009年到2016年这段奥巴马政府与李明博、朴槿惠两任政府相重叠的时期，朝韩两国没有再就朝核问题举行过双边高层领导人之间的正式会谈。②

在对华政策上，韩国试图在立足美韩同盟的基础上均衡发展与中国的关系，既要避免出现在大国之间"选边站"的困境，同时也要谋求实现包括中、美、韩三国在内的东北亚多边安全合作。韩国之所以重视对华关系，既是因为中国对朝鲜的传统影响力不容忽视，同时也是因为快速崛起的中国对东北亚地区的影响力日益增长。在这两种因素中，前者主要是在半岛局势恶化、韩国对自身安全的敏感程度上升时起作用，后者则容易受到中美关系尤其是地区内大国竞争激烈程度的影响。因此，以朝核问题为代表的半岛局势恶化使得韩国利益认知中的中国从传统的"威胁"向可供合作的"伙伴"转变，这一变化成为冷战后韩国主动在外交上亲近中国的直接动因。值得注意的是，韩国实际上从未将中韩合作赋予等同于美韩同盟的重要性，而只是将前者作为一种确保利益最大化的对冲手段。韩国对华外交上的自主性面临两个方面的限制：朝核问题乃至整个半岛南北关系的复杂性和长期性，以及

---

① 马世琨、张勇：《华盛顿专电：美国关注朝韩首脑会晤》，人民网，http：//www.people.com.cn/GB/channel2/18/20000615/104609.html。

② 〔韩〕丁世铉：《"失去的九年"之教训：朝核问题》，《韩民族日报》2017年4月24日，http：//china.hani.co.kr/arti/opinion/3040.html。

美国同盟体系对中国的针对性。一方面，当前半岛局势是冷战时期多年形成的历史遗留问题，这一客观现实是韩国在安全上所难以承受的，如果中国提出的解决方案难以在短期内实现半岛的安全与稳定，那么韩国求助中国的积极性就会下降；另一方面，在美国对华制衡色彩日趋明显的背景下，美国在处理中美韩关系时也正在想方设法地拉紧和绑住韩国、离间中韩关系。① 由于美国将同盟体系作为制衡中国的政策工具，大国竞争的加剧不仅对中韩关系造成了消极影响，同时也限制了韩国的政策选择范围，进而限制了韩国对华自主外交的成果。

四 结论

总体来看，发挥自主性只是韩国确保国家利益最大化的一种手段，美韩同盟仍然是其对外政策的基轴，由此也导致了一些相互矛盾的现象并存于美韩同盟关系中。从韩国国家层面上看，韩国对驻韩美军的反感和对被美国抛弃的恐慌情绪并存；从美韩同盟层面上看，不对称盟国关系的维持和韩国地位的逐渐上升并存；从地区层面来看，韩国谋求全方位外交的举动和以美韩同盟为外交基轴的立场并存。简言之，在美韩同盟中，自主和依附这两种看似相互冲突的行为同时存在，导致同盟内部出现了两种趋势：韩国对自主性的追求与美韩同盟关系的强化。这是由影响美韩同盟的三对平衡关系所共同决定的。

第一，同盟内部和外部的权力平衡变化为韩国发挥自主性提供了必要的环境。从同盟内部来看，尽管美韩同盟在性质上始终是实力不对称同盟，但不对称的程度在不同的阶段是有差异的。同盟建立之初的韩国在国家安全、经济扶持和政权稳定上都高度依赖美国的支持，而冷战后的韩国在经济上已步入发达国家行列，政治上实现了民主化，并在同盟中谋求更加平等的地位。从同盟外部来看，冷战时期的东亚是全球冷战格局的一部分，两大阵营的对立是地区国际体系的主题，超级大国的霸权覆盖了次要盟国的自主性；冷战结束后，美国主导的同盟体系在东亚地区的实力对比上占据绝对优势，

---

① 郭锐、苏红红：《美韩同盟的再强化与中国的战略应对》，《韩国研究论丛》总第32辑，社会科学文献出版社，2017，第3~19页。

这在客观上减少了韩国在同盟之外与包括中朝俄在内的东北亚国家发展关系的后顾之忧。

第二,同盟内部的利益不平衡程度为韩国产生自主性提供了动机。就半岛南北关系而言,美国始终将其视为相对次要的问题,而韩国则将其视为关系国家安危的根本大事,两国的不同认知和在同盟内部的不平等关系决定了韩国的利益并不能在美国主导的同盟中得到充分满足,导致韩国从同盟建立之初就在对朝政策上同美国产生了分歧。随着同盟关系的深入,利益分配失衡逐渐扩展到驻韩美军地位、同盟责任分担、双边经贸摩擦等问题上,进一步鼓励了韩国自主性动机的增强,并最终在后冷战时代转化为实践。

第三,外部安全威胁程度决定了韩国在安全领域和外交领域自主行为的发展限度。进入后冷战时代,韩国对美国安全保障的依赖从性质上没有发生根本改变,而朝核问题的凸显反而增加了韩国在美韩关系中的脆弱性,限制了韩国追求自主性的步伐。包括"阳光政策"、驻韩美军基地搬迁、东北亚多边安全合作在内的韩国自主尝试,大都在第一次朝核危机缓和后取得了一定成果,但又在第二次朝核危机逐渐升级的过程中偃旗息鼓,最终以韩国主动强化与美国的同盟关系而告终。相对而言,韩国在经济领域的自主性较少受到外部威胁程度变化的影响,这既是因为美国在冷战后愿意在具体问题上对韩国做出让步以强化美韩经贸关系,也是中韩经贸相互依赖程度加深使然。

尽管韩国的自主性在实践中存在着局限性,但美韩同盟内部的两对内在矛盾决定了韩国的自主倾向在今后仍然会是一种长期存在的趋势。

第一,由于美韩两国在实力上的巨大差异,美韩同盟内部存在着一种变形的"抛弃—牵连"两难,刺激了韩国谋求自主性。经典同盟理论认为同盟中的各方都同时面临着"被抛弃"和"被牵连"困境,但在美韩同盟关系中,这种两难困境主要集中在韩国一方。对于美国来说,一方面,其主导的同盟体系和伙伴关系早已在东亚扎根,甚至还扩展到了更加广阔的印太地区,对地区事务的长期主动干预早已成为美国亚太战略的内容;另一方面,美国在实力上的优势也便于约束盟国,因此"被抛弃"和"被牵连"对美国来说都无从谈起。美国不必担心韩国像李承晚时期那样以单方面"北进"要挟,但韩国却不能忽视美朝关系恶化后会将自己卷入新一轮危机的可能性；且由于美国历来将韩国视为次要盟友，韩国也无法打消被美国"抛弃"的担忧。韩国始终难以在同盟中真正感受到安全，因此发挥自主性以改善自身处境仍将是未来韩国对外政策的目标之一。

第二，美国亚太战略对盟国依赖程度的上升也鼓励韩国发挥更加积极的作用。"9·11"事件和反恐战争爆发之后，美国面临过度扩张而实力不足的困境，开始鼓励盟友分担义务以减轻美国自身负担。奥巴马时代提出"亚太再平衡"之后，同盟体系又成为平衡美国和牵制中国的工具。尽管这些事态在一定程度上导致了韩国等盟国的不安全，但它们同时也希望能够通过在同盟中做出更多贡献来证明自己作为伙伴的价值，以换取地位的上升。特朗普执政后，美国亚太政策的结构性特征相对弱化，问题导向特征逐渐加强。[①] 考虑到特朗普政府对朝核问题的关注程度和韩国在这一问题上的特殊影响力，韩国有望会在未来的美朝关系改善进程中发挥更加积极的作用，从而进一步加强自己在美韩同盟和美国亚太政策中的重要性。

A Study on Autonomous in Asymmetry Alliance: The Case of U. S. -ROK Alliance in Post-Cold War Era

Li Yang

Abstract The U. S. − ROK Alliance is maintained to be an asymmetry alliance and runs a basic logic about "trade autonomous for security commitment" due to its unique historic context. During the Cold War, Such an asymmetry arrangement could be preserved thanks to the presence of foreign threat and the hegemony status of United States. However, in the Post-Cold War era, facing the challenge of the changing international system in the East Asia, and the fact that the difference inside the alliance became more obvious, ROK started to improve autonomous for maximizing its own interest. The article studied on the practices in

---

① 吴心伯：《论亚太大变局》，《世界经济与政治》2017 年第 6 期，第 32~59 页。

security, economy and diplomacy area by ROK, suggests that the two contradictory trends, i. e. , more autonomous of Korea and more closely alliance relationship, would continue existing due to three equilibria including power, interest and threat.

Keywords　U. S. -ROK Alliance; Autonomous; Asymmetry Alliance; Post-Cold War Era

冷战后韩国海洋安全战略调整的动因探析[*]

杨鲁慧　朱迪娜

【内容提要】 冷战结束后韩国立志建设"海洋强国",提出的种种举措都体现出其近海求稳、远洋求拓的战略意图。本文根据现代海权理论分析框架及中等强国海洋安全战略制定与调整这一主线,论证分析了影响韩国海洋安全战略调整的三个变量因素:国家实力、安全环境、战略认知。国家实力提升是韩国海洋安全战略制定与调整的物质基础;东北亚安全环境是韩国海洋安全战略制定与调整的外部压力;韩国"由弱到强"的海洋观是海洋安全战略调整的内在动因。这三个要素相辅相成,共同推动韩国海洋安全战略向理念相对自主化、范围大洋化、目标综合化调整。

【关键词】 韩国海洋安全　战略调整动因　新型海洋观　变量因素

【作者简介】 杨鲁慧,博士、教授,博士生导师,山东大学当代社会主义研究所、亚太研究所所长;朱迪娜,中国人民解放军32179部队。

冷战结束后,全球化的不断发展提升了人类对海洋的依赖度,"建设海洋强国不仅有利于涉海国家的安全与发展,也是维护与拓展海外利益的关键"。[①]

---

[*] 本文系杨鲁慧主持教育部人文社科研究专项任务项目"新时代中国周边外交与命运共同体建设研究"(项目号:18JF104)、教育部重点研究基地山东大学当代社会主义研究所自立课题《新时代中国特色社会主义的周边与国际环境研究》(课题编号:ICSZLKT2019003)的阶段性成果。

[①] 刘笑阳:《海洋强国战略的理论分析》,《太平洋学报》2018年第8期,第62页。

作为海陆复合型国家的韩国在冷战结束后对其海洋安全战略进行的调整耐人寻味，韩国立志建设"海洋强国"的种种举措都表现出其近海求稳、远洋求拓的战略意图。冷战结束以来，韩国的海洋安全战略经历了大致三个时期的调整：从金泳三时期向大洋型过渡的海洋安全战略，到金大中、卢武铉时期大洋型为主的海洋安全战略，再到李明博、朴槿惠时期海陆兼顾型的海洋安全战略。本文试图从现代海权理论的中等强国视角出发，分析冷战后韩国海洋安全战略调整背后的深层次原因，以探讨冷战结束后韩国海洋安全战略调整的理论基础，以及构成韩国海洋安全战略调整根本驱动力的变量因素。

一 现代海权理论分析框架及对中等强国海洋安全战略的塑造

海权理论作为指导一国发展海权及制定、调整海洋安全战略的理论工具，虽发源于海洋大国和强国，但随着时代的发展不断更新丰富，不再只为海洋强国所用。全球化的发展使得国家所处的战略环境发生改变，海权不断被赋予新的内涵，海权理论也不断更新丰富。由此，为更好地把握海权的内涵与海权理论的发展，一些学者大致将海权分为传统海权和现代海权（新型海权），研究新型海权要素的理论称为现代海权理论。现代海权理论并不是一个系统成型的理论，随着全球化的推进，现代海权理论还在不断地发展与完善。

（一）现代海权理论的基本分析框架

"发展海权是陆海复合型国家走向进一步强大的内生需求"，[①] 海权的发展主要服务于国家利益需要。人类社会由工业化时代进入信息化时代，"海权论也随着新军事变革的浪潮和国际海洋政治文化的变迁发展而进行不断地发展与演进"。[②] 传统海权要素对现代海权的影响比重发生了改变，影响现代海权发展的要素相较于传统海权也出现了新的变化。杰弗里·蒂尔将影响海权的要素分为直接因素和间接因素两类，包括海洋民族、社会和政府、海

[①] 郑义炜:《陆海复合型大国海洋转型的"危险地带"假说：历史叙说与现实超越》，《国际观察》2018 年第 5 期，第 58 页。
[②] 杨震：《论后冷战时代的海权》，博士学位论文，复旦大学，2012，第 11 页。

洋地理、海洋经济和资源。① 另有国内学者认为国家权力、地缘环境、技术进步、海权思想等都是影响海权发展的因素。② 也有学者认为海上力量、海洋地理、经济实力、政治能力等是影响海权发展的因素。③ 总而言之，虽然国内外学者对影响现代海权发展的因素的表述不同，但他们对影响现代海权发展因素的共同认知形成了现代海权理论的基础。所以本文认为，现代海权理论虽并未系统成型，但对于影响现代海权的发展因素可大致总结为地缘因素、实力因素、认知因素。

（1）地缘因素。"地理虽不是决定性因素，但构成条件。"④ 地缘因素一方面包括一国的海洋地理环境，如陆海结构、海岸线状况、港口条件等；另一方面还包括一国的地缘战略状态（互动），如邻国的海洋实力与海洋战略、与邻国地缘政治关系的和缓等。地缘格局为国家提供了约束性或包容性的战略环境，⑤ 一国的海洋地缘因素决定着国家走向海洋的路径，也是影响现代海权发展的重要外部因素（见图1）。

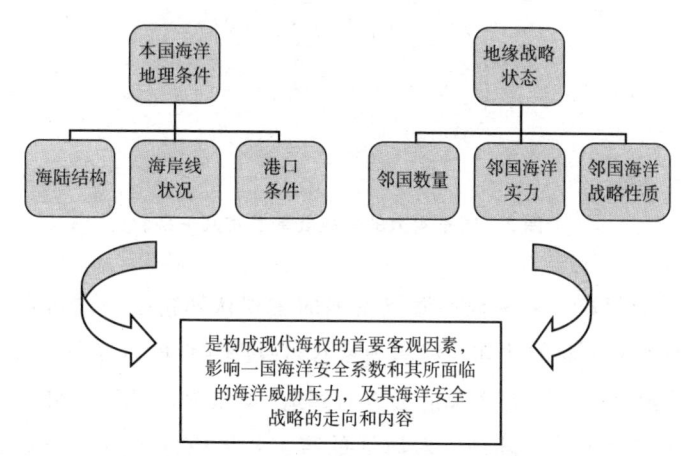

图1 地缘因素各主要要素对国家海洋安全战略影响示意图

---

① 〔英〕杰弗里·蒂尔：《21世纪海权指南》第2版，师小芹译，上海人民出版社，2013，第107页。
② 参见刘一健、吕贤臣《试论海权的历史发展规律》，《中国海洋大学学报》（社会科学版）2007年第2期，第1~6页。
③ 参见胡波《后马汉时代的中国海权》，《边界与海洋研究》2017年第5期，第12~16页。
④ 钮先钟：《战略研究入门》，文汇出版社，2016，第126页。
⑤ 参见秦立志《陆海复合型国家战略转型的动力机制——兼论对中国的启示》，《太平洋学报》2019年第2期，第5~7页。

(2) 实力因素。"海权的发展以一定的客观物质条件为基础",[①] 国家实力是制定海洋安全战略来发展、利用海权的坚实物质基础。其中,影响一国发展、利用海权的国家实力可以分为资源力、经济力、海洋力三种,这三种力并不完全独立,而是相互交叉、彼此影响的(见图2)。资源力是指国家的领土领海面积、人力资源、自然资源等;经济力可谓是发展现代海权的根本支撑,会影响一国发展海权、谋求自身海洋安全所需的海洋科技、海洋军事的投入和海洋经济的正常发展;海洋力则是一国发展海权最直接有效的实力要素。航海时代以来,国家的海洋实力一直是海权的根基所在,无论是现代海权还是传统海权,实力都是影响其发展的根本要素。

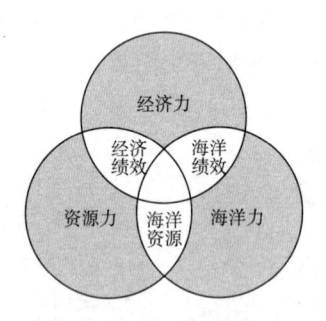

图2　国家实力的构成要素及相互关系

(3) 认知因素。影响现代海权发展的主观认知包括一国对自身海洋性的认识和对海上威胁的认知。涉海国家对自身海洋性的认知源自海洋文化传统,文化传统影响一国海洋观的形成与塑造。"陆主海从"的陆地文化传统强调发展和安全重心在陆地,对海洋的需求程度较低;而"海主陆从"的海洋文化传统强调发展和安全重心在海洋,对海洋的需求程度较高。一国的海洋观外在表现为国家对海洋需求的认知、国家对海洋安全的认知和国家的海洋方略。国家对海洋需求的认知主要包括对海洋经济和海洋政治的需求;对海洋安全的认知主要体现在对威胁的判断和对海洋军事力量的发展;国家的海洋方略包括国家对海洋的重视程度、对海洋法律体系的建设和对海洋的经略。一国对海洋的认知是其发展海权的主观推动要素。

---

① 杨震:《后冷战时代海权的发展演进探析》,《世界经济与政治》2013年第8期,第101页。

（二）现代海权理论对中等强国海洋安全战略的塑造

受海洋时代的到来、《联合国海洋法公约》的签署以及全球性资源匮乏等因素的影响，越来越多的非海洋强国开始尝试运用现代海权理论来制定适合自身维护海洋安全、谋求海洋权益的海洋安全战略。现代海权理论认为，中等强国与海洋强国相比，面临发展、利用海权"先天条件"稍显不足的问题，但这个问题并非无解。中等强国在任何时候都拥有一个海洋力量结构，它们从自身的国情和利益出发，仔细甄别来自海上的针对国家核心利益的战略威胁，并在本国海洋文化的影响下谨慎地规划、调整本国的海洋安全战略。中等强国有一定的实力来保全自己，但同时也深知自身实力的有限，这就要求中等强国确定自己的核心利益、明确自身的弱点并整体评估与考量其可用战略资源，最大限度地使国家可用战略资源与战略目标相匹配。在分析评估自身的同时，中等强国还要关注外部环境对本国核心利益的威胁。中等强国所面临的主要有来自邻国的威胁和来自远方的威胁，这要求其规划利用好自身力量来应对外部环境中的威胁带来的安全风险；且受到国家海洋性与国家海洋安全理念的影响。因此，当前的海权理论已不仅仅适用于"超级大国"，时代的发展给很多非"大国"提供了追求海洋权益的空间，中等强国开始在现代海权理论的指导下利用其可用的战略资源来维护自身核心利益以达成战略目标。基于上文对现代海权理论及中等强国海洋安全战略塑造的分析可以得出，影响中等强国海洋安全战略制定与调整的三个分析变量为国家实力、安全环境和战略认知，本文亦将以此为基础为韩国海洋安全战略调整与再塑造提供理论分析框架。

第一，国家实力与战略资源新转变。一个国家的国家实力既是其制定海洋安全战略的基石，也是其追求海权以实现战略目标的物质保障。国家实力是一个处于动态变化中的概念，资源力、经济力、海洋力作为构成一国追求海权的国家实力的核心，是相对客观而准确地评估一国国家实力变动的指标。评测分析一国资源力、经济力、海洋力的变动趋势，有助于国家及时有效地调整其战略谋划与实施手段。

第二，安全环境与海洋安全新格局。海洋安全战略受到来自安全环境的影响主要体现在两方面：一是来自邻国的威胁，二是来自远方的威胁。在国际社会无政府状态下,邻国海洋实力的变动或是海洋战略性质的改变都会牵动中等强国最敏感的神经;来自远方的威胁对其的影响也同样复杂而微妙。因此,中等强国所处的安全环境中,邻国海洋实力和海洋战略性质的转变以及大国间实力对比的变化等因素,都将影响中等强国海洋安全战略的制定与调整。

第三,战略认知与海洋观念新趋向。"战略认知是政策实践的思想先导。"[1] 自《海洋法公约》生效以来,各国的海洋安全观、海洋国土观、海洋权益观等都随之发生改变。这种战略认知是一种指导战略行为的观念力量,它影响着国家具体战略的选择和确定。不同的海洋观念塑造出不同的海洋战略认知,也决定了国家不同的战略选择。

二 国家实力的增强是韩国海洋安全战略调整的重要动因

国家实力堪称一国大战略的"家底"。[2] 作为国家大战略重要组成部分的海洋安全战略同样受国家实力的影响。国家实力是包含资源力、经济力、海洋力在内的综合性指标,是国家海洋安全战略调整的物质基础。

(一) 韩国经济实力与国防工业水平的提高

韩国位于亚洲大陆东北朝鲜半岛南部,三面环海,领土面积约 10 万平方千米,海岸线长 2413 千米。[3] 受制于狭小的国土面积与匮乏的陆地资源,韩国发展并最终形成了外向型经济发展模式。近年来,韩国经济实力不断增长,在 2017 年国内生产总值已达 1.531 万亿美元,位居世界第 11 名。[4] 冷战结束后,韩国建立并增强了与多国的经济、政治、技术合作,扩大的海外市场与蓬勃的对外贸易一方面成为发展韩国海上力量的基础,另一方面又对韩国海上力量提出了新的要求。随着韩国经济对外依赖程度的增高(见图3),海上运输安全的重要性也越发增强。从这个意义上来讲,韩国对海洋

---

[1] 楼春豪:《战略认知转变与莫迪政府的海洋安全战略》,《外交评论》2018 年第 5 期,第 101 页。
[2] 吴春秋:《论大战略和世界战争史》,解放军出版社,2002,第 48 页。
[3] 参见国家海洋局编《中国海洋统计年鉴·2012》,海洋出版社,2013。
[4] 数据来源:世界银行官网,https://data.worldbank.org.cn/country/korea-rep?view=chart。

的资源依赖、通道依赖和安全依赖呈现出不断增强的趋势，促使韩国海洋安全战略调整向大洋化方向迈进。

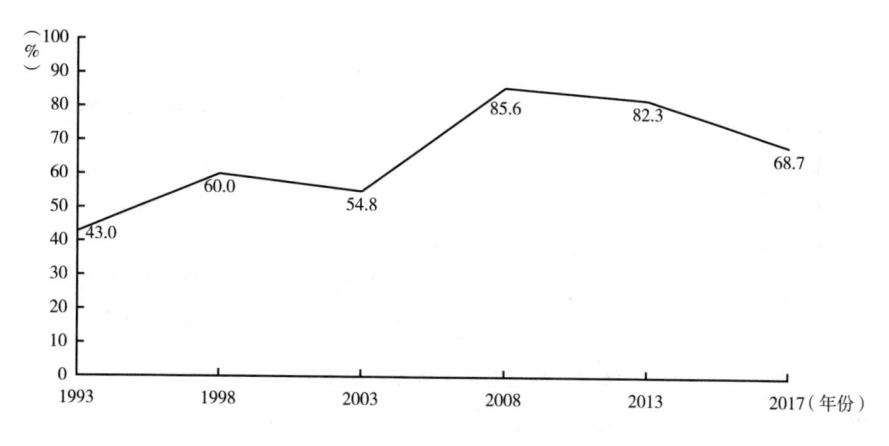

图3　韩国经济对外贸易依存度变化

注：经济对外贸易依存度＝进出口总额÷国民生产总值。
资料来源：根据世界银行官网（https：//data.worldbank.org.cn/country/）整理所得。

冷战结束后，伴随韩国经济实力不断上升，军费投入也呈现不断攀升的态势。韩国海军军费投入占总军费投入的比重不断提高（见图4），为韩国海洋安全战略调整提供了直接的支持。金泳三政府时期，韩国开始利用军费大力发展新型军舰，推进机动舰队的建设，并建立起较为完备的国防工业体系。

对于海洋安全战略的调整而言，造船工业和航空工业的推动作用尤其巨大。韩国"建立了以海洋船舶金融公司为先锋、海洋水产部为政策后盾的造船海运产业支持体系"，[①] 船舶工业位居世界造船业前列，先进的设计能力和完备的配套产业体系支撑起韩国造船工业的持续高速发展，以前沿技术和研发能力为核心的国防工业体系的发展亦为其海洋安全战略的调整奠定了扎实的工具基础和技术基础。

（二）韩国海洋军事实力的快速发展

武器装备是构成军队战斗力的基本要素，是武装力量建设和进行战争的

[①] 孙悦琦：《韩国海洋经济发展现状、政策措施及其启示》，《亚太经济》2018年第1期，第84页。

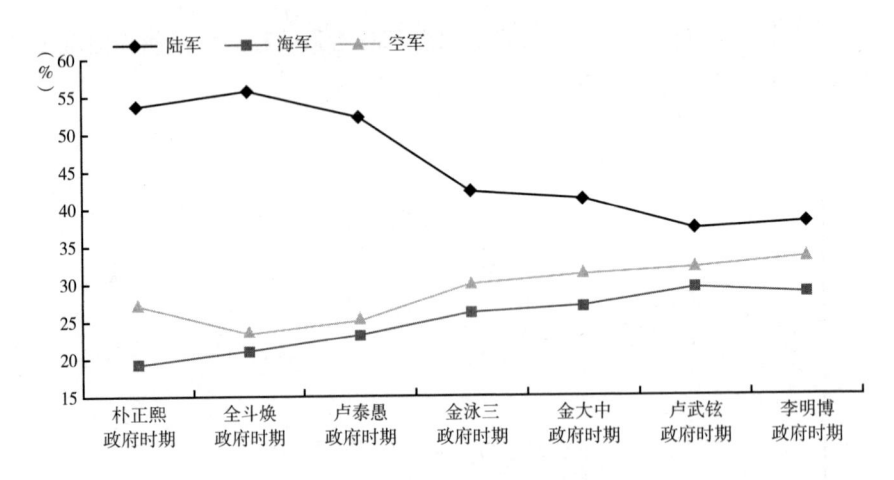

图 4　韩国三军军费投入比重变化

资料来源：根据韩国国防部《2010 国防白皮书》《2012 国防白皮书》和 *MND of ROK Defense White Paper* 2008 相关内容整理。转引自韩禧《韩国海洋安全战略的嬗变及其影响因素的研究》，硕士学位论文，复旦大学，2014，第 21 页。

物质基础。[①] 金泳三政府时期推行的"均衡陆海空三军战力"政策使韩国拥有了"张保皋"级常规潜艇，引进了 P-3C 海上巡逻机，自行设计了"清海镇"级潜艇救援舰等海军装备。之后进入金大中、卢武铉政府时期，韩国海洋军事实力进一步发展。"忠武公李舜臣"级驱逐舰（KDX-2）、"世宗大王"级"宙斯盾"驱逐舰（KDX-3）的问世表明韩国成为有军舰力量的国家，新一代作战舰艇及"独岛"级两栖攻击舰则成为韩国新一代远洋舰队的骨干兵力，韩国海军的作战能力大大提高。受 2008 年金融危机和 2010 年"天安舰事件"的影响，李明博政府时期韩国海洋军事实力发展总体处于停滞状态。朴槿惠上台后，韩国政府完成济州岛海军基地建设，并追加韩国型驱逐舰、新型登陆舰等海军力量，这表明韩国的海洋军事实力又开始了新的提升之旅。"韩国海军装备由类型多但各类型数量较少向类型减少但各类型的数量增多的方向成功转换。总的来说，尽管驱逐舰数量减少，但舰队的作战能力显然达到了韩国所设想的水平。"[②] 自金泳三政府时期以来，韩国海洋军事实力的变化一定程度上影响了其海洋安全战略调整的目标、范

[①] 彭光谦等：《军事学是什么》，北京大学出版社，2018，第 221 页。
[②] Yoji Koda, "The Emerging Republic of Korea Navy: A Japanese Perspective," *Naval War College Review*, Vol. 63, No. 2 (2010), p. 22.

围和方向；作为海洋安全战略实现的重要支点，韩国海洋事实力更是直接影响其海洋安全战略的形成类型与特征。

三 东亚海权格局的变动是韩国海洋安全战略调整的外部动因

"韩国地处东北亚强大竞争对手的交汇点上，它面对的是一个敌对的、拥有核武器的朝鲜。"[1] 在复杂的地缘政治现实中，域内其他国家的海洋实力大小、海洋战略性质的变化以及由此引发的整个地区海权格局的变动，都是韩国在调整海洋安全战略时必须考量的重要因素。

（一）域内多重海洋势力的崛起

冷战结束后，地区内各国争相努力发展海军部队的打击能力，海上安全问题成为东北亚国家的特别关注，它们更倾向于关注其海上安全，而不仅仅是内部安全和陆地威胁。东北亚海军经历了着稳定增长和快速现代化时期。[2] 东北亚地区的几大国在冷战结束后的时间里，纷纷选择增强各自的海上力量，东亚海洋博弈烈度整体趋向升级。

其一，日本海洋力量发展。作为海洋性国家且有"海上骑马民族"之称的日本，在冷战后开始逐步展现出"争霸海洋"的态势，重要信号之一便是其军费开支总体数额呈现不断上升的趋势。自1993年以来，日本的防务开支占GDP比重持续保持在近1%的水平。在防卫预算的分配上，陆上自卫队约占36%，海上自卫队约占24%，航空自卫队约占22%，其他部门约占18%。[3] 日本海岸警卫队现在已拥有了其宣传人员所说的"新的战斗力"，即宪法明确禁止的能力。日本政府对日本海岸警卫队进行了更名、重新定位和重新装备，使其与邻国海军"无法区分"。[4] 作为东北亚地区的重

---

[1] William Tow, Richard Rigby, "China's Pragmatic Security Policy: The Middle-power Factor," *The China Journal*, No. 65 (2011), p. 172.

[2] 参见 Duk-Ki Kim, "Cooperative Maritime Security in Northeast Asia," *Naval War College Review*, Vol. 52, No. 1 (1999), pp. 53–57.

[3] 参见石宏《日本军情》，中国财政经济出版社，2014，第14~15页。

[4] Richard J. Samuels, "'New Fighting Power!' Japan's Growing Maritime Capabilities and East Asian Security," *International Security*, Vol. 32, No. 3 (2007/2008), pp. 84–112.

要一极,冷战结束后日本海上力量的发展牵动着整个东亚地区海权格局的敏感神经。

其二,俄罗斯海洋力量发展。冷战结束后俄罗斯继承了大部分苏联"遗产"中的海上威力体系。在新世纪"普京时代",从2001年开始,俄罗斯军费占GDP的比重始终维持在4%上下,整体呈现波折上升的趋势。俄罗斯进入海洋强国战略推进期后,新增国防经费大量地投向海上力量建设。"亚森"级攻击型核潜艇(885型)、拉达级常规潜艇、22350型护卫舰、"西北风"级两栖攻击舰、18280型中型情报船、"伊万—格伦"级大型登陆舰(11711型)相继服役,逐渐壮大了俄罗斯的海上力量。[①] 这一时期,俄罗斯在加强海上力量的同时还增加远海和战备演练活动的频次。俄罗斯实现海上装备总体现代化的举措,体现了其在优先保证近海安全的前提下维护海洋大国地位的意图。

其三,中国海洋力量再度崛起。中国实行改革开放政策后,经济发展模式逐渐转变为"外向型经济结构",为满足外向型经济发展的需求,中国的海洋战略也随之发生改变。中国海洋防卫由单纯的防止海上入侵,逐步扩展到保护"海上生命线"和"海外重大利益地区"。为应对海上强国的霸权主义、海洋权益争端带来的传统安全威胁以及海上非传统安全威胁,保障本国合法的海洋权益,中国的军事现代化计划始于20世纪80年代,"包括一项新的前瞻性海上战略,这使中国海军成为一个潜在的区域力量"。[②] 自1995年以来,中国国防经费占GDP比重大致保持在1%~1.7%的范围内,[③] 这不仅符合维护国家合法海洋权益的需求,也顺应了经济全球化、政治多级化、军事科技现代化的历史潮流。

地处东北亚地区的中、日、俄三个大国的海上军备能力的提高及其海军现代化水平的不断提升,加剧了东北亚地区海洋军备竞赛程度,也改变了东北亚海权的传统格局,使其急剧变动:中国抓住机遇顺势而发,

---

[①] 参见现代国防与安全研究中心编《美日俄印海军舰艇与航空器识别手册》,机械工业出版社,2016。

[②] Ulysses O. Zalamea, "Eagles and Dragons at Sea: The Inevitable Strategic Collision between the United States and China," *Naval War College Review*, Vol. 49, No. 4 (1996), p. 63.

[③] 根据中华人民共和国国防部2000年、2002年、2004年、2006年、2008年、2010年发布的国防白皮书数据和韩国国防部2006年、2008年、2010年、2012年、2014年、2016年发布的国防白皮书数据归纳所得。

在新一轮的地区海洋格局中占据了重要地位；日本也积极调整，谋求建立一支进攻型、远洋型海上力量；俄罗斯亦在其海上力量触底之后逆风翻盘，向着海洋强国目标强劲推进。东北亚域内多重海洋势力的崛起和地区海权格局重新构造成为韩国调整本国海洋安全战略的外部推力。韩国海洋安全战略向大洋型、综合型转变有助于韩国应对来自周边大国的潜在海洋安全威胁，也有助于韩国打造东北亚海权格局的优势地位和战略制高点。

（二）美韩同盟协同需求的强化

美韩同盟起源于冷战时期。无论是冷战期间还是冷战结束后，在海上力量装备方面，"韩国海军水面舰艇的动力、雷达、导弹系统以及全自动作战指挥与武器控制系统均由美国提供"。[①] 韩国对美国的特殊依赖性，导致美韩两国在同盟结构中的高度不对称，这种联盟的不对称性，使韩国的海洋安全战略调整方向也一直深受其影响。冷战结束后国际政治经济环境发生了变化，美国宣布减缩在日、韩、菲所驻扎的陆军和空军力量。美国这一战略举措，不仅激发了韩国海洋安全战略自主化的国家意志，也加重了韩国既要承担陆上防务也要在海上协作美国的双重负担，增强了韩国海洋安全战略调整不断向自主化、大洋化目标迈进的坚定性。

"9·11"事件发生后，美国的安全战略发生了明显变化，其海洋安全战略大致经历了从全球反恐到关注重点区域乃至重返东亚的战略转型。"面对中国渐强的军事实力，特别是在反介入和区域封锁领域的实力以及海军实力的增强，美更加强调和亚洲盟友的合作。"[②] 作为美国在亚太重要战略支点的美韩同盟，要求韩国紧密配合美国的亚太战略，2013年美国还要求韩国远洋舰队执行亚丁湾打击海盗作战任务。对于韩国来说，配合联盟的协同作战任务与加强本国海洋安全战略大洋化可实现互动结合，相辅相成。美国实现其国家海洋战略的目标，需要提高韩国在海上协助配合美国的作战能

[①] 郭锐：《韩国海洋安全战略调整及现实影响》，《同济大学学报》（社会科学版）2012年第6期，第55页。
[②] 倪乐雄主编《周边国家海权战略态势研究》，上海交通大学出版社，2015，第48页。

力，同时，韩国亦通过调整海洋安全战略来不断提升强化本国的远洋海军建设能力，满足美韩同盟的协同需求。

（三）朝韩海洋实力的此消彼长

韩国认为，冷战以来无论是在陆地还是在海洋，朝鲜始终是韩国国家安全的主要现实威胁。冷战结束后，苏联解体致使朝鲜失去了最强有力的外援，朝鲜对韩国的军事威胁性趋于下降。这一时期，韩国主要防止来自朝鲜的海上渗透，并在注重近海防御的同时谋求向远洋的扩展。同时，伴随着经济实力增强，韩国的海洋实力也持续提升。而朝鲜则与之相反，经济发展较为缓慢，薄弱的经济基础不足以提供足够的战略资源来发展其海洋实力。朝鲜军事外援的丧失及其萎缩弱化的海洋实力，与韩国快速发展的海上军备力量形成鲜明的对比。就韩国海洋安全方面来看，朝韩之间海洋力量对比的变化直接影响着韩国海洋安全战略的调整：如果某一时期，韩国的海洋实力强于朝鲜的海洋实力，韩国会认为来自朝鲜的近岸安全威胁强度降低，韩国海洋安全战略调整则会倾向于远洋化，战略内容更为综合化；如果某一时期，韩国的海洋实力弱于朝鲜的海洋实力，韩国就会认为来自朝鲜的近岸安全威胁强度增加，韩国海洋安全战略范围则会倾向邻海化，战略内容相对倾向于前沿军事化。

冷战结束后，朝鲜的潜艇、登陆舰数量有所增加，整体海上战力虽在数量上占优势，但在性能和作战威力方面尽显颓势。而韩国军队背靠其充沛的军费支持和雄厚的造船工业基础，在发展海洋力量时更加注重质的提升。特别是在20世纪90年代后期，韩国舰队的现代化在质量和数量上都是引人注目的。[1] 由此，朝韩两国海军力量构成的差距逐渐加大，朝鲜落后的中小型舰艇对韩国安全的威胁力下降，"1999年6月，朝韩在半岛西海岸发生的海上冲突是韩海军作战能力和训练优势的明显体现"。[2] 海上力量朝弱韩强的现实局面，进一步促进了韩国海洋安全战略向范围扩大化、内容综合化方向调整。

---

[1] Yoji Koda, "The Emerging Republic of Korea Navy: A Japanese Perspective," p. 23.

[2] Victor D. Cha, "Hawk Engagement and Preventive Defense on the Korean Peninsula," *International Security*, Vol. 27, No. 1 (2002), p. 63.

四　新海洋观的战略认知是韩国海洋安全战略
　　调整的内在动力

战略认知是一种指导战略行为的观念力量，这种观念力量影响着国家具体战略的选择和确定。海洋本身的疆域属性、资源属性、媒介属性塑造了海洋国家由海洋国土观、海洋国防观、海洋权益观组成的国家海洋观。海洋历史文化传统"以一种潜移默化的方式影响着国家对战略环境的判断、战略目标的确定以及战略手段和行为方式的选择"。[①]

（一）从传统海洋安全观向新型海洋安全观的转变

韩国最开始形成的海洋安全观主要是为应对来自朝鲜的海上军事威胁而产生的，后随着国际环境变化而不断调整变化。冷战的终结为韩国海洋安全观的转换提供了新契机。金泳三政府初期，韩国主要还是秉持以防御海上军事安全威胁为主的传统海洋安全观，这种思维定式影响着韩国海洋安全战略调整的内容。但新兴工业化国家对海洋安全观提出了新要求，海上交通命脉畅通极大影响着外向型经济国家的生存和发展。从总体来看，韩国以防御来自海上军事安全为主的传统海洋安全观的思维惯性，虽然还在影响着韩国海洋安全战略调整的轨迹，但更为重要的是，海上军事安全、海上经济安全、海上环境安全等新型的海洋安全观目前已占据了主导和引领地位。在新型海洋安全观的指导下，韩国在调整其海洋安全战略时有了明显的综合化倾向：在保障海上经济安全领域，韩国相继提出的建设"海洋强国"战略和《韩国21世纪海洋》《第二次海洋水产发展基本计划》等文件都旨在强化海洋事务管理，发展海洋经济体系，保障海上航道安全，使韩国成为真正的海洋经济强国；在保障海上环境安全方面，韩国政府制定了海洋环境保护标准，加强对陆源污染物的管理以及强化海洋垃圾处理力量；在保障海上外交安全方面，通过国际海事机构强化同各国在海上安全领域的国际合作。因此，韩国由传统海洋安全观向新型海洋安全观的转型，在一定程度上推动了海洋安

[①] 孙婵、冯梁：《海洋安全战略的主要影响因素探析》，《世界经济与政治论坛》2019年第1期，第62页。

全战略内涵由单一军事安全,逐渐向政治安全、经济安全、环境安全、外交安全等综合内容的转变。

(二) 逐渐扩大的海洋权益观

海洋权益是国家领土权益在海洋空间上的展现。国家的海洋权益观包括国家海洋权力和国家海洋利益两方面,1994年生效的《联合国海洋公约》以法律形式规定了国家对其海洋领土拥有一定的控制权力与开发权益。冷战结束后,随着全球性资源匮竭难题的蔓延,海洋的领土属性、资源属性、空间属性与军事属性的重要程度不断提升,国家海洋权益观范围逐渐扩大,韩国也抓住战略机遇期乘势而上。韩国海洋权益观的扩大化主要体现在以下三个层面:一是国土概念范围扩大化,韩国不仅在外向型经济不断发展的过程中逐渐将海洋领土概念纳入国土概念范围内,而且界定了海洋国土的概念,即海洋国土是为其海洋经济活动打造的特定空间;二是海洋利益实现途径多样化,韩国通过法律手段加强其海洋开发利用的合法性,通过外交手段来实现海洋开发利用的有效性,佐以军事手段宣示海洋国土所拥有的主权的不可侵犯性;三是安全威胁呈现多元化趋向,冷战结束初期韩国认为其安全威胁主要是来自地缘邻国朝鲜的军事威慑力,而随着全球海洋地位的提升和海洋非传统安全威胁新问题的产生,韩国政府把这一新情况定位为"未来潜在威胁",这反映了韩国对海洋安全威胁认知从单一海洋军事安全威胁向涵盖经济、法律、环境、外交层面的多样性海洋安全威胁领域扩展。韩国海洋权益观的扩大直接促使韩国海洋安全战略不断向范围扩大化、内容综合化的方向调整。

综上所述,新型海洋安全观与扩大化的海洋权益观,都是韩国基于对国家实力变化与海洋安全环境战略的认知的必然产物。现代海权理论认为,中等强国因自身实力的有限性一般在区域海洋安全环境中处于被动状态,但也可从具体国情和国家长远利益来考量,在确保国家核心与根本利益的基础上,整体评估与考量其战略可用资源,在最大程度上发掘国家中长期战略资源,使与其战略目标相匹配和互推互动。冷战结束后,韩国对国家海洋安全战略的转变就是遵循了这一内在逻辑。实践证明,韩国的海洋安全观由小到大、由弱到强、由单一化到综合多元化的转变,正是依据对自身中等强国的明晰定位和对东北亚海洋安全环境的正确认知,而其海洋观念"由小到大"的身份转换结果,必然推动国家海洋安全战略向大洋化、综合化方向发展。

五　结语

冷战结束后,韩国海洋安全战略不断向自主化、大洋化、综合化方向调整,但韩国海洋安全战略的调整具有相对有限性。一方面,韩国对美国的安全依赖一定程度上减弱了其海洋安全战略调整的自主性;另一方面,海洋安全战略目标与战略资源的失衡也使韩国海洋安全战略的调整幅度与范围相对有限。在未来的一定时间里,韩国依旧会在海陆兼顾型海洋安全战略的指导下努力平衡近岸防御与远洋发展的关系,以实现其海洋强国的目标。有鉴于此,中国海洋安全战略也应在基于自身强大国家实力的基础上,持续提升自己的海上力量水平,加强海洋控制力,构建属于自己的强大海权力量,以此来应对日益增强的周边海洋压力,保证自身海洋安全和合法权益不受侵犯。

An Analysis of the Motives of the ROK's Maritime Security Strategy Adjustment after the Cold War

Yang Luhui, Zhu Dina

Abstract After the Cold War, ROK determined to build a "maritime power", with measures that indicate its strategic purpose of "stabilizing the adjacent seas and exploiting the high seas". Based on the analytical framework of modern sea power theory, this article traces the making and the adjusting of middle-power's maritime security strategies, demonstrates three variable factors that affect the adjustment of ROK's maritime security strategies: national strength, security surroundings, and strategic cognition. The strengthening of ROK's national power is the material foundation of the making and adjustment of ROK's maritime security strategies; the security surroundings of Northeast Asia is the external pressure on the making and adjustment of ROK's maritime security strategies;

The maritime view of "growing from weak to strong" is the internal motivation of the making and adjustment of ROK's maritime security strategies. These three factors together impel the ROK's maritime security strategies to adjust towards the direction of comparatively independence in concept, expansion in scope, and integration in content.

Keywords　ROK's Maritime Security; Causes of Strategic Adjustment; New View of the Ocean; Variable Factors

韩国"新北方政策"下的韩俄远东合作：
以"九桥战略"为核心

张慧智　徐　曼

【内容提要】 随着朝鲜半岛局势回暖、俄罗斯加速远东开发以及韩国深化区域合作需求增加，韩国总统文在寅上台后积极推动以多边合作为主的"新北方政策"，主动寻求同俄罗斯的全方位合作，重点推出在水产、农业、电力、铁路、北极航线、天然气、造船、港口、工业综合体领域的"九桥战略"。本文对韩俄在九个领域的合作近况、发展规划以及建设目标进行阐述和分析。韩俄在借助远东地区开发推进亚欧大陆与环太平洋对接合作的过程中，具备了合作的有利条件，也面临着一系列困难，短期内难有较大成果。因此，韩俄远东合作仍任重道远。

【关键词】 新北方政策　远东开发　九桥战略

【作者简介】 张慧智，吉林大学东北亚研究院教授，博士生导师；徐曼，吉林大学东北亚研究院博士研究生。

2017年9月，韩国总统文在寅在访问俄罗斯并参加第三届东方经济论坛期间，首次正式提出"新北方政策"，明确表示该政策与俄罗斯"向东看"政策的对接支点就是远东地区，韩国是俄远东开发的最佳合作伙伴。[①]

---

* 本文为国家社科基金"朝韩国家战略调整与半岛形势发展新趋势研究"（项目号：19BGJ048）的中期成果。

① 《文在寅总统主题演讲》，韩国青瓦台网站，2017年9月7日，http：//www1.president.go.kr/articles/944。

韩国的"九桥战略"不仅可以为韩俄两国提供新的经济增长点，还可以推进韩朝俄三边经济合作，如能得到落实，将有利于朝鲜半岛与亚欧大陆的对接，促进韩俄双方实现各自的战略目标。

一 "新北方政策"的提出与韩俄经济开发政策的对接

韩国关于"北方政策"的历史可追溯到20世纪80年代初期。文在寅政府的"新北方政策"是对金大中时期的对朝"阳光政策"、卢武铉时期的欧亚大陆合作、李明博时期的"新亚洲构想"以及朴槿惠时期的"欧亚倡议"等政策的继承和延续，是基于整个价值链扩张和东北亚局势变化下的新"北方政策"，其"新"主要体现在如下几个方面。

在政策目标方面，该政策可推动落实朝鲜半岛"H型"新经济构想，实现半岛经济一体化，为和平统一奠定基础。借助双边及多边经济合作建设"东北亚+责任共同体"，实现"和平繁荣的北方经济共同体时代"的愿景。

在合作对象国的选择方面，"新北方政策"具体扩展到与亚欧大陆东部地区（俄远东、中国、朝鲜）、中部地区（蒙古国、中亚）、西部地区（俄西部、白俄罗斯、乌克兰）的合作。其中，重点合作伙伴国为俄罗斯，其次是朝鲜。

在内容规划方面，东部地区以对接韩俄和韩俄朝远东项目，扩展与中国东北三省的合作为主；中部地区以资源开发和基建为重点，集中推进与韩国经济互补的优势产业；西部地区以"区内基础技术+韩国应用技术"为增长模式，积极培育与白俄罗斯、乌克兰等国在ICT、航空航天等高精尖领域的技术合作。

受西方制裁影响，俄罗斯大力开发亚太市场，韩国的"新北方政策"恰好成为俄罗斯落实"向东看"政策的重要抓手。两国在政策目标与内容上有着共同的利益诉求。

经济上，韩国试图利用俄远东的资源优势实现能源供给多元化，为韩国企业开辟新市场，通过韩朝俄三方合作实现亚欧大陆的互联互通。俄罗斯则欲借助远东的地缘经济优势，改善区域经济发展不平衡状态，吸引中日韩等国的投资，重塑其在亚太经济圈的重要地位。

政治上，韩国欲通过双方互信在终结朝鲜半岛冷战格局和构建半岛和平机制方面获得俄罗斯的支持。俄方也想借与韩国的合作提升其在半岛事务中的话语权，利用朝鲜半岛问题增加同美国进行磋商的空间和交涉的筹码，应对中国对该地区的影响力和日本的威慑力。

与此同时，俄罗斯颁布的《2025年前俄罗斯远东和贝加尔地区社会经济发展战略》与韩国"新北方政策"规划的发展领域异曲同工。韩俄围绕两国重点发展的基础经济部门和领域，将其中九个领域作为项目规划的优先方向，准备于2019年签署项目实施计划，开启韩俄经济合作新篇章。

二 "九桥"：韩俄远东合作的重点领域

在中俄朝相继制定国家经济发展政策、朝韩关系得到极大改善、各方对经济合作讨论日益深入的大背景下，韩国欲借助韩俄在九个领域内的经济合作搭建朝鲜半岛与亚欧大陆对接联通的桥梁。

（一）水产业合作：制定水产养殖项目计划，确保水产资源供应稳定

水产业是韩俄合作的第一座桥梁，韩国占俄远东水产品出口亚太市场三分之一以上份额，是俄罗斯水产业的重要伙伴。韩国水产资源匮乏，俄远东水产业发展局限性大，两国提出的加强培育养殖渔业、稳定调配饲料方式、制定水产业恢复方案等措施，既可以控制韩国周边海域资源的捕捞力度，促进韩俄建立饲料稳定供给的协调机制，也可以夯实俄罗斯水产业基础并增加就业岗位，保障其国内外市场供应。

韩俄渔业委员会现已就扩大渔业捕捞配额、建设水产加工园区等方面进行了磋商，并在海水养殖项目和渔业投资方面达成了协议。同时，为建立更有效的国内外市场供销系统，俄罗斯计划于2020年前在符拉迪沃斯托克建成水产品交易与拍卖综合体，包括批发配送中心、万吨级的冷库和鱼类加工基础设施。韩国投资者已计划以远东水产品拍卖行股份公司股东身份投资1亿卢布参与交易所综合体的建设。

（二）农业合作：建立稳定的农产品生产和供应基地，共同开拓中日市场

据俄罗斯对外贸易网站数据显示，2018年俄罗斯出口韩国的食品和农

业原材料为 15.85 亿美元,占俄罗斯对韩国出口总额的 8.89%。① 其中,由俄远东生产并出口的份额占 90% 以上。

鉴于俄远东地区农业生产的优质耕地有限,对企业环保要求高,2018 年 9 月政府对该地区未使用的农业用地进行了盘点,有 300 万公顷耕地可供亚太地区投资者使用。同时,韩国在《2017~2022 年韩俄农业合作规划》中提出建立农业物资生产基地,把畜牧业、温室等技术密集型农业以及加快种子加工、种植技术研究作为两国农业合作的落脚点,并计划利用滨海边疆区、阿穆尔州等超前发展区优越的自然条件、优惠的政策激励机制以及距中日韩消费市场较近的区位优势,实施养猪、蔬菜种植、食品原料加工等项目。但韩俄两国还需克服俄远东内需市场狭小、物流设施落后带来的企业高成本问题。

(三) 电力合作:搭建俄朝韩三方电网系统,保障韩朝电力能源安全

电力跨国输送是实现国家能源可持续发展的一项富有前景的项目,早在 1998 年,俄罗斯就提出过东北亚电网互联的概念雏形。随着各国经济发展和需求的变化,中日韩已成为电力需求大国,而俄罗斯是电力供应大国。因此,经多方积极努力,2016 年 3 月,中韩俄日四国签署了《东北亚电力联网合作备忘录》,标志着全球能源互联网或将率先在东北亚地区落地。

俄远东地区勒拿河和阿穆尔河的水电、滨海火电的能源优势对韩俄朝电力合作具有重要推动作用。此前韩俄关于电网互联工程有两种方案:方案一是铺设符拉迪沃斯托克到首尔约 1000 公里的海底输电电缆,该规划虽避开了朝鲜,确保了联网建设运营及投资收益的相对稳定,但跨海输电线路较长,工程造价较高,不具备优势;方案二是建立"俄远东—朝鲜—韩国"的陆路洲际电网,三国电网连接项目可节约投资成本 140 亿美元。各电力系统连接方案的技术可能性与运行效率如表 1 所示。

---

① 《2018 年俄罗斯与韩国之间的贸易》,俄罗斯对外贸易网站,http://russian-trade.com/reports-and-reviews/2019-02/torgovlya-mezhdu-rossiey-i-respublikoy-koreya-yuzhnoy-koreey-v-2018-g/。

表 1 俄罗斯与朝鲜半岛陆路洲际电网连接项目

洲际电网连接方向	长度（km）	电压（kV）	通电容量（GW）	传输电能（TWh/年）	估计成本（十亿美元）
符拉迪沃斯托克—清津	370	±500	0.5	3	0.13
符拉迪沃斯托克—平壤—首尔	1150	±500	4	7	4.8
南雅库特水力发电站—沈阳—首尔	2400	±750	5	20	10.5

来源：С. В. Подковальников, В. А. Савельев, Л. Ю. Чудинова, "Перспективыэлектроэнергической кооперации России и стран Северо-Восточной Азии," Внешне экономические связи, Vol. 151, No. 4 (2015), с. 125。

在电网互联过程中，韩方希望在滨海边疆区修建热电站以实现途经朝鲜中转引进俄远东过剩电力的项目（如图 1）。

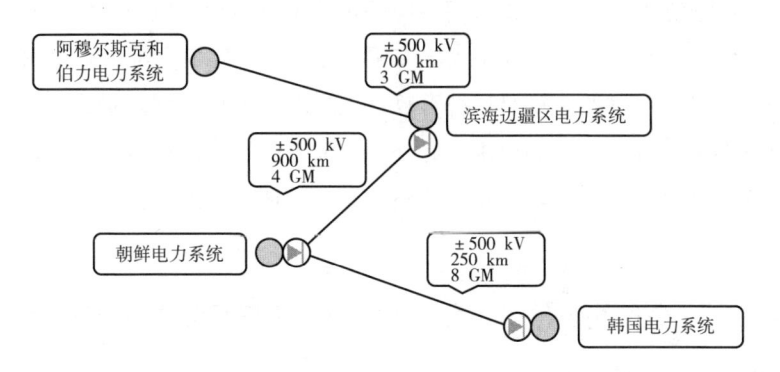

图 1 俄罗斯—朝鲜—韩国电网互联示意图

来源：С. В. Подковальников, Н. И. Воропай, Ксения Летова, "Региональная интеграцияв Северо-Восточной Азии на примере сотрудничества в сфере электроэнергетики," Российский совет по международным делам, 3 августа 2017, https://russiancouncil.ru/analytics–and–comments/analytics/regionalnaya–integratsiya–v–severo–vostochnoy–azii–na–primere–sotrudnichestva–v–sfere–elektroenerget/? sphrase_id=807192。

由于朝鲜受国际制裁，韩俄目前无法为其提供老旧发电站的更新和零部件供应，但韩俄朝正在就改善朝鲜电力基础设施、交换电力技术、培训电力人员等方面进行商讨，以便在制裁解除后立即投入到电网系统建设中。

（四）铁路运输合作：实现韩朝俄三国铁路连接，构建东北亚铁路共同体

一直以来，韩国历届政府都致力于连接朝鲜半岛的东海线与京义线，以摆脱"岛国"困境。俄罗斯国内也有"铁路地缘政治"的说法，[①] 即可以通过俄朝韩铁路连接向平壤供应燃料和物资，使交通运输方式成为扩大地缘政治影响力的工具。朝鲜从金日成时期就主张利用铁路连通获取约 1 亿美元过路费的外汇渠道，但由于其长期受国际制裁以及受半岛局势持续动荡的影响，铁路项目未能如愿运行。

直至文在寅总统上任，重启中断的铁路项目才进入韩国政府的议事日程。2018 年 3 月，韩国铁路公司成立了主管朝韩以及与中俄等周边国家铁路连接事宜的"南北大陆事业处"，同年 6 月韩国终于成为国际铁路合作组织的正式成员国，该决议不仅让韩国享受利用亚欧铁路的优惠政策，促进跨朝鲜半岛铁路连接，也对推进东北亚铁路共同体的构建起到鼓舞效果。

虽然铁路连接带来的直接与间接经济价值不可估量，但仍需要克服各方关注的实际问题。例如，朝鲜经济水平有限，故铁路修缮中大部分资金需韩俄提供；俄方认为跨国铁路应针对运行百辆以上车厢的大规模洲际货物运输，而朝韩目前的铁路状况远未达到要求；此外，朝鲜方面不仅存在与韩俄铁路对接的技术障碍，更缺少对跨三国铁路连通整体布局的能力。因而，铁路连接将是一个长期课题。

（五）北极航线合作：开发北极资源，开拓面向欧洲的新物流通道

韩国自 2013 年 5 月成为北极理事会正式观察员开始，就深入拓展并参与北极事务，一方面扩大极地科考规模、耗资建造破冰船、建设 NSR 航线中转港，另一方面，通过与以俄罗斯为代表的北极国家探讨航线对接方案，为增大其在北极治理过程中的话语权奠定基础。

为落实韩俄北极合作项目，两国建立了北极协商会议的机制化沟通渠道，分享北极航道运行规划，检视运输资源的破冰船，讨论减少或减免收取港口设施使用费用，以刺激贸易量提升并提供货物量化奖励。此外，鉴于勒拿河地区航运条件优越、运输航线较短等优势，韩俄正探索建设"勒拿河走廊"的可行性和经济效益，该"走廊"降低了船舶燃料成本及其他费用，开启了韩国由陆运转河运、最终连接北方航道的新渠道。

---

① В. Ф. Борзунов, "Железнодорожная геополитика в условиях глобализации," Вестник транспорта, No. 9（2012）, с. 2–4.

虽然韩国期望借助北极航线获得稳定的能源供应和方便快捷的贸易通道，但由于航道开发不成熟，以及北极地区极端气候等约束条件，现阶段难以保障货船一定规模的物流量。同时，中日等国加紧制定本国的北极战略，也使得北极航线开发竞争日益激烈。

（六）天然气合作：拓展天然气运输方式，增加天然气供应

福岛事故引发的核电安全顾虑、半岛军事风险带来的安全隐患，以及韩国国内核电站的质量问题导致政府和民众对核电安全充满担忧。对此，文在寅上台后加大了天然气的供应以降低韩国对核电和煤炭的依赖。

根据英国石油公司发布的《世界能源统计数据》（2018）显示，2017年韩国液化天然气进口量为513亿立方米，消费量为494亿立方米，俄罗斯是其第七大进口国，占总进口量的5.07%。为更好地利用俄韩地缘优势实现降低运输成本、挖掘合作潜力等多重目标，韩国倾向于加强同俄罗斯在海路液化天然气运输和陆路天然气管道项目上的合作。

在扩大液化天然气（LNG）采购方面，韩国公司参与了俄远东萨哈林1号和2号项目，评估了项目的价格、投资额及回报率等问题，计划每年接收120亿立方米的液化天然气。在运输方式上，俄罗斯正在勘察加地区建造承接液化天然气运送和出口的转运设施，为两国参与基础设施LNG运营项目、开展液化天然气贸易以及物流优化合作提供保障。

相较于海上船舶运输，管道运输速度更快、运输量更大，成本也更低。对此，韩国共提出过三个方案。一是铺设从符拉迪沃斯托克直达韩国的海底天然气管道，但因成本太高，难以实施。二是建设俄中韩海陆天然气管道，但由于俄方供气的科维克金气田归属问题复杂，管道项目也未有任何推进。而最现实可行的，也是韩国长期追求的第三个方案，是修建1000~1100千米的俄朝韩陆上天然气管道，虽然此方案存在朝鲜给韩国断气的风险，但如果韩朝之间能达成协议，将有利于实现双方在政治、经济等方面的效益最大化。

（七）造船业合作：发挥支柱产业优势，力推造船业"联姻"

造船业是韩国的传统支柱型产业，近年来一直面临着市场需求衰退、船价下滑和中国造船业快速发展带来竞争等外部问题，还存在产业结构失衡、国内需求不足和缺乏产业协同效应等内部问题。俄罗斯造船业则存在设备陈旧、国内生产规模狭小、资金投入不足以及劳动力成本高、效率低等问题。从两国的实际需求来看,韩国看重俄罗斯丰富的海洋油气资源以及俄方改造船舶海洋工程装备的迫切意愿,而俄罗斯则更需要韩国油船企业的先进技术。目前,两国已开始运行一些新的合作项目。

一是韩俄两国船企采取"技术+管理"的新型模式参与合作项目,共享订单分成。此模式既利用了韩国船企的技术优势,加深了两国船企的合作关系,又实现了与能源输出大国战略捆绑,为船企未来发展奠定基础。①

二是针对俄罗斯"国船国造"的特点,韩国船企加快组建与俄红星造船厂的合资企业。例如,三星重工与俄造船厂合作建造了载重量40000~120000吨、用于北极穿梭油轮项目的合资企业;三湖重工与红星造船厂成立了Zvezda-Hyundai合资公司,用于开发液化天然气动力的阿芙拉型油船等。此类合资企业既可解决俄船企的资金和技术障碍,也可以开拓俄罗斯造船业市场。

(八)港口合作:改造远东港口现代化设施,提升物流量

韩俄两国还就远东的东方港、瓦尼诺港等五大港口改造问题进行了分阶段规划:第一阶段,计划在2022年前,组建韩俄政府和民间企业开发港口委员会,探讨韩俄港口物流通道连接方案,研究港口现代化升级改造和资金投入问题;第二阶段,完善釜山港和远东港口的物流网建设,把远东港口打造成北极航道和亚欧大陆海陆通道中的船舶修理基地和原料供给基地,为共同开发韩朝中俄统一经济特区打下基础。

目前,韩国现代工程建设公司正在对中俄朝交界的斯拉夫扬卡港口改造项目进行研究,并与俄罗斯"别尔库特"物流公司签署了港口重建和开发的谅解备忘录。港口改造成功后,可大大提高货物集散功能,增加物流量。因此,俄政府根据《2010~2020年俄交通体系发展国家规划》,计划将远东海港年吞吐能力增加1200万吨,并为海运基建项目融资570亿卢布;到2030年,韩俄物流量每年可增加2.5%。②

---

① 曹博:《韩国造船业海外布局新动向》,《船舶物资与市场》2018年第4期,第24~26页。
② 俄罗斯联邦交通运输部,2017年4月5日,https://www.mintrans.ru/documents/8/7402。

（九）工业综合体合作：利用俄远东超前发展区理念，打造韩朝俄共同参与的滨海工业园区

远东联邦区拥有丰富的物产资源和临近亚太市场的优势，也是韩国实施对外政策的重点关注区域。自 2015 年俄联邦政府提出超前发展区概念开始，韩国根据发展区规划的支持制度、税收优惠政策、产业发展方向和基础设施建设等情况，将工业重点集中在"纳杰日金斯卡娅"、阿穆尔和扎鲁比诺等超前发展区，深度挖掘石油化工业、食品加工业、旅游疗养业方面的合作潜能。

但韩国要想获取进入俄远东市场的"通行证"，仍面临一系列困难和挑战：首先，超前发展区是一项长期系统工程，俄远东需要不断摸索和完善开发领域、立法和投资制度；其次，韩国在制定产业区位选址、分析相关技术和融资的可行性、建立投资生产和销售渠道等方面需要长时间的前期调研，执行周期长；最后，以目前朝鲜受国际制裁和经济水平有限的情况来看，吸引朝鲜参与到滨海工业园区的建设中还需时间。

三 推进实现韩俄远东合作的有利条件

长久以来，韩俄利用稳定的政治关系促进经贸合作，是两国在发展过程中的逻辑选择，也取得了一定成果。现阶段两国在经济互补性、政策可持续性以及外部环境等方面都为推进韩俄"九桥合作"提供了有利条件。

（一）韩俄经贸合作互补性强

韩俄两国经济发展水平与生产要素禀赋的不同，扩大了双方的合作空间。从经济发展水平来看，韩国发展水平较高，而俄罗斯处于经济转型时期，发展水平的不同有利于两国展开经贸方面的垂直分工。从资本方面来看，韩国在走上工业化发展道路之后，拥有了较为充裕的资本，在欧美市场发展不景气、资本投资回报率不高的前提条件下，韩国资本正好可对投资俄远东地区发挥巨大作用。从技术角度来看，韩国在造船业、半导体产业、精密电子产业等领域位居世界前列，而俄罗斯在基础科学研究、航空航天及军事技术等领域智力储备丰富，两国技术互补性较强。从市场角度来看，韩国是资本密集型的新兴工业国，无论购买力再强、政府刺激内需政策再多，国

内市场内需规模始终有限，依赖海外市场的出口导向型经济是主导，而俄罗斯恰好相反。瞄准俄罗斯市场是开拓韩俄经贸合作的方向。

（二）韩俄具备稳定可持续的政策支持

长期以来，发展经济是两国政府的核心目标。对韩国来说，受本国国会决议和总统任期限制，历届政府与北方国家合作的政策名称虽略有不同，但方向基本上是一脉相承的。当前，贸易保护主义盛行，中美贸易摩擦给韩国经济带来的冲击日益增加，韩日贸易摩擦则暴露出韩国对进口日本半导体原材料依赖过高的弊端，加上国内钢铁、造船等产业进入成熟期面临增长局限等多重因素叠加，出口导向型经济给韩国带来了沉重压力，经济增长面临较大阻碍。加强同北方国家合作，挖掘俄罗斯市场的潜力，成为几任韩国政府持续的政策方向，且较长时间内不会有大的改变。

对俄罗斯来说，远东和西伯利亚的开发多受外部因素的刺激和推动，缺乏内在发展动力。但自 2012 年在符拉迪沃斯托克召开 APEC 会议并设立远东发展部起，俄罗斯对该地区的关注有增无减。同时，在俄罗斯受西方制裁的背景下，俄罗斯与西方国家虽有合作意愿，但掣肘太多，难以转圜。因此，未来相当长的时间内，俄罗斯利用远东地区平台融入亚太市场是实现其全方位战略布局的关键。

（三）朝鲜集中全力建设经济的国家战略为"九桥战略"的实施提供条件

2018 年 4 月朝鲜劳动党七届三中全会宣布将其国家发展战略由核武力与经济发展的并进路线转为集中全力进行经济建设路线，意味着朝鲜国家战略由原来的保卫国家安全向促进国家发展的阶段迈进。

作为一个长期受到国际制裁却依然坚持自己经济建设的发展中国家，朝鲜在内部经济体系、经济能力等方面还存在着许多短板。例如，朝鲜缺少石油和天然气等能源、基础设施落后、电力供应严重不足，这些都是其亟须解决的问题。未来只要条件宽松，朝鲜将会在经济发展方面投入更大努力，而"九桥战略"中的铁路、电力、天然气合作无疑将首先成为朝鲜填补经济发展断点和盲点的项目。反过来，朝鲜的参与也会更加促进韩俄"九桥战略"的落实。这既符合韩国建设朝鲜半岛"H"型新经济构想、实现朝鲜半岛经济一体化的预期，也符合俄罗斯扩展同亚太国家合作的意愿和确保其地缘经济地位的目的。

四 韩俄合作尚需克服的困难与努力方向

韩国提出"九桥战略"后，虽然朝鲜半岛局势出现了缓和迹象，各方都有强烈意愿发展经济合作，但仍需继续摸索韩俄双边及韩俄朝三边合作的可行路径。

（一）寻求项目合作中的资金保障

资金保障是实施"九桥战略"的先决条件。俄罗斯投入资金有限，朝鲜能否获得国际资金援助尚不确定，韩国则需承担大部分的项目开支。因此，资金问题极为关键。

目前，韩俄正加快推进10亿美元联合投资基金项目的合作，投资基金平台一旦确立，将会为韩俄远东项目提供财政支持，实现相互投资流动的稳定增长，加固两国经济合作。韩俄还提出了远东发展金融合作倡议。韩国进出口银行与远东发展基金计划在三年内向韩国投资者提供20亿美元的项目资助，用于保障韩方公司在开发项目中的股权投资、商业贷款和信用担保等问题，俄发展基金也为本国投资者提供了资金支持。

同时，韩俄还希望能借力AIIB获得资金支持，实现韩国与所持份额相应角色以及借助亚投行项目开展对朝经济合作的意图。如果能把投资朝鲜基础设施作为AIIB在东北亚地区的商业示范点，利用亚投行资金扩充连接朝鲜的能源供应网和铁路交通网等大型基建项目，将有助于建设区域经济一体化和构建政治安全机制。

此外，韩国还提议成立东北亚开发银行，并利用现有的南北合作基金为朝鲜经济发展提供资金支援，但投资项目是否能落实还有待各国进行磋商。

（二）推动国际社会缓解对朝鲜制裁

韩俄实施"九桥战略"的重要目标之一是把朝鲜纳入东北亚区域发展中引导朝鲜发展经济，并为未来统一做准备。但无论是双边还是多边合作，如何缓解对朝制裁都是绕不开的话题。

金正恩在 2019 年新年贺词中释放出要坚定不移实现朝鲜半岛无核化、愿进一步改善朝韩、朝美关系，希望重启开城工业园等积极信号。但事实上，朝鲜半岛无核化与对朝制裁紧密相关，朝鲜半岛无核化若无进展，对朝国际制裁将难有缓解。由于半岛无核化是一个漫长的过程，缓解甚至完全解除对朝鲜的国际制裁以及单边制裁也将会是一个渐进的过程。

在朝美关系和推进半岛无核化进程再次陷入停滞的状态下，经济合作若要取得实质性进展，韩俄可以在联合国安理会范畴内推动朝美继续展开对话，呼吁安理会考虑启动可逆条款，鼓励朝鲜及有关各方重回无核化谈判正轨，为多边合作提供良好的外部环境。但如果朝美不能打破僵局，依然在弃核与制裁等问题上纠缠，那么韩俄所有涉朝的基础设施、能源、交通物流等项目规划终将无法实现。

（三）探索韩俄、韩俄朝的合作模式

韩俄两国在经贸往来不断加深的同时，也应建立具体领域的磋商与合作机制以确保项目的落实。未来韩俄在合作上可探索两种模式：其一，政策拉动模式，两国对部分出口商品给予适当的税收优惠政策，减轻企业赋税压力，对风险较大的合作项目给予保险扶持政策，共同承担投资风险；其二，技术推动模式，重点拓展知识技术领域，将科研、技术创新等新兴要素与原有资本、劳动等有形要素结合，以技术创新推动韩俄产业发展。

在涉及韩俄朝三边的合作时，如何利用各方优势推动项目落实最为关键。首先，改造哈桑—罗津铁路及罗津港是具有代表性的三方合作项目。在"哈桑—罗津"项目不受国际制裁的背景下，未来韩方可继续以购买俄方 50% 股份的形式参与到铁路延长等项目建设中（现俄铁持 67% 股份，朝方持 33% 的股份）。其次，重启"哈桑—罗津多式联运物流项目"。利用俄朝铁路将货物运到罗津港、再借海路运到韩国，是实现铁路对接最有效的合作模式。如果项目正式启动，朝方也将获得由韩方支付的罗津港使用费。

（四）加强韩俄经济合作制度化建设

韩俄经贸合作缺少制度性的约束平台，导致在贸易、投资缺乏保障的情况下，两国贸易额虽逐年增加，但规模较小。为此，2018 年 6 月，韩俄元首首次签署了关于建立自由贸易区的联合声明。自贸区一旦建立，将会进一

韩国"新北方政策"下的韩俄远东合作：以"九桥战略"为核心

步削减关税及非关税壁垒，扩大贸易自由度，促进货物、人员、服务的自由流动，可以有效发挥整合效应，提高两国在经济上的国际竞争力，实现共赢。

同时，自欧亚经济联盟成立后，韩国产业通商资源部一直酝酿启动与超大型新型市场签署自贸协定。由于俄罗斯在欧亚经济联盟占据主导位置，韩国计划先同俄罗斯进行谈判，再与其他成员国进行协商。如果协议达成，将会是覆盖商品服务、投资贸易、产业技术合作等全方位的自贸协定，同时也会助力韩俄远东开发项目。

总之，文在寅上台后提出的以"九桥战略"为核心的"新北方政策"，表明了韩国与欧亚国家加强合作的决心。新时期，远东和西伯利亚地区是韩国进入欧亚大陆和俄罗斯融入亚太市场的重要支撑平台。目前，围绕该平台实施的水产、造船和农业等领域的合作已取得明显效果，天然气管道、铁路连通、电力联网仍是韩俄合作推动朝鲜半岛经济持续发展的关键，有着巨大的合作潜力。

不过，考虑到短期内对朝的国际制裁难以得到缓解，俄韩对朝鲜的合作需从长计议。两国当前仍以双边合作为主，吸纳朝鲜参与为辅，待条件成熟后才可能拓展多边经济合作。在实施"新北方政策"的过程中，韩国一直在努力弱化中国的地位与影响，然而东北亚各国关系复杂，经济实力明显不均衡，韩国仅凭一己之力想主导朝鲜半岛与东北亚区域合作必将遭遇诸多困难与挑战。要获得周边国家的支持与配合，韩国需要以开放包容的姿态吸引中国、日本等亚太国家参与韩俄经济合作，在深化"九桥合作"的同时，还能推动建设"中韩俄朝经济走廊"与"大图们江倡议"，将韩国的"新北方政策"与中国的"一带一路"建设有机整合，从而带动小多边乃至整个东北亚的区域合作。

ROK's Far East Cooperation with Russia under the "New North Policy"
—— Taking "9 – Bridges Strategy" as the Core

Zhang Huizhi, Xu Man

Abstract With the accelerating Far East development of Russia, the recovery of the situation in the Korean peninsula and the enhanced demands for deeper regional cooperation of ROK, ROK's president Moon Jae-in has actively promoted the "New North Policy", which featured with multilateral cooperation. ROK's government has actively sought to improve comprehensive cooperation with Russia by launching the "9 - Bridges Strategy", in terms of aquaculture, agriculture, electric power, railway, the arctic route, natural gas, shipbuilding, ports, and industrial synthesis. This paper expounds the current situation, development plans and future targets of the cooperation between ROK and Russia in the above nine fields. There are some favorable conditions to advance the comprehensive cooperation in the process of ROK and Russia's promoting cooperation in the Eurasia and the Pacific Rim areas. However, it would be hard to obtain great achievements in the short term due to a series of difficulties. Therefore, ROK and Russia still have a long way to go in terms of the Far East cooperation.

Keywords　　New North Policy; Russia's Far East Development; 9 - Bridges Strategy

日韩贸易纠纷的缘起、特征与影响*
——经济民族主义与政治民族主义的缠斗阴霾

高 兰 赵丽娟

【内容提要】以2019年7月4日日本实施限制对韩国出口政策为转折点,日韩贸易纠纷兴起,出现了政治民族主义与经济民族主义相互缠斗的倾向,致使日韩关系陷入了战后少见的严重冷却状态。从经济层面看,一方面,贸易纠纷是一把双刃剑,如果日韩贸易纠纷扩大,将损害自由贸易原则,损害日韩经济关系;另一方面,日韩贸易纠纷将倒逼韩国发展自主研发技术,重新调整全球供应链。从安全角度来看,日韩贸易纠纷将对美日韩同盟的建构与发展造成长期影响,影响东北亚地区的地缘政治经济格局。

【关键词】日韩贸易纠纷 政治民族主义 经济民族主义

【作者简介】高兰,复旦大学国际问题研究院日本研究中心副主任,教授、博士生导师;赵丽娟,复旦大学国际关系与公共事务学院博士生。

美国总统特朗普就任后,世界多地开始出现"本国第一主义"的贸易管理措施倾向。日本首相安倍晋三再三警告,中美之间出现的报复性贸易纠纷不符合"任何国家的利益"。同时,在2019年6月召开的G20大阪峰会

---

* 本文为2017年国家社科基金"维护国家海洋权益"研究专项"四种海权发展模式互动中的周边国家和域外国家的海洋政策及其中国对策研究"(项目号:17VHQ007)、2017年度上海市社科规划一般课题"近代以来日本海洋战略的历史演进及其对中日海权博弈结构的影响"(项目号:017BGJ006)的阶段性成果。

上，作为主席国，日本以倡导自由贸易为旗帜，带头发表了首脑宣言，提出"将努力实现自由、公平、非歧视性、透明、有可预测性且稳定的贸易和投资环境，并保持市场开放"。

但近期，日本经济产业部突然宣布，将从2019年7月4日开始限制对韩国出口部分制造芯片和智能手机的材料。对此，韩国表示日本这一做法违反了世界贸易组织（WTO）规则，韩国将坚决回应。先前韩国外交部第一次官赵世暎于2019年7月1日召见日本驻韩国大使长岭安政，抗议称日方的举措与呼吁实现"自由、公平贸易"的G20峰会宣言背道而驰。7月2日，日本经济产业大臣世耕弘成则反驳称，日本收紧对韩国高科技材料出口限制的决定并不违反WTO规则。

其后，日韩争议不断升级，致使两国关系日益下降，出现了政治民族主义与经济民族主义相互缠斗的倾向，日韩关系旋即进入所谓的"冰点"状态。

一　日韩贸易纠纷的缘起

2019年7月4日起，日本开始限制向韩国出口三种重要的半导体材料，即含氟聚酰亚胺、氟化氢和光阻层材料，日本占全球含氟聚酰亚胺总产量的90%产能，高纯度氟化氢气体占全球70%产能，而韩国三星电子、LG等厂商所需的90%的氟聚酰亚胺和40%的高纯度氟化氢都是从日本进口的。因此，这种限制措施对韩国半导体生产造成重大打击，也对出口韩国商家的日本企业造成重大影响。

迄今为止，日本企业已获得向韩国最多3年的出口许可，但是2019年7月4日以后，日方企业需按照每个合同进行单独出口申请，韩国企业将长期需要办理出口手续；且个别审查的标准处理期为90天，如果审查进展不顺利，日本政府不会发放出口许可，韩国制造厂将被迫中止生产。此外，从8月开始，日本将韩国排除在贸易"白色清单"外，从日本27个"安全保障友好国家"名单里剔除，因此，几乎所有涉及安全和军事用途的产品，都将被严格审查，限制出口给韩国。

近年来，韩国经济低迷。半导体是韩国的支柱产业，日本出台上述制裁措施，进一步重创了韩国的经济命脉。对此，韩国政府于2019年7月4日召开国家安全保障会议（NSC）常任委员会，将日本强化管制的行为判断为"政治报复的性质"。① 此后，韩方修改了措辞，指责"日本政府对韩国采取报复性措施"，即对于原"征用工"问题的"报复"。另一面，日本安倍首相、菅官房长官、世耕经济产业大臣以及河野外务大臣等则反复强调，此次的措施是"以安全保障为目的进行的实施出口管理措施，不是针对2018年韩国法院对日本企业做出的需对战时强制劳工进行赔偿的裁决而实行的所谓'征用工'问题的对抗措施"。

由此可见，日韩出现上述争端的主要原因在于双方诉求不同。日本方面强调是确保国家安全的需要，韩国则强调日本此举是为了报复韩国提出的"征用工"赔偿要求以及"慰安妇"问题等。

日本安倍晋三首相反复强调说，突然实施对韩国的出口限制措施，是出于"日本国家安全"的考虑。日本指出，上述限制出口的三种材料中，智能手机显示器中使用的氟化聚合物、涂在半导体基板上的感光材料寄存器以及用于半导体清洗的氟化氢等均可用于军事使用。日方指责韩国多家企业曾向包括朝鲜在内的联合国制裁对象国家非法出口可用于制造生物、化学武器的战略物资。日本认为，安全保障贸易管理与WTO体制并存，如果可以转为军事用途，iPhone等民用品也应成为限制的对象。②

2019年7月10日，富士电视台（FNN）根据独立取得的韩国政府资料，称韩国在迄今为止的5年间向东南亚、东亚、中东等地走私出口了156件战略物资，③ 并暗示出这些物资经由中东转售到朝鲜的可能性。

WTO协定规定了"安全保障出口限制"，但行使政治性主题很可能与协定相抵触。一个典型的事例是，美国特朗普政府针对包括日本在内的多地的钢铁制品以"安全因素"为借口实行报复关税，招致全世界的反对。对于日本以"国家安全"为理由对韩国进行出口限制，美国著名经济新闻媒体

---

① 日本の輸出規制撤回へ外交対応＝韓国「自由貿易に反する」、https：//www.jiji.com/jc/article？k＝2019070401035＆g＝int。
② 川瀬剛志「日本政府は韓国の輸出規制を再考すべきだ WTOで争えば、より大きなリスクを招く」、『東洋経済』2019年7月15日。
③ 韓国への輸出規制は、安倍首相の巧妙な「政治判断」だった、Yahoo NEWS、https：//headlines.yahoo.co.jp/article？a＝20190713－00065863－gendaibiz－kr。

《华尔街日报》的专栏认为，其行为表现出对美国"特朗普做法"效仿。①

日本政府对韩国限制出口最初被认为是针对韩国提出的"征用工"问题的报复措施。②围绕日韩贸易争端，为了体现日本遵守自由贸易的国际形象，日本媒体进行了舆论调整，淡化"报复"韩国的宣传，反复强调日本出于国家安全原因、加强贸易管理的政策意图。

早在2019年6月30日，《产经新闻》在头版头条就提前大幅度报道了实施限制出口措施的方针。在7月1日的晨报、晚报等其他报纸版面，其表述均显示为"这是对'征用工'问题的（事实上的）对抗"。《读卖新闻》7月2日晨报等报道了菅义伟官房长官的记者招待会和党首讨论时安倍首相的发言，指出韩国的做法损害了双方的信赖关系，列举了"征用工"问题等事例。

但此后，《读卖新闻》和《产经新闻》等媒体的口径发生了转变，站在日本的立场，几乎所有的日本媒体都不再使用"'征用工'问题上的对抗措施"之类的表述文字。例如，在"出口限制"规定开始实施的当天，晚报报道消息的同时，不再出现"'征用工'问题"，之后也只是单方面报道韩国方面的主张，不再使用"对抗措施"等措辞。《产经新闻》在7月5日朝刊报道了西村康稔官房副长官的记者招待会发言，指出"由于所谓'征用工'诉讼……韩国未采取积极政策，决定了事实上的对抗"；而在7月9日报道文在寅总统请求撤回限制规定的消息时，特意写道："这是损害两国间信赖的原因……没有涉及'征用工'判决的具体对策"，强调日本政府的措施只是基于出口管理的考虑。

引起日本对来自韩国的安全威胁的担心的另一事件是雷达照射事件。2018年12月，韩国海军舰船对日本自卫队飞机发动了雷达照射，日本防卫省公开了在巡逻机内记录的电波信号的声音。2019年1月21日，韩国报纸《首尔新闻》报道说，这是"日本愚蠢的舆论战"，"日本没有雷达照射的决定性证据，罗列暧昧的主张，向国际社会宣传本国主张的正当性"。③ 日本

---

① いつの間にか影が薄くなった「報復」読売・産経の書きぶりも微妙に変遷、JCAST NEWS，https：//www.j-cast.com/2019/07/20363046.html？p=all。
② 菅官房長官「指摘はあたらない」韓国大統領に反論、『朝日新聞』2019年7月16日。
③ 韓国紙「日本が稚拙な世論戦」＝レーダー電波音公開方針で、時事通信社、2019年1月21日，https：//newstopics.jp/url/4905581。

自民党国防部会长山本朋广批评说韩国"只是小偷说谎而已",对此,韩国外交部当局于2月1日表示"强烈的遗憾"。① 此外,自2011年日本核电站事件之后,韩国以日本水污染为由,对日本福岛等8个县的水产品实施进口禁令。日本为此在2015年向WTO提起诉讼,但最终败诉,WTO裁定支持韩国禁止进口日本福岛水产品的决定,引起了日本强烈的不满。

同时,韩国政府反复强调,日本限制对韩国出口的做法是对韩国的"征用工"问题、"慰安妇"问题的政治报复和经济报复。

2019年7月18日,韩国文在寅总统与包括保守系最大在野党自由韩国党在内的五党代表进行会谈,认为日本此举是"违反自由贸易秩序的不正当的经济报复",威胁到韩日关系和东北亚的安保合作,呼吁"外交解决"问题。此外,文在寅总统强调"政府与在野党在应对日本经济报复方面将超越党派进行合作",加强经济基础和产业竞争力,最大限度避免经济损失。

韩国方面指责说,日本政府的对韩限制措施实际上是"使用外交压力进行贸易限制",与G20通过的首脑宣言的理想相差甚远。韩国商讨包括向WTO提起诉讼在内的"坚决对应",文在寅也多次向日本发出警告,要求日方立刻撤销制裁,重返谈判桌。此外,韩国还试图找美国来协调韩日贸易纠纷。种种迹象表明,韩国和日本之间出现了报复性的连锁反应。

二　特征:政治民族主义的泛起与扩散

日韩近期发生的贸易纠纷,反映出两国基于历史原因的政治民族主义、经济民族主义的缠斗。二战后,由于历史原因,日韩之间的政治民族主义情绪一直延续。这次贸易纠纷涉及三个具体事件,即"征用工"问题、"慰安妇"财团解散以及文在寅政府对日政策的转变,导致了日本对韩国政府的政治不信任。

此次爆发日韩贸易纠纷的一个直接因素是"征用工"问题。2018年10月至11月,韩国大法院(最高法院)两度判决日本企业应对殖民朝鲜半岛期间强征的韩国劳工进行赔偿,并冻结了涉事日本企业的在韩资产。经判

---

① 「泥棒がうそ」発言に強い遺憾＝国民感情刺激と韓国政府、https：//www.jiji.com/jc/article?k=2019020100985&g=int。

决，针对二战期间日本强征韩国劳工事件，日本制铁（旧新日铁住金）被要求向4名韩国原告支付合计4亿韩元的损害赔偿。

对于韩国大法院在征用工诉讼中做出的判决，韩国政府表示尊重司法判决；而日本强烈不满韩国法院的赔偿判决，反复要求举行两国间协商会议。2019年5月，因为日本方面拒不赔偿，起诉案的原告向韩国法院申请，要强制变卖被告日企的在韩资产。韩国政府在G20峰会召开前提出要求日本企业拿出资金、支付原告赔偿金，日本政府声称绝不接受。

在2005年卢武铉政府时期，韩国公开了当年韩日会谈记录等外交文件。其中包括在第六轮会谈时，韩方为1032684名在二战期间被日本征用的劳工向日方提出总计3.64亿美元的补偿款。双方最终商定，日本提供3亿美元无偿援助、2亿美元有偿援助以及3亿美元商业贷款，"一次性解决"受害者索赔问题。而韩国政府则放弃"索赔权"，接受"经济合作"。此后，日本认为有关二战韩国前劳工索赔权的问题已经解决。2019年5月，由于韩方没有回应日方寻求外交解决的提议，日方提出设立一个包含第三国成员的仲裁委员会，仲裁韩国劳工索赔案。但直至日方规定的最后期限，韩方仍未做出任何回应。

为此，日本对韩国文在寅政府关于此裁决的"政府不作为"行动十分恼火，对韩国政府的不信任感非常强烈，甚至有一部分人认为"应该断绝与韩国的交流"，日韩已经不再是"同盟国"。岩屋毅防卫相于2019年6月在新加坡与韩国国防部部长郑景斗进行非正式会谈时，因为笑着握手，甚至受到了日本国内的强烈批判。

如上所述，"征用工"问题由来已久，与"日韩请求权"有关。所谓"日韩请求权"，是日本对韩国做出的战争赔偿。20世纪50年代开始，美国为构建以日韩为基地的东亚冷战格局，一直在日韩之间斡旋，希望两国关系正常化，但由于日韩之间历史仇怨太深，迟迟没有进展。此后，在韩国的强烈要求下，日本最终收回了第三次日韩会谈时日方首席代表久保田贯一郎所做的否认日本对朝鲜殖民统治的、错误的"久保田妄言"和日本对韩国的财产请求权主张。1962年10月，朴正熙派遣心腹金钟泌赴日本与日本首相大平正芳进行秘密会谈，并签订"金钟泌—大平正芳备忘录"，为此后谈判的快速进展奠定了基础。

到1965年，日韩两国终于签订《日韩基本条约》，实现邦交正常化，韩国政府事实上放弃了对日本的赔款要求。《日韩请求权协定》规定，此为"完全且最终解决"的赔偿方案，如有必要对原征用工进行补偿，韩国政府应予以应对。《日韩请求权协定》与其他相关协议一起，成为日韩建立正常外交关系的基础。

在20世纪90年代，韩国认为日本赔偿不到位，因此围绕"慰安妇"问题、"征用工"问题等，对日本提出了严厉的要求。韩国普遍认为，"形成韩日间1965年体制的环境和条件，早就改变了"。① 依据国际法的相关规定，国家赔偿不能代替个人赔偿。韩国人认为，韩国政府一直没能完全处理好赔偿问题。到文在寅政府时期，要求个人赔偿的呼声日益高涨。

在2012年，韩国最高法院首次裁定"个人索赔权并未消失"，因为《日韩请求权协定》没有涉及对二战时被日本征用的劳工进行个人精神损失赔偿的问题。于是"征用工"问题再次被提起。

此次爆发日韩贸易争端的另一个因素是"慰安妇"财团的解散问题。2015年日韩签署《日韩"慰安妇"协议》，韩国成立了"慰安妇"财团"和解－治愈财团"，日本方面出资10亿日元，对"慰安妇"及其家人提供赔偿。2018年11月，韩国单方面解散了为"慰安妇"设立的日资"和解－治愈财团"。

韩媒认为，朴槿惠政府时期与日本达成的"慰安妇"协议存在幕后协议，韩国民众对此纷纷表示愤怒，"幕后协议完全是可以匹敌朴正熙政府时期韩日协定的屈辱存在，是韩国现代史上最严重的屈辱外交事件"。日本则认为在卢武铉政府时期，已经与韩国政府解决原"征用工"的请求权问题；在朴槿惠政府时期，通过美国奥巴马政府的调解，日韩达成"最终且不可逆"的"慰安妇"协议，亦达成了历史和解。从日本方面来看，文在寅政府颠覆了卢武铉政府以及朴槿惠政府与日本的和解政策，因此，日本政府对出现反日政策倾向的文在寅政权产生了极大的不信任。②

2019年7月4日，日本公布了参议院选举公示日，并在同一日启动了对韩国的出口限制措施，韩国方面则指出安倍政权此举的由来在于政治选举

---

① 【地球コラム】かみ合わぬ隣国～韓国の「人権攻勢」と「日本軽視」、JIJI．COM 時事ドットコムニュース、https：//www.jiji.com/jc/v4？id＝20190115world0001。
② 「対韓輸出管理は歴史認識問題を炎上させない対応を」、『日経ビジネス』2019年7月3日、https：//business.nikkei.com/atcl/seminar/19/00023/070300076/？i_ cid ＝ nbpnb_ arc。

需要。韩国认为，实行对韩国的出口限制，是安倍首相的"政治判断"，意图通过推出对韩国的强硬政策以赢得参议院选举。

此后发生的两件事导致纠纷激化，进一步激起日韩两国的政治民族主义情绪。

其一，2019年7月12日，日本经产省召开了日韩事务说明会，四名日韩官员举行了日本对韩实施出口管制后的首次工作层对话。日本方面强调这不是协议会，而是有关出口管理的事务性说明会，会场气氛僵冷，象征着日韩关系的冷却。

其二，2019年7月19日，日本外务大臣河野太郎紧急召见韩国驻日本大使南官杓，抗议韩方对日方提出的成立包含第三国成员的仲裁委员会来解决"强征劳工索赔案"的提议不予回应的做法。河野太郎称韩方违反了《日韩请求权协定》中规定的韩方应尽义务，再次敦促韩方迅速找出解决方案，避免败诉的日本企业遭受实际损失。

综上所述，近年来，围绕"征用工"问题、"慰安妇"问题这两大问题，日本认为韩国多次向己方施压，极大地影响了两国之间的信任，于是以威胁国家安全为由，在对韩国的贸易出口方面做出了限制。对此，韩国总统文在寅表示"日本经济必将受到重大损害"，被韩国《中央日报》头版头条称为对日"决战宣言"。由此，日韩两国的政治民族主义情绪愈演愈烈。

众所周知，自1965年日韩关系正常化以来，除了金大中绑架事件和韩裔日本人文世光刺杀朴正熙未遂等个别事件外，日韩两国大致保持了稳定的双边关系。但战时被日本征用的劳工的个人赔偿问题，以及"慰安妇"的个人精神赔偿问题、竹岛主权争议问题等成为刺激日韩两国民众情绪的难题。这对韩国来说，是追求历史正义的问题；[①] 对日本来说，则涉及安倍政府的政治志向。因此，双方都难以让步。

三 经济民族主义的抬头与"政经合一"的趋向

战后，日韩两国的关系基本遵循"政经分离"的原则。尽管日韩之间

---

① 「対日強硬」「決戦宣言」＝輸出管理強化への大統領発言で、韓国紙、https://www.jiji.com/jc/article?k=2019071600277&g=int。

政治历史问题频频发生，但两国的经济关系依然较为密切。

对于日本来说，韩国是仅次于中、美的第三大贸易伙伴国。加强半导体材料出口管理，一方面会给三星电子等韩国企业带来打击，另一方面也将给日本企业造成消极影响。

根据韩国贸易协会调查，2018年在韩国生产的半导体出口额为1267亿美元，占出口总额的21%。根据加特纳调查公司的调查，三星电子占世界半导体市场的份额为15.5%，位居全球第一，引领韩国经济发展。[①] 与此同时，日本在全球半导体行业占有的份额，从1990年几乎是半壁江山的49%，直线下降到2018年的7%左右。

韩国政府在20世纪70年代大力推进半导体产业，特别是三星集团的加入更是加强了韩国半导体产业的发展，缩小了与日本的差距。另一面，由于20世纪80年代日美贸易摩擦，日本半导体的发展受到来自美国的压力，美国产品的进口增加，日本的竞争力开始下降。

近日，日本突然发难要限制对韩国的半导体关键材料出口，以此制裁韩国。此举直接影响到了韩国半导体及面板两大支柱性产品的生产，对韩国经济造成重创，三星、LG、SK、海力士等巨头首当其冲，同时也会影响它们的一些大客户，比如苹果、Google、索尼、华为、OPPO、vivo等。

为此，韩国政府提出关于半导体材料和制造装置的国产化支援策略，讨论每年支援预算约1兆韩元的构想。2019年7月10日，韩国总统文在寅召集了三星、LG、现代汽车、SK等30家韩国大型企业总裁在青瓦台开会，会上做出了建立官民应急机制、制定长短期对策等决定。7月15日，文在寅在首席辅佐官会议上指出，"日本当初是以'征用工'诉讼判决为由，指责韩国在向朝鲜走私战略物资，有违反制裁朝鲜的嫌疑，不能得到国际社会的支持"，"这是对在制裁框架中为发展南北关系与和平倾注全力的韩国政府的重大挑战"，日本严重破坏了持续半个世纪的日韩互相依存的经济合作框架。[②]

此外，韩国社会爆发"抵制日货"运动，同时抵制赴日旅游。在韩

[①] 鈴木拓也「韓国半導体、なぜ日本に材料依存 輸出規制の影響は？」、『朝日新聞』2019年7月12日。

[②] 神谷毅：文大統領「韓国政府への重大な挑戦」日本の輸出規制に、『朝日新聞』2019年7月15日。

国，抵制日本产品的运动正在逐步扩大，① 多达上百种日本产品被列进了抵制名单。2019年7月5日，由韩国个体经营者组成的韩国中小商人个体经营者总联合会在首尔的日本大使馆前发表声明，宣布抵制日本产品的销售。

与此相对，日本很快掀起一股"反韩风"。日本报纸和电视的报道从开始就有点过热，② 提出诸如"忍耐的极限，必须对韩国采取强硬措施"等标题，并在日本网络上发起了"我们也该行动起来"的号召，希望日本人也走上街头，开启全民"反韩之路"。日本舆论期待本国政府以"日本第一"为目标，采取有力措施。部分日本舆论认为，日本没有义务再帮助韩国，也没有单方面金钱援助的必要，甚至有人主张要与韩国断交。

由此可见，在全球贸易单边主义抬头的背景下，日韩两国因外交政治冲突延伸至经贸与科技领域，出现经济民族主义倾向。这导致日韩关系"政经分离"的传统结构被打破，开始出现"政经合一"的趋势，引起日韩之间政治民族主义与经济民族主义的相互缠斗，对东亚安全与经贸格局造成了深刻影响。

四 展望

综上所述，以2019年7月4日日本推出针对韩国的限制出口措施为转折点，日韩贸易纠纷愈演愈烈，两国关系陷入了战后少见的严重冷却状态。这一局面实质反映出日韩之间政治民族主义与经济民族主义集中爆发的态势。究其原因，集中表现为以下三个方面。

第一，日韩之间的对立，最大原因在于两个国家拥有极为不同的国家认同和集体记忆。③ 围绕原被征劳工诉讼问题，日本政府曾要求韩方拿出解决办法，而韩国政府选择公开支持韩国被征劳工的个人诉讼，因此日本采取了

---

① 「日本製品、不買運動じわり＝冷静対応呼び掛けも」、時事ドットコムニュース、https：//www.jiji.com/jc/article? k=2019071000972&g=int。
② 町田徹「輸出規制で大ピンチ、韓国・文政権がいよいよ「自爆」しかねないワケ」、2019年7月9日，https：//gendai.ismedia.jp/articles/－/65742? page=4。
③ Brad Glosserman，Scott A. Snyder：*The Japan－South Korea Identity Clash：East Asian Security and the United States*，New York：Columbia University Press，2015.

强硬手段。在G20大阪峰会期间，日韩双方未能实现首脑会谈。

第二，日韩双方在两国外交关系中的重要性开始下降。随着韩国经济增长和南北关系的改善，日韩两国进行经济、安保合作的重要性也随之大幅度下降。在韩国的政治家和知识分子中，普遍存在着优先考虑本国国家利益、不再重视与日本关系的想法。尽管韩国"温和派"依然十分重视日美韩安保合作，但"强硬派"更看重朝韩南北融和路线。

第三，由于韩国国内存在对日本强烈的民族主义情绪，韩国总统文在寅受到国内压力，以采取对日强硬措施的方式使其支持率上升。

2019年1月至3月韩国的实质GDP与前期相比减少0.4%，由于全球半导体价格的下跌，韩国出口不振，经济状况明显恶化。作为经济政策重点而提出的大幅度提高最低工资的政策又产生了严重的副作用，许多小企业减少雇佣，失业率增加。韩国民众对文在寅政权十分不满，其支持率从2017年5月就任初期的超过80%下降到当时的40%左右。

关于"征用工"问题，文在寅政府起初打算以向日韩企业筹资支付原"征用工"赔偿金为条件，与日本协商两国间协议，但遭到韩国国内批判，指责其为"逃避责任"的提案。① 此后，文在寅总统的对日政策日趋强硬。2019年3月1日，在韩国与朝鲜抗日独立运动三一运动100周年的纪念大会上，文在寅致辞，提出"清算亲日残余势力"，但他同时表示，这不意味着要给韩日外交制造矛盾。4月26日，文在寅总统在内阁会议上发言，再次强调清算亲日残余势力。对此，菅义伟官房长官十分不满，认为文在寅总统"想把韩国方面的责任转嫁到日本"，并对此表示遗憾。②

由于采取对日强硬政策，文在寅的支持率获得上升，这与当年李明博的情况十分相似。2012年8月10日，李明博登上独岛（日本称"竹岛"），此举促使其从8月第一周的支持率为17%转变为第三周的26%。根据韩国民调机构Realmeter发布的调查结果显示，文在寅总统在2019年6月的支持率约为46.8%~48.2%，而在6月第四周减为47.7%；6月30日，特朗普、金正恩在板门店举行了会谈，特朗普就实现美朝会谈向文氏表示了谢意，此

---

① 「責任逃れ」「対日関係の転機に」＝徴用工問題の韓国提案で、地元紙、https：//www.jiji.com/jc/article？k=2019062000395&g=int。

② 菅長官「韓国の責任転嫁は極めて遺憾」文在寅大統領の発言に猛反発、『産経新聞』2019年1月11日。

行促使文在寅的支持率上升到52.4%；7月日本宣布启动对韩国的出口限制以来，文在寅的支持率虽有小幅下跌，但在7月8日仍达到51.3%，及至7月第三周，其支持率继续保持在50.7%。①

目前，随着日本限制对韩国出口的政策效应逐步蔓延，韩国正在呼吁进行抵制2020年东京奥运会、残奥会等一系列报复措施。人们担心，如果日韩双方坚持相互连锁报复，目前的贸易摩擦有可能发展为长期的贸易争端。

从1965年两国关系正常化以来，韩国对日本的贸易一直处于逆差状态，2018年对日本的逆差规模甚至达到了240亿美元。韩国对日本巨大贸易逆差的最大源头是上述高科技产品，尤其是半导体和芯片制造设备二者占到了逆差的三分之一，且逆差规模随着时间推移还在不断地扩大。这反映出韩国对日本的经济依赖日益严重。

由于日韩贸易纠纷发生，韩国政府正在考虑摆脱对日本的依赖，加大研发力度，力促半导体材料实现进口来源多元化和国产化。此外，韩国企业重新设定了全球供应链，寻找日本产品的替代供应源，这将给日本的出口企业带来损害。因此，日本国内也出现了批判日本政府"违反自由贸易原则"的意见。

长期来看，日韩贸易纠纷不仅涉及日韩双方，也给全球产业链带来了严重影响。日韩两国是东亚地区全面经济合作（RCEP）的重要国家，两国间的纷争将给地区自由贸易秩序带来不良影响。2019年3月，中国提议，将中日韩自贸区谈判再次提上议程，三国对此都表示同意。随着日韩贸易纠纷的扩大，中日韩FTA谈判的进展有可能受到阻碍。

另外，从安全角度来看，日韩贸易纠纷将给美日韩同盟的建构与发展带来长期影响。2019年7月17日，韩国政府表示，这一争端"将对韩美日三国的合作造成负担"。7月18日，韩国总统府国家安保室长郑义溶在执政党和在野党代表会谈中就日韩军事信息综合保护协定（GSOMIA）表示，"虽然现在是维持的立场，但根据情况也有可能进行再讨论"。

为了维持美日韩同盟，美国开始介入日韩争端。2019年6月27日，美国驻韩大使哈里斯曾在演讲中引用特朗普总统的话说，"韩日关系良好，韩

---

① 韓日関係が悪ければ韓国大統領の支持率が上がり、良ければ下がった、『中央日報』2019年7月24日、https://news.livedoor.com/article/detail/16821284/。

美日三国受益匪浅",呼吁改善日韩关系。① 7月17日,在韩国访问的美国国务卿助理戴维·史迪威表示,"我鼓励双方(日、韩)坐下来谈判,找出一个积极的解决办法",② 这是美国高层官员第一次在这一问题上表现出"调解"的态度。7月20日,美国国家安全顾问约翰·博尔顿对日韩进行访问。特朗普在推特上表示,如果有必要,美国愿意帮助缓解韩国和日本之间不断升级的紧张关系。

综上所述,尽管目前日韩关系进入了"战后最糟糕"的时期,在美国的调解下,日韩关系正在通过外交协商等渠道进行适度调整。随着国内政治压力相对减少,安倍政府赢得参议院选举后,开始反思日韩贸易纠纷带来的消极影响,不希望在国际社会造成日本违反自由贸易原则的国际形象。

日本《产经新闻》在2019年7月11日指出,需要避免违反WTO规定的风险:"为了不让日本被误解为反自由贸易主义,向世界发布信息是不可缺少的",并呼吁与韩国尽可能地进行信息交换和协商。③ 原驻韩大使、著有《文在寅灾厄》④ 一书的武藤正敏告诫"日本政府不要以对韩国国民的感情刺激为上策"。《日本经济新闻》网站认为,用出口管制作为解决手段,不仅损害日韩关系,还会给世界贸易和经济带来巨大风险。

从本质上说,如果日韩贸易纠纷继续走向失控,导致日韩之间政治民族主义与经济民族主义缠斗的态势继续发酵,这将严重影响东北亚地区的地缘政治经济格局。无论从安全保障层面抑或经济层面来看,日韩都有缓解贸易纠纷的需要。作为外向型经济体,自由贸易对日本至关重要,全面转向保护主义不符合其国家利益。事实上,近年来,针对全球贸易保护主义的趋势,日本政府一直高举支持全球化、保护自由贸易的旗帜,在美国退出TPP后,安倍政府主导完成了跨太平洋伙伴关系协定(CPTPP),并与欧盟签订了经济合作协定(EPA),履行了保护自由贸易的职责。此次日本采取限制对韩国出口的政策,违反了其自身追求的自由贸易主义理念,日本政府正在评估

---

① 駐韓米国大使「米朝関係を変える措置ある」=韓日関係改善も呼びかけ6/7,【ソウル聯合ニュース】, https://headlines.yahoo.co.jp/hl? a=20190607-00000049-yonh-kr.
② 米次官補「できることやる」=輸出規制めぐる日韓問題解決へ, 時事ドットコムニュース, https://www.jiji.com/jc/article? k=2019071700767&g=in.
③ 川瀬剛志「日本政府は韓国の輸出規制を再考すべきだ WTOで争えば、より大きなリスクを招く」,『東洋経済』2019年7月15日。
④ 武藤正敏『文在寅という災厄』悟空出版、2019。

其政策影响。日韩两国作为东北亚地区十分重要的两个国家，今后双边关系的发展走向正在引起地区各国的强烈关注。

The Origin, Characteristics and Impact of the Japan-ROK Trade Disputes
—*Economic Nationalism and Political Nationalism*

Gao Lan, Zhao Lijuan

Abstract At the turning point of Japan's export restriction policy to ROK on July 4, 2019, the rise of the trade disputes between Japan and ROK have led to the tendency of political nationalism and economic nationalism to struggle with each other, which has led to the serious cooling down of Japan-Korea relations, which has rarely been seen since the Second World War. From the economic point of view, the trade dispute is a double-edged sword. If the trade disputes between Japan and ROK spread, it will damage the principle of free trade and the economic relations between Japan and ROK. On the other hand, ROK will be forced to develop its own R&D technology and readjust its global supply chain. From the security point of view, the trade disputes between Japan and ROK will have a long-term impact on the construction and development of the U. S., Japan and ROK alliance, affecting the geopolitical and economic pattern of Northeast Asia.

Keywords The Japan-ROK Trade Disputes; Political Nationalism; Economic Nationalism

历史与文化

序文と文献

20世纪初中朝联合认识形成初探

刘牧琳

【内容提要】 日俄战争胜利之后,日本通过《乙巳条约》将朝鲜变成其保护国,这对当时的朝鲜知识人产生了巨大影响,他们开始重新思考国家命运,探寻救国之路。经过理性地判断后,朝鲜知识人认为朝鲜最能够联合的国家是中国,只有中国富强,朝鲜才有可能独立。这一认识的形成构成了20世纪三四十年代中朝联合抗战的思想基础。与中国特殊的地缘关系、历史关系以及当时朝鲜的国内外局势等都是促成朝鲜知识人将中朝命运相结合的重要因素。

【关键词】 中朝联合 地缘关系 历史关系 中国认识
【作者简介】 刘牧琳,复旦大学历史系2015级博士研究生,讲师。

中国与朝鲜[①]自古以来"辅车相倚、唇齿相依",在悠久的历史交流中保持着广泛而密切的联系。朝鲜是最早加入以中国为中心的华夷秩序的国家之一,近代之前与中国在宗藩体制之下友好往来。到了近代,中朝两国均受到西方帝国主义的侵略,被迫打开国门,经历了相似的民族命运。为救祖国于危难,重建朝鲜社会,朝鲜知识人开始重新思考救亡之路,最后得出

---

① 为行文方便,本文除引文和专有名词外,涉及1945年以前的内容均用"朝鲜"一词来指称整个朝鲜半岛,在述及当代研究状况或论述内容涉及1945年以后的半岛南部时用"韩国"一词。

"支那文明发达之日即是朝鲜文明发达之期"①的结论。1910年朝鲜沦为日本殖民地之后，在此种思想的指导下，大批朝鲜的仁人志士来到中国，与中国人民一起加入抗战大潮。两国人民并肩战斗，共同抵抗帝国主义列强的侵略直至抗战胜利。

然而是什么让朝鲜知识人将本国命运与中国命运相结合？朝鲜知识人又为什么会产生中朝联合的认识？这里既有历史的因素，也有地理地缘因素、现实局势因素以及理学的影响。弄清中朝联合认识形成的过程，不仅可以为中韩学术界在两国联合抗战研究方面提供帮助，也对当下正确处理中韩关系有所启发，具有重要的历史价值和现实意义。

到目前为止，中韩学术界有关"中朝联合抗战"这一主题除有少量关于联合抗战形式、过程以及一些细节问题的研究之外②，还缺少从思想史角度专门论述中朝联合这一认识的相关研究。本文将主要利用大韩帝国时期报刊中的相关史料，论述中朝联合认识的形成过程。

一 盲目信从：中日朝"三国共荣论"

（一）朝鲜的"东亚联合论"

中国、日本与朝鲜由于地理位置接近，自古命运紧密相连。19世纪后期，东亚遭受西方列强侵略，列强将目光投向了尚未变成其殖民地的朝鲜、中国和日本。由于地理位置的特殊性，朝鲜一直是各大国争夺的战略要地。自19世纪开始，西方列强频繁骚扰朝鲜海域，要求朝鲜开港通商，朝鲜均

---

① 《清廷改革的好望》，《大韩每日新报》1907年10月6日。
② 中国学界关于中韩联合抗战的研究可参见尚荣生《太行山中韩联合抗日战中的情报斗争——左权、石正等中韩抗日将领牺牲的历史真相》，载《中国近现代史史料学国际学术讨论会论文集》，2004，第46~52页；宋成有《日本朝野的"满蒙情结"与中韩联合抗战》，《当代韩国》2008年第3期，第24~30页；任念文《抗战初期国内社会舆论与中韩联合抗日动员——以"万宝山事件""朝鲜排华案"为例》，《新闻界》2015年第11期，第20~25页。韩国学界关于中韩联合抗战的研究可参看〔韩〕李炫熙《1910年代临时政府建立的基础——上海时代韩中革命家组成联合抗日基地》，《韩国民族运动史研究》1993年第3期；〔韩〕韩哲浩《1930年代前半期的韩中联合与抗日运动》，《韩国近现代史研究》2002年第3期；〔韩〕金正炫（音）《第1、2次国共合作期的韩中联合——以黄埔军校的人脉为中心》，《历史学研究》2012年第2期。

给予还击,拒绝开港,其中较有名的事件便是丙寅洋扰①和辛未洋扰②。当受到外敌侵犯之时,朝鲜政府便会向中国和日本政府请求援助,希望三国能够共同抵抗西方侵略。朝鲜的这种做法虽然不是依据"东亚联合论"进行的,却可以看作是"东亚联合论"的雏形。

"东亚联合论"第一次被正式提出是在1886年3月8日《汉城周报》发表的私议《论天下时局》中。该文认为朝鲜、中国、日本三国人民都是黄种人,共处于东亚、地理上相邻,同处于汉字文化圈、文化上相似,历史上又交织着独特的感情,属于"命运共同体",因此,应携起手来共同应对西方列强的侵略,以保卫东亚三国的国家主权与和平。③

大韩帝国时期,"中日朝三国联合"这一认识再次被提及,频繁见诸该时期的报端。在中国处于被西方帝国主义列强瓜分的危机之中时,朝鲜知识人认为"东亚三国应互相救助,勿见让西人权利,俱全共保",④朝鲜不能"恬然安坐、冷眼看过",而应与中国"同心共济、维念时艰"。⑤朝鲜知识人"三国联合"观点的产生与中日朝三国相邻的特殊地理原因有关,更与当时的国内外局势,尤其是日本为在日俄战争中占领优势而故意抛出的"俄国威胁论"与"黄色人种论"的影响有很大关系。

(二) 日本的"三国共荣论"

日本"三国共荣论"的产生与当时朝鲜的国内外局势有很大关系。

就国内局势而言,乙未事变⑥真相暴露之后,朝鲜掀起反日怒潮,亲俄势力乘虚而入,诱使高宗李熙逃往俄国公使馆,即历史上的"俄馆播迁"。高宗到俄使馆后,亲俄派势力膨胀,肃清朝内亲日势力,建立亲俄政府。

在亲俄派的排挤下,日本在朝鲜的地位急剧下降。为除掉朝鲜政府内的亲俄势力,恢复日本在朝鲜的势力,驻朝鲜日本公使加藤说服金炳始、赵秉

---

① 丙寅洋扰指的是1866年法国武装侵略朝鲜的事件。
② 辛未洋扰指的是1871年美国武装侵略朝鲜的事件。
③ 韩国民族文化大百科字典,http://encykorea.aks.ac.kr/Contents/Index?contents_id=E0066379。
④ 《论说》,《皇城新闻》1899年3月25日。
⑤ 《北京事变的惊疑痛》,《皇城新闻》1900年2月8日。
⑥ 乙未事变指的是1895年朝鲜王后闵氏被弑杀的事件。

世、郑范朝等元老大臣发动了促使高宗回宫的还宫运动。① 大臣们认为要想让高宗回宫，首先要与日本建立友好关系，并为实现与日本的联合而四处奔走。在这种情况下，闵氏家族的部分人提出了朝日联合的方案。闵氏家族的闵泳翊认为俄国不可信，与日本联合才是上策。闵泳焕也赞同这个说法，他看透俄国的侵略性，并提出联合与朝鲜同种、唇齿相依的中国抵御俄国侵略的观点。② 闵泳焕认为此时的朝鲜应与日本联合起来共同保全东亚，并与李完用等一起宣传朝日联合、开展还宫运动，最终使高宗与日本恢复了友好关系。③

国外方面，明治维新之后，日本迅速崛起，成为亚洲唯一成功实现近代化的国家。此后，日本开始向周边诸国扩张势力，逐渐走上侵略之路。甲午中日战争中日本取得胜利，大大提升了其在亚洲的地位。《马关条约》签订之后，俄国通过"三国干涉还辽"事件逼日本退出东北，日俄矛盾激化。为进一步侵略中国，日本开始谋划侵吞朝鲜，通过朝鲜这一跳板占领中国东北。然而日本对朝鲜的野心阻碍了俄国的"南下政策"，日俄首先在朝鲜展开争夺。自此，日本虽表面与俄国开启协商模式，暗自却开始谋划日俄战争。为了给自己的侵略戴上正义的"帽子"、减少周边国家尤其是来自中国的阻力，也为摆脱西方"黄祸论"对其发动日俄战争的不利影响，使自己在日俄战争中占据有利地位，日本通过各种外交与舆论渠道展开对俄攻击，借"三国干涉还辽"事件大肆宣传俄国的侵略性，并抛出"黄种人同盟论"，将自己与俄国争夺朝鲜的战争升级为黄种人与白种人之间的战争，宣扬黄种人应该联合起来共同打败白种人，以维护国家的独立自主。④ 日本以发动日俄战争是为保卫亚洲各国的独立为由，意欲迷惑周边国家共同抵抗俄国。

---

① 《驻韩日本公使馆记录》卷11，机密第3号，1897年1月20日，韩国国史编撰委员会，第224页。转引自〔韩〕玄光浩《大韩帝国时期三国提携方案及性质》，《韩国近现代史研究》2000年第3期，第7页。

② 《驻韩日本公使馆记录》卷9，机密第89号，1896年10月30日，韩国国史编撰委员会，第234~235页。转引自〔韩〕玄光浩《大韩帝国时期三国提携方案及性质》，第8~9页。

③ 闵氏家族在俄馆播迁前后对日本及俄国的认识可参考〔韩〕玄光浩《大韩帝国时期三国提携方案及性质》，第9页。

④ 〔韩〕郑文祥、〔韩〕全信子：《19世纪末至20世纪初"开化知识人"的东亚地域连带论》，《亚洲文化研究》2004年第1期，第47页。

朝鲜的这种国内外形势，也为当时的朝鲜知识人接受并信从日本提出的"中日朝三国共荣、东亚联合"的说法提供了可能。面对西方侵略，尤其是"白种人"俄国的威胁，日本提出的"黄色人种联合论"对朝鲜知识人的思想产生了重大影响，得到当时急于寻找国家出路的朝鲜知识人的广泛认同。该理论与当时盛行的社会进化论相结合，超越了国家与民族的差异，发展成为黄色人种是一个"命运共同体"，应联合起来共同抵抗西方白种人的观点。

在日本的各种宣传之下，朝鲜知识人推崇日本，认可"日本盟主论"，认为"日本坐东洋之盟坛，执牛耳以号令天下，则日本之威信德义与功名事业必巍巍荡荡乎世界万国，可占全球之第一等伯业"，① 号召"东洋三国便是一家"，应"互相救助"，② 提出只有与日本共同抵抗俄国的侵略，才有可能确保东亚和平、确保朝鲜独立。

（三）"三国共荣论"的破灭

大韩帝国时期，受政府对民众的思想控制减弱、清朝势力从朝鲜撤出、西学传入等因素的影响，朝鲜思想界获得短暂的思想解放、言论解放。受此影响，报刊舆论急速发展，"三国共荣论"借助知识人的笔头在国内得到快速传播。然而日俄战争结束后，日本逼迫朝鲜签订了《日韩保护协定》，剥夺了朝鲜的外交权，将朝鲜变为其保护国，其对朝鲜的野心完全暴露。日本的背信弃义对朝鲜知识人造成巨大冲击，也让朝鲜知识人认清了日本的真面目。

朝鲜知识人抱怨"义理绝而威力胜，道德亡而功利盛"，③ 对日本的信任一落千丈，指出"日本信证，几许有效"，④ "日本向世界表示其计划是希望朝鲜独立、韩民安乐，这是将朝鲜利用于露日斗争"，⑤ "日本之对韩殆如恶虎之耍弄一块肉，曰忠告改善、曰交谊亲密、曰保护协约、曰文明启发、曰信赖日本、曰福利增进、曰秩序维持、曰永远和平，用百般利口播诸机关

---

① 《对清国舆论宜加注意问题》，《皇城新闻》1904年10月6日。
② 《伊太利国要求清国三门湾》，《皇城新闻》1899年3月25日。
③ 《万国平和何时成》，《大韩每日新报》1905年10月21日。
④ 《愤怒》，《大韩每日新报》1906年3月15日。
⑤ 《愤怒》。

之新闻，声明于天下，以示道德信义，欺骗外国，笼络韩政府，诓诱韩人民"。① 知识人认为日本之前的三国联合、保护朝鲜等言行都是欺骗朝鲜，其真正目的是要侵占朝鲜。他们将自己对日本野心的认识发表于报端，警醒民众共救国家于水火，阻止朝鲜完全被日本吞并。

二 回归理性：中国是值得联合的对象

盲目信从日本的"三国共荣论"让朝鲜付出了惨痛的代价，朝鲜知识人开始冷静下来，理性思考国家出路。日俄战争后，面对即将被日本吞并的危急形势，如何才能阻止朝鲜变成日本的殖民地成为摆在朝鲜知识人面前的首要问题。中日朝三国联合之路已经行不通，于是他们把目光投向了同样处于日本及西方侵略之下，且地理上相邻、与朝鲜有着"割不断、理还乱"关系的中国，并开始重新审视与中国的关系。中朝联合认识便是在此种情况下产生的。

当时的朝鲜知识人认为中国与朝鲜"所处地位相似、所遭境遇同一者一定会有同感、同病相怜"，②"支那是拥有三万里版图、四亿万民族的大帝国"，③"夫在我东洋，支那版图是文明大发展与和平大幸福的基础，为了我黄种人的前途，不得不注目支那政界"。④ 中国与朝鲜在地理、人种、宗教、文学等方面都有紧密联系，辅车唇齿的关系也是事实，关心东亚局势必须要关心中国局势。⑤ 况且"支那是与我国接壤最近，历代交通最久的同种国家，人情风土不甚悬绝，礼乐文物同出一源，在四千年的历史上两国间治乱盛衰、关系密切"。⑥ 知识人指出，如今中国与朝鲜又同处列强侵略之下，"因此支那的旺衰兴替即我东洋的重要点"，⑦ "若支那富强发达，有能力抵御欧美诸国，则可巩固东洋大势、获得幸福"，⑧ 得出中国是朝鲜可以联合

---

① 《天下大势》，《大韩每日新报》1906年2月27日。
② 〔朝鲜〕高元勋：《辩清国留学生国报所载》，《大韩学会月报》第6号，1908年7月25日，第9页。
③ 《对清国现状的观念》，《皇城新闻》1910年2月3日。
④ 《对清国近闻的观念》，《皇城新闻》1909年5月21日。
⑤ 《对清国现状的观念》。
⑥ 《清廷义务教育实施》，《皇城新闻》1908年4月7日。
⑦ 《支那爱国者的先声》，《皇城新闻》1909年9月21日。
⑧ 《对清国现状的观念》。

的对象这一结论。

朝鲜知识人认为中国的传统思想可以令中国不受一时感情的影响而取得最终的胜利。《皇城新闻》在社论中引用日本政治家大隈重信的观点以及西方人的言论来证明自己的认识:"支那人……坚韧不拔的气质决定其不因一时的感情而冷热变动。……此乃日人所不能及的。且西方人评论支那人的抵抗力和忍耐力是欧人所不能及的。……清政府在海外无一政治势力,然支那民族在海外到处发展。"① 朝鲜知识人认为西方的黄祸之说说明他们对中国人的忍耐力、抵抗力很叹服,也反映了西方人对中国的畏惧心理。朝鲜知识人指出西方和日本都认为中国会取得抗战胜利,故而中国可以被看作是值得联合的对象。

朝鲜知识人引用中国报纸中对朝鲜的报道对自己的行为进行反思:"朝鲜是古国,也是中国的属国,《马关条约》后朝鲜脱离中国,朝鲜的无识者欣然自得。日朝协约达成后,日本担当了保护朝鲜的责任,朝鲜的无意识者以为有恃无恐,今日的朝鲜如何?"② 发出"中国与朝鲜在东方四千年的历史中恒常安危休戚,治乱盛衰互相关系,其风气和性质相适、俗尚和文字不远,大抵支那文明发达之日即是朝鲜文明发达之期"的感叹。③

三 休戚与共:中朝联合认识的形成

中朝联合认识的形成与当时朝鲜严峻的国内外形势密切相关,除此之外也受中朝几千年的密切交往、唇亡齿寒的地理位置、残存的儒家思想以及朝鲜知识人从清末新政中看到的所谓"中国崛起的希望"等因素的影响。

(一) 源远流长的中朝关系

中国与朝鲜在几千年的历史交流中保持了非常密切的关系。公元7世纪,新罗统一了朝鲜半岛,奉唐朝为正朔,以臣国自居,成为华夷秩序中的

---

① 〔朝鲜〕蔡基斗:《清国的觉醒与韩国》,《大韩协会月报》第9号,1908年11月25日,第4页。
② 《申报杂报一隅中关于朝鲜问题的电报》,《大韩每日新报》1907年10月30日。
③ 《清廷改革的好望》。

一员，并与唐朝建立了更加紧密的联系。公元703年到公元897年，新罗向唐朝派遣使臣达八十九次，有时一年就派两到三次。①公元1392年，李氏朝鲜建国伊始便主动要求与明朝建立宗藩关系，对明朝"以小事大""事大以诚"，奉儒家文化为正统。壬辰倭乱之后，朝鲜对明朝更是感恩戴德，因此在明朝灭亡之后，朝鲜国内曾一度出现"反清复明"的北伐论，并设立大报坛，祭祀明太祖、明神宗、明毅宗，"以示尊王攘夷之义"。②清朝入关之后，朝鲜虽否定清朝的正统性，区别清朝与中国，并以"小中华"自居，但仍维持了与中国的宗藩关系，定时向中国朝贡。因此，悠久而密切的历史交往是朝鲜知识人将中国看作联合对象的重要原因之一。

（二）唇亡齿寒的地缘关系

中国与朝鲜半岛之所以保持了数千年的密切联系，最重要原因之一便是二者在地理位置上的特殊关系。朝鲜半岛与我国东北国土相接，由于地理位置的特殊性，历史上朝鲜一度被当作侵略中国的跳板。而中国的和平与稳定也是朝鲜半岛和平与稳定的基本保障，"辅车相倚、唇齿相依"是中朝地缘关系的真实写照，一直伴随着中朝几千年的历史关系。大韩帝国时期的知识人也认识到这一点，认为中国与朝鲜"辅车相依之地不无唇齿相随之虑"，③这也是促使他们关注中国局势、将中国局势与朝鲜局势绑定的重要原因之一："辅车唇齿的关系也确实紧要，因此关心东洋大势必须要十分关心清朝进步如何"。④

朝鲜知识人认为清朝的发展直接影响到东亚的形势及朝鲜的内政外交，因此他们高度关注中国局势，当清朝遭遇重大事件时，朝鲜国内也跟着紧张。在看到清朝被西方列强侵略后，朝鲜知识人便感到唇亡齿寒的危急："其大欲者是清国，其次是大韩……清国虽曰巨陆，不过几年难保片土，稍知世界形便者意见所同，如彼大邦也若此困难，况我韩偏小一国，

---

① 郑信哲：《略论中国与朝鲜半岛之间的历史文化交流》，《当代韩国》2002年第4期，第41页。
② 《朝鲜王朝实录·正祖实录》卷1，正祖一年四月二十八日，韩国史数据库，http://sillok.history.go.kr/id/kva_10004028_001。
③ 《清国乱亡之极可致兴存》，《皇城新闻》1900年4月28日。
④ 《对清国现状的观念》。

虽修成自保，难以在清国纷争余风中独保。"① 从这里可以看到当时的知识人对局势的担忧：西方把侵略的矛头对准了中朝，清朝不抵抗，一味求和，欧洲各国都来争利益，仅几年便片土难保；朝鲜与中国唇齿相依，如果清这样的大国都没能保护自己的自身利益，那下一个被宰割的就是朝鲜。

在得知清朝戊戌变法失败后，《皇城新闻》刊登了题为《北京事变的惊疑痛》的社论，表达了知识人对朝鲜变局的担忧："然则支那乱亡之兆今已萌定，为之何哉？也忧虑辅事相藉、唇齿相须的我韩变局"，如今清已经出现乱亡之兆，朝鲜与中国唇亡齿寒，中国危急，朝鲜"岂可恬然安坐，冷眼看过"，应与中国"同心共济，维念时艰"。② 值得一提的是，从社论中可以看出，知识人虽然还保有两国唇齿相依的认识，但已经没有了传统的"事大"观念，而是把清看成可以团结的对象；同时，从中也很少能看到"满汉有别"的意识，这与以前朝鲜知识人的对华认识有非常大的区别，且与同时期中国知识人的认识存在差别。从某种层面上来看，朝鲜知识人的认识比中国知识人的认识还显"进步"。

（三）在清末新政中看到复兴希望

虽然清末局势一片混乱，极不乐观，但清末新政的施行让朝鲜知识人看到了中国复兴的希望。他们从中似乎感受到清朝的觉醒，认为清朝复兴指日可待："最近摄政王当政以来，上下人心发奋自强……近则十年远则二十年，其兴勃焉"。③ 值得注意的是，清末新政发生于1901年，而朝鲜报刊对清末新政、清朝觉醒的报道则集中在1906~1910年，即朝鲜成为日本保护国之后。朝鲜知识人对清朝的这种认识与当时朝鲜国内的情况密切相关。为实现向现代国家的转变，朝鲜先后于1895年和1897年进行了甲午更张和光武改革。虽改革条目众多，但改革成果治标不治本，未能从根本上改变朝鲜封闭落后、民众愚昧的状况。如今朝鲜面临着被日本吞并的危险，朝鲜知识人认为这与前面两次改革失败、民众不觉醒有很大关联。因此，朝鲜知识人

---

① 《伊太利国要求清国三门湾》。
② 《北京事变的惊疑痛》。
③ 《对清国现状的观念》。

关注清末新政，一方面希望与朝鲜地缘相近的中国通过新政复兴之后可以解救朝鲜于水火之中，另一方面也希望通过宣扬中国的觉醒来警醒本国政府及民众，救亡图存。朝鲜知识人的这种观点也可以从其在报纸上发表的社论中得到验证。

《清国的宪法新政》一文指出，清朝自鸦片战争始几十年来政法腐败、因循守旧，且清朝即使为西方群狼朵颐、全国一片惨状，也依然苟且畏懦、不能自振，发生了圆明园之役这样的惨事仍昏不觉醒、糜煎国耻，内忧外患式日不休，到义和团之役、庚子国变达到极致。虽然有几个仁人志士呼唤民众觉醒，但受制于西太后和一众庸臣，看不到希望。就是这样一个清朝，最近却听说其在实行新政。虽然现在还看不到新政的效果，但只要政党热心或民族实力增强，衰弱之国进入富强之列只是一瞬间的事情。文末作者呼吁朝鲜政党、民族觉醒，号召全国志士共同发奋图强。①

《清廷改革的好望》一文称，清朝实行改革可喜可贺，"曾虚傲自大的清人今日唤醒宿梦、脱去旧习，曾因循守旧的清人今日思想进步、志气鼓舞，曾腐败无能的清人今日精神振奋、事业进取，世界最古老的支那国土逐渐呈现出新面目"，这都是因清朝政府颁布了新政策。朝鲜与清朝"在四千年的历史中休戚与共、风气与性质相适、俗尚与文字相近，大抵支那文明发达之日即是朝鲜文明发达之期"。② 这篇文章很好地展现了朝鲜知识人对清朝复兴的期望，也很好地阐释了朝鲜知识人认为最能够与朝鲜联合的国家是中国的原因。休戚与共的四千年历史、相似的社会与文化背景让朝鲜知识人相信只有中国发达，朝鲜才有可能取得独立。正是"中国才是朝鲜可以联合的对象"这一思想支撑着朝鲜无数的革命志士在1910年朝鲜沦为日本殖民地之后来到中国，与中国人民并肩作战。

以上从历史关系、地缘关系、国内外局势等几个方面对"中朝联合认识"形成的原因进行了论述，但事实上促成朝鲜知识人将朝鲜的命运寄托在中国身上，形成"能够与朝鲜相联合的国家是中国"这一认识的原因绝不止于此。一种观点的形成往往受多种因素的影响，日俄战争让朝鲜知识人看清了日本的野心，也让朝鲜知识人战胜西方的信心大增——日本获胜的日

---

① 《清国的宪法新政》，《皇城新闻》1906年9月8日。
② 《清廷改革的好望》。

俄战争是第一次黄种人战胜白种人的战争。他们认为日本是黄种人,中国也是黄种人;日本可以打败俄国,较日本而言地域广阔、人口众多的中国同样可以战胜西方。① 这也可以看作是朝鲜寄希望于中国的原因之一。

四　余论

中朝联合认识形成的过程正是朝鲜走向半殖民地、殖民地的过程,在此过程中朝鲜知识人的思想变动与其民族使命感息息相关,也与其对本国命运的思考紧密结合在一起。随着朝鲜知识人思想的变动,其对华认识也在变动。在其相信中日朝为"命运共同体"时,将清朝因循守旧、不易变革这一点看作是清朝的缺点;而当其遭受日本的背信弃义、欲联合中国时,又认为正是清朝因循守旧、不易变革才使清朝不易被形势左右,从而更容易取得成功。

综合来看,这一时期朝鲜知识人的认识更加冷静、理性,他们不再单纯站在自身角度,而是站在世界的角度思考朝鲜问题;他们不再是隐士之国的人,而是关心国际局势,尤其关心邻国中国的局势;他们不仅通过中国的报纸了解中国的局势,也通过外国报纸上所刊载的中国相关消息关注中国局势,这一时期各报纸上经常见到的"据上海苏报""据大阪一新报""向日本报""阅览日本时事新报""因欧美电报"等便是很好的佐证。而中朝联合认识的形成也从一个侧面说明,这一时期朝鲜知识人的对华认识逐步走向理性。

这里需要指出的是,本文所引用或提到的对华认识只是当时朝鲜知识人当中存在的对华认识的一种主流,不能代表当时所有知识人的全部认识。这一时期朝鲜处于思想禁锢松懈时期,受中西多方影响,知识人的对华认识也多种多样,这一点从下面这则社论中的对话里便可以看出:"余笑而应之曰:'不然不然,此清国熙隆之运庶几其挽回之矣。'客其然未然。"② 文中的"我"笑着回答说"不是不是……","我"认为这对于清朝不见得是坏事,而"客"并不完全同意"我"的意见。从引文中可见,"我"与"客"

---

① 〔朝鲜〕挽天生:《东洋史的研究》,《太极学报》第19号,1908年3月24日,第7页。
② 《清国乱亡之极可致兴存》。

虽同为朝鲜知识人，对清朝的发展却做出了截然不同的预测，这说明当时朝鲜知识人对清朝的认识存在多维视角。

The Formation of the Ideology of the Sino-Korea Union in Early Twentieth Century

Liu Mulin

Abstract　After Japan won the Japanese-Russian War, it forced Korea to sign the Pact《乙巳条约》, which turned Korea into Japan's protectorate and brought a great impact on the Korean intellectuals. They began to rethink the fate of their country and explored their way to independence. They believed that it was China that most likely would unite with Korea. Only when China is independent could Korea gets its independence, which became the ideological basis of the Chinese-Korean joint anti-Japanese war in the 1930s and 1940s. The special geographical relationship with China, the historical relationship, the reality of Korea and the international situation at the time were all important factors that contributed to the integration of the fate of China and Korea by Korean intellectuals.

Keywords　Sino-Korea Union; Geo-relationship; Historical Relationship; Understanding of China

论朝鲜义勇队的北上与韩国光复军点验问题的产生*

石建国

【内容提要】 朝鲜义勇队北上,造成韩国独立运动力量发生变化,大韩民国临时政府也以此为借口,迫使朝鲜义勇队并入韩国光复军,一劳永逸地解决军事力量统一问题。朝鲜义勇队是由中国国民政府军事委员会扶持的,此举自然又引发了中国国民党内各派系之间的矛盾,特别是"党方"与"军方"之间的冲突和较量。朝鲜义勇队北上和韩国光复军点验问题存在着历史逻辑关系。但问题的根源,恰恰与韩国独立运动的困境和不统一的问题,以及中国国民政府面临的挑战与困境等诸多因素有关。

【关键词】 朝鲜义勇队 韩国光复军 大韩民国临时政府 中国国民政府 军方 党方 点验问题

【作者简介】 石建国,历史学博士后,青岛科技大学马克思主义学院教授,中国朝鲜史研究会副秘书长。

1943年4月初,中国政府正式下令点验韩国光复军,① 韩国光复军点验

---

* 本文系国家社科基金后期资助项目(项目号:19FSSB006)的阶段性成果。
① 之所以认为是4月初启动,盖因军统特派员王明哲在1943年3月搜集的情报并未提及韩国光复军点验问题,而第一次提及此事则是4月13日。情报称:"查军事委员会即将派员分赴西安、老河口等处点验韩国光复军各支队。"参见《匪军统区渝特区朝鲜情报》,重庆档案馆馆藏特2-1-188卷,第60页。

问题由此产生。此一问题较少见于中外研究者的论著,但并非不重要,它是观察中国政府与大韩民国临时政府关系、中国政府内"党方"与"军方"关系及其援韩态度与立场异同、中国共产党与中国国民党援韩政策及两党关系、韩国反日复国独立运动左右翼力量关系,特别是朝鲜义勇队与韩国光复军关系的重要切入点。对韩国光复军点验问题的梳理和系统研究,有助于理清各方,特别是朝鲜义勇队与韩国光复军关系的症结,进而推动对朝鲜义勇队、韩国光复军与中国关系以及相关问题研究的深化。

一 朝鲜义勇队北上及其后果

韩国光复军点验问题的产生,有远因,有近因,有直接因素,有间接因素。如果从韩国反日复国独立运动力量方面寻找根源,则不能不从朝鲜义勇队北上谈起。

(一) 朝鲜义勇队北上

朝鲜义勇队创立于1938年10月10日,为了动员各方力量投入保卫武汉的战斗中,由中国国民政府军事委员会政治部正式批准成立,其宗旨是"动员所有在华朝鲜革命力量参加中国抗战","推动朝鲜革命运动,争取朝鲜民族的自由解放"。[①] 武汉失守后,朝鲜义勇队本部迁往广西桂林。所属各支队、分队不断完善发展,形成三个支队、每个支队各三个分队的体制,活跃于中国第一、三、四、五、六、九战区等6个战区13个省份。[②]

1940年11月,朝鲜义勇队召开扩大干部会议,会议决定将以在敌前开展工作为中心的工作方针,改为以敌后工作为中心的方针。为贯彻扩大干部会议决议精神和实施反日游击战的方针,朝鲜义勇队总队部于1941年春将各支队集中调至河南省洛阳市,进行了为期三个月的整训。随后,朝鲜义勇队各支队先后分4批北渡黄河,进入华北敌后地区。至此,朝鲜义勇队绝大部分成员都来到中国华北地区,开始与中国共产党领导的八路军合作,并肩

[①] 石源华、蒋建忠:《韩国独立运动与中国关系编年史:1919~1949》(中卷),社会科学文献出版社,2012,第656页。
[②] 金若山:《我们向胜利迈进》,《朝鲜义勇队通讯》1940年第38期,第4页。

对日本侵略者作战。

朝鲜义勇队转移至华北地区，进入中国共产党领导的敌后抗日根据地开展活动。对此，大韩民国临时政府和中国军政当局持何态度、有何反应？

对于大韩民国临时政府而言，朝鲜义勇队的建军和活动，带给其巨大压力和挑战。最直接的反应就是临时政府通过积极活动，在中国"党方"协助下，经蒋介石批示，于1940年9月17日在重庆成立韩国光复军总司令部。韩国光复军一经成立，就被赋予大韩民国临时政府"国军"的角色和地位。建军之后，大韩民国临时政府迅速将总司令部移往西安，[①] 1941年元旦，将先前在西安活动、已发展到200多人的韩国青年战地工作队并入韩国光复军，编为第五支队。[②] 从这一动向来看，大韩民国临时政府发展、壮大韩国光复军，其方向就在于华北沦陷区，而那里经过中国共产党的努力，已发展为华北敌后抗日根据地，抗日斗争正如火如荼，吸引了各方力量的关注。换言之，朝鲜义勇队进入华北敌后开展反日斗争，大韩民国临时政府并不反对。历史资料显示，1943年11月，韩国光复军第二支队支队长李范奭致函总司令李青天称："今日吾人已无法再行等待，余现未接得中国军事委员会命令，但已不能不先展开工作。余已派十余人至敌后太原等地。"[③] 可见，进入华北敌后抗日、发展壮大力量，是韩国反日独立复国运动力量的共识。以往的研究多强调二者的矛盾，忽视了其中存在的一致性。

朝鲜义勇队前往华北敌后抗日根据地是否未经中国军政当局允许？这一问题应从两方面来看。现有研究成果和回忆录资料表明，朝鲜义勇队进入华北，有公开的和秘密的两种方式。一方面，朝鲜义勇队各支队汇集到洛阳，为北渡黄河进入华北敌后进行整训，中国国民政府提供了支持；另一方面，中国军委会将朝鲜义勇队配属各战区，规定其活动区域和辖区，如朝鲜义勇队第一支队先后在第一、四、九战区活动，第二支队在第一、

---

① 《光复军总部人员抵陕，黄学秀谈韩国内革命即爆发》，《西京日报》1940年12月4日第3版。
② 《韩青队并入光复军总部》，《西京日报》1941年1月7日第2版。
③ 《李范奭拟派敌后工作人员，李青天大急出阻止（1943年11月30日）》，《匪军统区渝特区朝鲜情报》，重庆档案馆藏特2-1-188卷，第25页。

五战区活动,第三支队在第三、九战区活动等;①但朝鲜义勇队离开辖区和活动区域,却未经中国军方批准和发布调令,确属私自行动,只能秘密进行。值得注意的是,朝鲜义勇队汇集到第一战区卫立煌辖区,卫立煌并非毫不知情,但他仍提供了支持,帮助办理渡河证等手续。从这个层面而言,当时中国军政当局应持支持态度。②因此,这一问题不能一概而论,要具体情况具体分析。

(二)朝鲜义勇队北上的影响与后果

朝鲜义勇队北上一事,中国军政当局持支持的立场和态度;从韩国光复军的动向上看,大韩民国临时政府也间接表明不反对该支队的行动,双方看似是不矛盾的。但实际上,朝鲜义勇队北上进入华北敌后抗日根据地,影响深远,后果也非常严重。中国学者马长林先生曾用"出乎意料的结局"来看待此事。③

朝鲜义勇队北上的积极意义与影响共有四点。

首先,朝鲜义勇队进入华北敌后抗日根据地,脱离了朝鲜民族革命党和中国军政当局的控制,开启了在中国共产党领导下与八路军合作抗日的新篇章,使其迅速走上发展壮大之路。

1941年1月10日,转移到华北敌后抗日根据地的朝鲜义勇队成员和从延安抗日军政大学毕业后开赴华北抗日前线的朝鲜青年,在山西辽县桐峪谷成立"华北朝鲜青年联合会"。④六七月间,华北朝鲜青年联合会领导下的朝鲜义勇队改编为"朝鲜义勇队华北支队",名义上仍隶属于在中国国民政府陪都重庆的朝鲜义勇队总队部。重庆的朝鲜民族革命党和朝鲜义勇队总队部也宣称朝鲜义勇队华北支队为其所辖属,并为保持这种辖属关系进行过各种努力。例如,1941年9月,金若山曾派朝鲜民族革命党创始人之一的金白渊(金抖奉)以去韩国光复军活动区为名,前往华北敌后抗日根据地,

---

① 任吉东:《朝鲜义勇队华北抗日述评》,《东北亚学刊》2013年第3期,第55页。
② 崔采:《走向光辉灿烂的太行山根据地》,《吉林日报》(朝文版)1987年7月18日第2版;杨昭全:《朝鲜民族革命党与朝鲜义勇队》,吉林省社会科学院,1997,第222~223页。
③ 马长林:《朝鲜义勇队的产生与发展》,《韩国研究论丛》2009年第1辑,世界知识出版社,2009,第193页。
④ 杨昭全等编《关内地区朝鲜人反日独立运动资料汇编》(下),辽宁民族出版社,1987,第1101页。

与朝鲜义勇队华北支队一起战斗。[①] 但实际上，朝鲜义勇队华北支队政治上接受华北朝鲜青年联合会领导，已不再与重庆朝鲜义勇队总队部保持辖属关系。1942年7月11日至14日，华北朝鲜青年联合会召开会议，改组为朝鲜独立同盟，朝鲜义勇队华北支队也改称为朝鲜义勇军，成为朝鲜独立同盟领导的武装力量。[②] 朝鲜义勇军和中共紧密合作，在实现自身使命的过程中，迅速发展壮大，至1945年8月中旬其规模已达3000余人。[③] 与此相比，到1945年3月，韩国光复军总兵力约为450人（中国人除外）；[④] 另据韩国光复军总参谋长李范奭称，1946年6月5日自仁川登陆回国的光复军不过500余人。[⑤] 军队人数比较数字表明，朝鲜义勇队进入华北，选择和中国共产党合作，走上了壮大发展的道路。

其次，此举促进了韩国光复军的创建进程。

韩国光复军总司令部在重庆成立，后迁设于西安，准备展开活动。然而中国"军方"在该军成立过程中却一而再再而三地暗中阻挠，使韩国光复军的建军工作进展缓慢，甚至发布通告，饬令各省严密取缔韩国光复军活动。及至1941年春，负责此案的中国"军方"人士仍声称"朝鲜义勇队与韩国光复军不统一，未便另编光复军。且该军俨然以国际军队自处，在法律上无根据"。[⑥] 种种延宕，使韩国光复军迟迟未能正式编组。为此，金九于1942年2月9日致函朱家骅，内称："朝鲜义勇队自一、二、三各区队队员全部自动渡河北上后，余少数干部十数人，请查核迅饬所管机关……并由九等负责，接受朝鲜义勇队残余干部人员……分别安插于光复军"，11日，朱家骅秘密附送金九呈文并签呈蒋介石："查朝鲜义勇队分子复杂，多数队员竟投入共党队伍，亦系事实。……金君请求拟将义勇队所余少数人员划归光

---

① 参见〔韩〕朴次贞《渝城散记》，载金云龙《金九评传》，辽宁民族出版社，1999，第320~321页；石源华编著《中国共产党援助朝鲜独立运动纪事：1921~1945》，中国社会科学出版社，2000，第296页。
② 石源华：《中国共产党和韩国独立运动关系纪事研究》，首尔：高句丽图书出版，1997，第455~456页。
③ 石源华：《中国共产党和韩国独立运动关系纪事研究》，第490页。
④ 〔韩〕国史编纂委员会编《韩国独立运动史资料1·临政篇Ⅰ》，首尔：国史编纂委员会，1970，第474~475页。
⑤ 〔韩〕崔永禧：《实记三十年》，《韩国日报》1975年1月18日，第5版。
⑥ 〔韩〕国史编纂委员会编《韩国独立运动史资料27·临政篇XII》，首尔：探求堂，1994，第16~17页。

复军整理，似有必要"，获得蒋介石批示"行"。① 在蒋介石的干预下，同年5月15日，中国军事委员会颁布命令，将朝鲜义勇队并入韩国光复军，改编为韩国光复军第一支队。至此，韩国光复军取代朝鲜义勇队成为中国军政当局扶持的唯一军事力量。这是韩国光复军建军历程的重大转折点。

再次，此举促使中国军政当局调整了援韩政策与策略。

由于历史原因，中国政府援助韩国反日独立复国运动，形成了两个途径：一是由中国"军方"联系金若山领导的朝鲜民族革命党为代表的韩国独立运动左翼力量；二是中国国民党中央组织部以陈果夫、陈立夫、朱家骅为首的"党方"扶助以金九为代表的、以大韩民国临时政府为旗帜的韩国独立运动右翼力量。这种分途援韩的方式和政策，一直延续到1941年10月。此时面对韩国独立运动矛盾冲突日趋加剧的形势，特别是围绕朝鲜义勇队与韩国光复军关系的问题，蒋介石首次在最高层面试图做出调整，以排除其对援韩政策的干扰。1941年10月23日，蒋介石致电军事委员会参谋长何应钦，指示：光复军直隶军事委员会，由参谋总长掌握运用，并于会内制定专管该军之命令及请款领械事项；原来政治部之朝鲜义勇队应同时改隶军事委员会，由参谋总长统一运用，以免分歧等。② 然而，朝鲜义勇队北上进入华北敌后抗日根据地，接受中国共产党领导的合作抗日，促使中国军政当局调整了这一方针政策，最终做出将朝鲜义勇队并入韩国光复军的决策。这是中国军政当局援韩方针的一大转变。此时的中国国民政府高层已有意识将朝鲜义勇队与中国共产党联系起来，例如蒋介石侍从室第六处负责人唐纵的日记中记载，重庆朝鲜义勇队总队部与延安通电话，侍从室在记录此事的文稿上特加"共产党"三字。③ 事实上后续的反应，就是1942年7月22日中国国民党中央委员会召开第206次常务委员会会议，讨论援韩问题。决议由戴季陶、何应钦、王宠惠、陈果夫、朱家骅、吴铁城、王世杰七人任委员，吴铁城、王宠惠为召集人，还组成了专门小组，通盘研究援助朝鲜独立问题。④

---

① 《国民政府与韩国独立运动史料》，台北中研院近代史研究所，1988，第377~386页。
② 石源华、蒋建忠：《韩国独立运动与中国关系编年史：1919~1949》（中卷），第838页。
③ 公安部档案馆编著《在蒋介石身边八年——侍从室高级幕僚唐纵日记》，群众出版社，1991，第272页。
④ 石源华编著《韩国独立运动与中国（1919~1945）》，上海人民出版社，1995，第378页。

最后，此举客观上削弱了朝鲜民族革命党等左翼韩国反日独立复国运动力量对抗大韩民国临时政府的资本与实力，为中国国统区左右翼韩国反日独立复国运动力量实现在大韩民国临时政府旗帜下的统一创造了条件。

朝鲜义勇队北上的消极后果与影响共有三点。

首先，如前所述，此举最直接、最严重的后果是造成了朝鲜义勇队最终被取消番号，并入了韩国光复军。

其次，削弱了朝鲜民族革命党等左翼韩国反日独立复国运动力量，不利于中国国统区韩国反日独立复国运动力量的健康发展。

最后，此举为韩国反日独立复国运动左右翼之争中压制左翼运动发展提供了口实，加剧了中国"军方"与"党方"的矛盾。

朝鲜义勇队主力从1941年初相继北渡黄河，进入华北抗日根据地，与中国共产党领导的八路军并肩对日作战。此举不仅削弱了朝鲜民族革命党等左翼力量的实力，而且给政敌韩国独立党留下了攻击的口实。原本对朝鲜民族革命党等左翼党派与中国共产党关系就十分敏感并深具戒心的中国"党纲"系统，更是抓到了把柄，向中国国民政府最高层施加影响，要求在韩国光复军和朝鲜义勇队统一问题上，按韩国独立党的意愿行事，凸现大韩民国临时政府的作用，导致历史的砝码倾向于韩国独立党、大韩民国临时政府、韩国光复军与中国"党方"。1942年5月15日，朝鲜义勇队被并入韩国光复军。

二 朝鲜义勇队并入韩国光复军的问题与矛盾

1942年5月15日，朝鲜义勇队并入韩国光复军，国统区的朝鲜义勇队人员统一改编为韩国光复军第一支队，由朝鲜民族革命党总书记金若山兼任支队长，并担任韩国光复军副总司令。对于这样的结局，金若山甚为不满，极不甘心，曾期望扭转这种局面。为此，金若山于1942年4月26日致电延安，试图与朝鲜义勇队华北支队取得联系。[①] 在联系断绝后，金若山仍不死心，在1943年3月24日以韩国光复军副司令的名义拟定函文："令在华北之'华北朝鲜独立同盟'（即前朝鲜义勇队，亦即朝鲜民族革命党人员）

[①] 公安部档案馆编著《在蒋介石身边八年——侍从室高级幕僚唐纵日记》，第272页。

(一) 立即取消'华北朝鲜独立同盟',仍恢复'朝鲜民族革命党'组织;(二) 立即取消'朝鲜义勇军'名义,改为'韩国光复军第一支队'番号",并转交重庆出版发行的《新华日报》转发。① 金若山这一举动的背后未尝不存在撇清干系、自证清白的意图。由此不难看出,尽管朝鲜义勇队迫于无奈被并入韩国光复军,但并不意味着二者真正地融为一体。

首先,以1942年10月大韩民国临时政府第34届议政院会议为契机,中国政府制定的《韩国光复军行动准绳(九条)》(以下简称《行动准绳》)成为焦点。议员李然浩等16人联署提交议案,要求审查《行动准绳》,其意图是取消《行动准绳》,由中韩当局缔结平等条约取代之。《行动准绳》成为最集中、最直接的矛盾焦点问题。临时议政院议员群情激昂,指诋大韩民国临时政府的不是,甚至提高到"卖国求荣"的高度,要求临时政府限期与中国政府交涉,取消《行动准绳》,使韩国光复军成为名副其实的国军。② 随后,临时议政院通过议案,指定专人与中国政府交涉《行动准绳》问题。围绕此案,朝鲜民族革命党等以此议题攻击临时政府的决策,③ 意图借此扭转朝鲜义勇队并入韩国光复军以后的颓势,从道义上挽回不利局面,维护自身党派和第一支队的利益。此事在客观上又加剧了左右翼党派斗争,使名义上实现的统一局面消弭于无形,加剧了对抗与对立。

其次,中国"军方"与"党方"的矛盾进一步表面化。以往中国政府采用分途并用的援韩方针和政策,互不统一、各自为政,造成了竞争、对抗的局面。朝鲜义勇队、韩国光复军的先后成立就是这种政策的产物和体现。④ 为了解决这种矛盾状况,中国政府最高层以韩国光复军吸纳朝鲜义勇队的方式,意图统一管理、军令,然而,朝鲜义勇队在并入韩国光复军之后,并未减少或消除与其之间的矛盾与冲突。为了维护政治资源,中国

---

① 《金若山令华北朝鲜独立同盟改制(1943年3月24日)》,《匪军统区渝特区朝鲜情报》,重庆档案馆馆藏特2-1-188卷,第78页。
② 《大韩民国临时议政院速记录:第三十四回议会速记录(大韩民国二十四年·一九四二年)》,〔韩〕国史编纂委员会编《韩国独立运动史资料1·临政篇Ⅰ》,http://db.history.go.kr/id/kd_001_0040_0010。
③ 1941年底大韩民国临时政府国务会议与临时议政院第32届议会会议通过了接受《行动准绳》的决议。参见《大韩民国临时议政院速记录:第三十四回议会速记录(大韩民国二十四年·一九四二年)》,〔韩〕国史编纂委员会编《韩国独立运动史资料1·临政篇Ⅰ》,http://db.history.go.kr/id/kd_001_0040_0010。
④ 石建国:《中国境内韩国反日独立复国运动研究》,浙江大学出版社,2014,第381~383页。

"军方"继续扶持朝鲜民族革命党等领导的韩国光复军第一支队,事实上成为第一支队与其他支队对立的靠山。而"党方"则着力推动中国最高层调整援韩政策,在从经费到人事任免等方面凸显大韩民国临时政府的作用与地位,实际上就是企望削弱"军方"的影响力。"军方"与"党方"的操弄与两者间的对抗就是大韩民国临时政府、议政院以及韩国光复军内部矛盾冲突的根源。这种矛盾并未因朝鲜义勇队并入韩国光复军有所降低或消亡,而是在诸多问题上直接显现出来。例如,1942年7月28日,韩国光复军总司令部政训处处长王平一就致函朱家骅称:"生以为光复军目前困难之症结在军事委员会办公厅军事处主持其事之侯成同志,成见太深,故意培养两个系统。……在军事运用上着眼培养两个系统实为最大之错误。但光复军如仍为侯成同志主管,困难之克服,几不可能。生意光复军不仅是军事问题,应视为政治问题,拟请在中央党部成立一单独机构专司其事。关于军事部分由军事委员会派人参加主持或较现状为合理。"[1] 随即,9月12日朱家骅即签呈蒋介石,关于光复军问题,称:"我方有关机关见解未尽一致,运用指导复间有出于情感,未尽衡诸国策者无形中不免助长其纠纷,妨碍其工作";对于朝鲜民族革命党等党派问题,称:"该党朝鲜义勇队首次赴陕北各地,投效奸伪者达一百二十余人。余数十人又多属朝鲜战斗同盟跨党分子,此种人数甚少信仰思想各殊之党派,正宜防范其为共党所利用,不应助其发展也"。[2] "党方"不惜以将内部矛盾公开的方式,直接进言蒋介石,就是典型反映。

再次,"党方"插手干扰"军方"对韩国光复军的工作,"军方"忍无可忍,而关于韩国光复军编练问题,"军方"则另有说辞。1943年4月18日军统情报员呈报称:"查韩国光复军原系由党方鼎力组成,去岁军委会接收前,党方亦曾助韩人宣传谓光复军部队共有数万人。至军委会接收后,始悉全部不过百余人,而党方仍未因此减少其对光复军之干涉,故军委会对光复军之一切措施,均系先得党方之同意(如此次贷款百万即全部按照党方意见贷与)。办公厅军事处长侯成以此对党方颇为不满。"[3] 为"党方"极力诟病的侯成,于此则另有说辞:"处长侯天士以韩国人殊难驾

---

[1] 杨昭全、韩忠福编《大韩民国临时政府史料汇编》,吉林省社会科学院,1997,第356页。
[2] 《国民政府与韩国独立运动史料》,第407~409页。
[3] 《军委会点验韩国光复军之用意(1943年4月18日,续4月13日郊政85号)》,《匪军统区渝特区朝鲜情报》,重庆档案馆馆藏特2-1-188卷,第56页。

驭,加以参与韩国光复军之各机关(政治部、军令部)随时予以牵制,故极表厌倦。"①

最后,大韩民国临时政府受英国承认捷克、波兰等流亡政府的影响,向中国军政当局施加压力,促使中国政府承认大韩民国临时政府的合法性,而且以虚报韩国光复军编制人员的方式要求中国政府加大援助的力度。如1942年1月3日大韩民国临时政府主席金九就发表由在美韩族联合委员会执行部传达的公开通电,声称"韩国独立光复军已有9200余武装健儿"。②

以上诸多因素相互交织纠缠,困扰着中国军政当局援韩政策的实施,破坏和影响其效力。从韩国光复军主管机关中国国民政府军委会的视角,企图破解这一难题。于是,韩国光复军点验问题应运而生,成为各方关注的焦点。

三 中国国民政府点验韩国光复军的过程

如前所述,中国军政当局点验韩国光复军有复杂的背景和原因。但就其手段和方式而言,点验韩国光复军并非特例,而是全面抗战时期中国国民政府为解决军队存在的腐败问题使用的惯例。

1937年7月日本发动全面侵华战争后,战争局势呈一边倒态势,日军势如破竹,迅速占领大半个中国。究其原因,中国国民党军队存在的腐败等诸多弊端,严重影响了我国抗战的效能。对此,蒋介石也深有感触,1942年9月,在西安会议上曾列举军纪废弛的十二条事例,其中吃空额、扣军饷就是军官腐败堕落的事例之一。③为整治这种现象,遏制军队腐败问题的蔓延,中国国民政府采取了各种措施,其中一项措施就是军政部成立点验委员会,以定期轮流点验为主、随时抽点为辅,检查军队整训、军纪情况,以杜

---

① 《军事处长侯天士拟辞掌韩国光复军(1943年12月15日)》,《匪军统区渝特区朝鲜情报》,重庆档案馆馆藏特2-1-188卷,第7页。
② 《新韩民报》1942年1月8日,参见〔韩〕国史编纂委员会编《日本帝国主义殖民韩国36年史》第13卷,国史编纂委员会,1978,http://db.history.go.kr/id/su_013_1942_01_03_0040。
③ 参见郭代习、李南雁《论抗战时期国民党军队的军风军纪》,《江西社会科学》1997年第6期,第12~13页。

绝贪污、防止逃亡、严肃军纪。例如1939年11月至1940年5月，军政部点验委员会共点验单位166个。①

（一）中国国民政府军委会点验韩国光复军的原因

中国军委会以点验为手段，虽然是为了促进抗战时期军队的建设，但为何要选择点验韩国光复军呢？这并非没有特别的原因。据中统情报人员1943年5月4日的报告，军委会点验韩国光复军，其原因与目的为："（一）在切实考核各队员之思想志趣、能力、体格，以作将来委派工作之根据。（二）在抑压韩人对光复军标价过高之狂妄观念。（三）在切实防止所投诚之韩人被利用，混迹光复军中，为敌作间谍活动（闻最近日本训练间谍四组，派来中国自由区域，从事间谍活动。前在岳阳、宜昌，已捕获两组。其他两组不知下落，正严探中）。"② 不过，军统情报人员则另有说法，其在提交上级的情报中指出："此次光复军点验，不惜耗费人力财力，并约军统局及中统局一同参加，其意即在将来即以正式组织之点验团所作正式报告呈报委座，而使韩国光复军之空虚乃得法理上之根除。今后，党方单独支持光复军内之一党（韩国独立党）之作风，亦将失其凭藉。军委会始能主动处理光复军事宜，不受外力之牵制云。"③ 概括起来，军委会点验韩国光复军，一是为了整顿韩国光复军内部秩序；二是为了确立将来方针。④

（二）军委会点验韩国光复军的过程

根据相关资料，中国军事委员会下令点验韩国光复军的时间应为1943年4月上旬。由军委会专门组织点验团，其人员由军委会办公厅、军委会统计局（军统）、中央统计局（中统）、韩国光复军总司令部等机关派员组成。点验团分为两组，第一组点验散驻西安、洛阳、郑州、立煌、六安、老河口各地的

---

① 何应钦：《何上将抗战期间军事报告》，载周谷城主编《民国丛书》第2编，上海书店，1990，第237页。
② 〔韩〕秋宪树：《韩国独立运动》（三），首尔：延世大学校出版部，1973，第221页。
③ 《军委会点验韩国光复军之用意（1943年4月18日，续4月13日邻政85号）》，《匪军统区渝特区朝鲜情报》，重庆档案馆藏特2-1-188卷，第56~57页。
④ 〔韩〕秋宪树：《韩国独立运动》（三），第221页。

光复军；第二组点验散驻永安、上饶各地的光复军。正式开始点验是在5月4日，① 点验团首先点验重庆的韩国光复军总司令部，② 然后分赴各地。

以第二点验组为例，在组长章坚的安排下，组建了福建南平点验组。点验组工作自1943年7月8日开始，至7月12日全部结束，持续时间为5天，点验对象为驻南平韩国光复军第二支队第三区队第三分队，点验查实该分队系于1942年10月1日在南平筹备成立，队长金文镐于1937年来华，1940年6月服务于第三战区政治部，承担审讯俘虏及宣传等工作。迨1941年4月间，金文镐由大韩民国临时政府主席金九介派为光复军征募第三分处主任，旋即改职为该分队分队长。③

从以上情况来看，点验工作并非走过场，而是切实贯彻了中国政府点验韩国光复军的意图和目的。很自然，点验活动引起了连锁反应，造成了复杂的后果与影响。

四　结语

朝鲜义勇队北上，造成韩国独立运动力量的变化，大韩民国临时政府也以此为借口，迫使朝鲜义勇队并入韩国光复军，一劳永逸地解决了军事力量统一问题。而朝鲜义勇队是由中国国民政府军事委员会扶持的，此举自然又引发了中国国民党内各派系之间的矛盾，特别是"党方"与"军方"之间的冲突和较量。可见，朝鲜义勇队北上和韩国光复军点验存在历史逻辑关系。但问题的根源，恰恰是韩国独立运动的困境和不统一的问题。大韩民国临时政府生存和发展存在的困境和问题，与中国抗日战争和世界反法西斯战争面临的问题与挑战、中国国民政府面临的挑战与困境等诸多因素有关，是历史发展趋势投射在朝鲜义勇队、韩国光复军、中国国民政府、大韩民国临时政府、中国国民党、中国共产党等力量上的体现，并不是孤立存在，而是牵一发而动全身。韩国光复军点验问题，正是多种力量交织纠缠、矛盾斗争的结果。

---

① 〔韩〕国史编纂委员会编《大韩民国临时政府资料集》第45卷，国史编纂委员会，2011，http：//db. history. go. kr/item/level. do？levelId＝ij_045_0020_00250_0050。
② 〔韩〕秋宪树：《韩国独立运动》（三），第221页。
③ 杨昭全、韩忠福编《大韩民国临时政府史料汇编》，第784～785页。

Discussion on the Korean Volunteer Militia Went North and Appearing of the Problem of Point Inspection of the Korean Revival Army

Shi Jianguo

Abstract The Korean Volunteer Militia went north that brought about changes in the strength of the Korean independence movement, and the provisional government of the Republic of Korea also took this as an excuse to force the Korean Volunteer Militia to be integrated into the Korean Revival Army to solve the problem of military unification once and for all. The Korean Volunteer Militia were supported by the military commission of the Chinese National Government, which naturally led to conflicts and contests between various factions in the Chinese Nationalist Party, especially between " Party Side" and " The Military". There is a historical logic relationship between the Korean Volunteer Militia going north and the problem of point inspection of the Korean Revival Army. However, the root of the problem is the dilemma and disunity of the Korean independence movement, as well as the challenges and dilemmas faced by the Chinese National Government and many other factors.

Keywords The Korean Volunteer Militia; The Korean Revival Army; The Provisional Government of the Republic of Korea; The National Government of China; The Military; Party side; The Problem of Point Inspection

朝鲜王朝廷臣李廷龟两次赴明"辩诬"述论

王 臻

【内容提要】 明朝神宗年间，朝鲜王朝重臣李廷龟作为"辩诬"代表，先后于1598年和1620年两次出使明朝，就一些涉及两国外交关系的问题如"结党朋欺""背明投金"等，开展"辩诬"交涉活动。经过李廷龟等人的努力，明朝解除了对朝鲜的误会，从而使朝鲜重新赢得上国明朝的信任。朝鲜国王前后两次派李廷龟出使明朝一事，不仅反映出朝鲜对明政策的变化，从大历史的背景来考察，它也揭示出彼时东亚地区的国家关系、民族关系等问题。由此，考察李廷龟的明朝之行，有助于更明晰地了解16世纪末17世纪初的中朝关系史及东亚地区关系史。

【关键词】 李廷龟　辩诬　朝鲜　明朝　外交政策变迁

【作者简介】 王臻，历史学博士，天津师范大学历史文化学院暨欧洲文明研究院教授，博士生导师。

李廷龟是历经朝鲜宣祖、光海君、仁祖三朝的一名官员，在朝鲜王朝历史上具有重要的地位。在朝鲜与明朝关系史上，李廷龟也是一位关键人物，他曾先后四次出使明朝：第一次，1598年（明万历二十六年，朝鲜宣祖三十一年，农历戊戌年），壬辰战争后期，因明朝大臣丁应泰弹劾将领杨镐累

---

* 本文系天津市社科规划重点项目"晚明时代朝鲜对中国政策的变化研究"（项目号：TJZL18-004）的阶段性成果。

及朝鲜，李廷龟出使明朝为杨镐辩解并申诉朝鲜的冤屈；第二次，1604年（明万历三十二年，朝鲜宣祖三十七年，农历甲辰年），李廷龟以朝鲜使臣身份前往明朝，奏请册封朝鲜世子；第三次，1616年（明万历四十四年，朝鲜光海君八年，农历丙辰年），李廷龟为奏请冠服一事出使明朝；第四次，1620年（明万历四十八年，朝鲜光海君十二年，农历庚申年），针对明朝大臣徐光启等声讨朝鲜私通后金一事，李廷龟前去明庭"辩诬"。在此，我们以李廷龟于戊戌年和庚申年出使明朝的活动为研究线索，考察16世纪末至17世纪初朝鲜与明朝关系的发展情况。需要说明的是，这两次李廷龟的赴明"辩诬"活动，曾有相关文章分别予以探讨。① 本文有别于其他论文之处，一是在史料方面，综合利用了中朝官方正史文献资料《明实录》《朝鲜王朝实录》以及朝鲜文人的私人著述《韩国文集丛刊》等，多方史料互证，力求反映问题更具体、更具说服力；二是在研究角度上，着重对李廷龟庚申使明交涉的问题进行了归类辨析，并提出看法；三是运用比较史学研究方法，结合李廷龟的两次"辩诬"过程，对比分析了朝鲜王朝对明朝政策的变动，以期揭示出明朝末期中朝政治关系的实际发展情况，尤其是随着后金政权的建立，朝鲜、晚明、后金三者之间复杂微妙的关系。

一 壬辰战役后李廷龟出使明朝"辩诬"：源于国王遭"参奏"

1592年（朝鲜宣祖二十五年），当日本发动对朝鲜的军事侵略战争即"壬辰倭乱"之时，上国明朝神宗皇帝应朝鲜宣祖之请求，"动天下之兵"，② 调集大批军队，及时出军援助朝鲜抗击倭寇。1597年（朝鲜宣祖三十年）正月，日军再次侵入朝鲜，史称"丁酉再乱"，朝鲜又向明朝提出援兵的请求，明朝也再次派出援军，以兵部尚书邢玠为总督，会同都察院右佥

---

① 参见刘宝全《明晚期中国和朝鲜的相互认识——以丁应泰和李廷龟的辩论为中心》，北京大学韩国学研究中心编《韩国学论文集》，第19辑，中山大学出版社，2010；张德信《朝鲜辨诬陈奏上使赴明前后——以李廷龟〈庚申朝天录〉为中心》，《大连大学学报》2007年第1期；王克科《李廷龟庚申使明研究》，硕士学位论文，陕西师范大学，2010。
② 〔朝鲜王朝〕朴光前：《竹川先生文集》卷2《辞翊卫疏》，韩国民族文化推进会编刊《韩国文集丛刊》，汉城：景仁文化社，1989影印标点本，第39册，第312页。

都御史杨镐"经理朝鲜军务",率兵抗击倭寇。① 九月七日,日军进犯汉城,经略杨镐指挥明军在忠清道稷山十五里的地方,大败日军,日军"死伤者不可胜数",提振了明军士气。② 但是在十二月的蔚山之战中,明朝援军遭到日本清正军队的顽强抵抗,作战受到挫折,伤亡很大。不过战后杨镐并未据实上报损失数量,而是与邢玠联合上书万历帝,报称取得了重大胜利。

杨镐的这次虚报战功,遭到时任赞画朝鲜军前事务的兵部主事丁应泰的参奏。丁应泰上书万历帝,奏称杨镐谎报军情,"隐瞒不以实闻"。③ 面对丁应泰的告状,杨镐上书请求撤兵回国。由于杨镐率军在援朝战争中做出很大贡献,一旦其辞职归国,会给朝鲜的抗倭战争带来难以估量的困难,故宣祖从朝鲜本国利益出发,令朝臣速速给明帝上本陈奏。1598年(朝鲜宣祖三十一年)七月一日,朝鲜以崔天健为陈奏使上疏明朝,为杨镐辩护,称:"(杨镐)征剿实绩,则陪臣及诸将,皆目见而知之。功罪查覆,自有公论,天日在上,岂容虚诳?"④ 朝鲜国书中极力强调杨镐的功绩,意在挽留杨镐继续率领明军对抗日军。领议政柳成龙亦带领百官、士民呈文于总理衙门,挽留杨镐。八月,朝鲜宣祖派右议政李元翼为陈奏使到明朝上书,再次为杨镐进行辩白,并陈述杨镐对于朝鲜国安危的重要性,言称:"杨镐锐意讨贼,一力干事,庶几镐在,则贼可灭耳。"⑤

朝鲜国王先后两次为杨镐之事上书明朝皇帝,这引起丁应泰的极度反感,他上呈奏文连带参奏杨镐与朝鲜,指责朝鲜君臣"诱倭入犯,愚弄天朝,招倭复地,交通秀吉,结党杨镐,朋欺天子"。⑥ 朝鲜宣祖很受震动,

---

① 《明神宗实录》卷308,万历二十五年三月乙巳,《明实录》,台北中研院历史语言研究所,1962年校印本,第58册,第5762页。
② 《朝鲜宣祖实录》卷92,宣祖三十年九月丙申,《朝鲜王朝实录》,汉城:韩国国史编纂委员会编刊,1955~1963年影印本,第23册,第291页。
③ 《明神宗实录》卷323,万历二十六年六月丁巳,《明实录》,第58册,第5996页。
④ 《朝鲜宣祖修正实录》卷32,宣祖三十一年七月甲申,《朝鲜王朝实录》,第25册,第665页。
⑤ 〔朝鲜王朝〕李廷龟:《月沙先生集》卷22《请留经理再奏》,韩国民族文化推进会编刊《韩国文集丛刊》,汉城:景仁文化社,1991影印标点本,第69册,第489页。
⑥ 〔朝鲜王朝〕黄景源:《江汉集》卷26《诏制考·革主事丁应泰职为民敕》,韩国民族文化推进会编刊《韩国文集丛刊》,汉城:景仁文化社,1999影印标点本,第225册,第18页。

认为丁应泰的参奏是出于发泄私愤；但为了替杨镐辩白，宣祖决定继续陈情力争，即使为杨镐而死，亦"死有余荣，当含笑于地下矣"。① 在经过一番思想斗争后，当年（1598）十月二十一日，宣祖派出以右议政李恒福为正使、工曹参判李廷龟为副使、司艺黄汝一为书状官的陈奏使团，到北京面见明朝皇帝，进行"辩诬"。史书记载：

> 万历戊戌，天朝经理杨镐新奏岛山之捷，被参于赞画丁应泰，革任西还。宣祖上奏保留经理。应泰移怒于本国，构捏参奏，恶名狼藉。宣庙闭阁待罪，逾月不视事。朝廷将差出"辩诬"使，必以相臣为上价。弼云李公恒福以兵曹判书升拜右议政，为陈奏上使。余以参知，特命加资为副使，黄汝一为书状官。十一月辞朝，己亥正月到北京。②

在此次出使的官员中，副使李廷龟是一位重要人物。在前后几次的"辩诬"过程中，朝鲜使臣所携带的奏疏，实际皆出自李廷龟之手，是"兵曹参知李廷龟之制也"。③ 此次李廷龟虽作为副使，但在其起草的奏疏中，针对丁应泰的指责，皆一一进行了有力地辩解和反驳。李廷龟的奏疏内容主要是有关朝鲜和日本关系的申明，以及关于包含朝鲜与日本"交通"内容的《海东纪略》中的年号和有关"结党、朋欺"等"移祸天朝"的罪名的说明。④ 明朝人对李廷龟的文笔大为赞赏，"华人见者万口传诵"，此后李廷龟的声名"遂镇耀寰宇矣"。⑤

接到朝鲜的"辩诬"奏文后，明神宗诏令兵部及府部大臣核查实际情况。经过一番审议，明朝大臣一致反对丁应泰对朝鲜的参奏，认为丁应泰之辞是对杨镐及朝鲜的毁谤，如工部尚书杨一魁等上揭文奏称："奏辨之辞，

---

① 《朝鲜宣祖修正实录》卷32，宣祖三十一年九月癸未，第25册，第667页。
② 〔朝鲜王朝〕李廷龟：《月沙先生集》卷2《戊戌朝天录·序》，《韩国文集丛刊》，第69册，第252页。
③ 《朝鲜宣祖修正实录》卷32，宣祖三十一年九月癸未，第25册，第667页。
④ 参见刘宝全《明晚期中国和朝鲜的相互认识——以丁应泰和李廷龟的辩论为中心》，第56~57页。
⑤ 〔朝鲜王朝〕张维：《序》，载李廷龟《月沙先生集》，《韩国文集丛刊》，第69册，第232页。

忠肝义胆,天理人情,无纤毫可疑。横被口语,凡有识者,皆知其冤。"①明神宗认同众大臣的意见,罢免了丁应泰的职务:"姑着革职,为民回藉听勘。"②朝鲜宣祖因李廷龟"辩诬"成功,非常高兴;表示"予甚喜,达夜不寐",③于是面见李廷龟,对其大加赞誉,给其加官进阶,予以奖掖。

可以看出,通过李廷龟的"辩丁应泰之诬",朝鲜借机澄清了与明朝之间的诸多误会,取得了明朝方面的理解,从而巩固了朝鲜与明朝的传统友好关系。

二 萨尔浒战役后李廷龟到明朝"辩诬":避免朝鲜被"监护"

明朝境内的东北边疆民族建州女真在其首领努尔哈赤的带领下,建立后金割据政权,公开与明朝决裂,双方形成对峙局面。明朝为了确保对后金战争的胜利,动员属国朝鲜夹攻后金。1619年,在明朝与后金的决定性战役"萨尔浒之战"中,朝鲜光海君派出以姜弘立为都元帅的援明军队,参与对后金的战争。战争过程中,"朝鲜元帅姜弘立率众降",朝鲜军队在姜弘立的带领下投降后金。④朝鲜将领的投降行为引起明朝君臣的极大不满,纷纷指责朝鲜阳奉阴违,暗中私通后金,"鲜与奴阳衡阴顺"。⑤左春坊左赞善兼翰林院检讨徐光启则认为应加紧对朝鲜的笼络,以免朝鲜脱离明朝,站到后金一边。为了达到继续控制朝鲜的目的,徐光启在《辽左阽危已甚疏》中,提出"亟遣使臣监护朝鲜以联外势"的主张,即"仿周汉故事,遣使宣谕,因而监护其国"。⑥

明朝对朝鲜的怀疑态度,令朝鲜君臣感到难以接受。光海君对于徐光启

---

① 〔朝鲜王朝〕李廷龟:《月沙先生集》卷21《呈兵部文》,《韩国文集丛刊》,第69册,第474页。
② 〔朝鲜王朝〕李廷龟:《月沙先生集》卷21《附兵部咨文》,《韩国文集丛刊》,第69册,第481页。
③ 〔朝鲜王朝〕李廷龟:《月沙先生集》卷21《戊戌"辩诬"录》,《韩国文集丛刊》,第69册,第462页。
④ (清)蒋良骐:《东华录》,后金天命四年三月条,齐鲁书社,2005,第8页。
⑤ 《明神宗实录》卷594,万历四十八年五月戊戌,《明实录》,第65册,第11397页。
⑥ (明)徐光启:《徐文定公集》卷1《辽左阽危已甚疏》,陈子龙等编《明经世文编》卷488,中华书局,1962,第5384页。

自荐"监护"朝鲜一事非常愤慨,认为徐光启对朝鲜的诬陷较之当年丁应泰对朝鲜的诬陷有过之而无不及。为防范徐光启等人的"流言"给朝鲜带来更大的负面影响,光海君欲速派使臣前往明廷,"快辨厚诬事"。备边司认为徐光启的上疏"满纸张皇",至于"监护"二字,更是极少用在出使的名称中,对于徐光启的"辞说",表示"不忍正视"。①

为洗刷"背明投金"的嫌疑,1620年(朝鲜光海君十二年),光海君派李廷龟为正使赴北京进行"辩诬"交涉:

> 己未以后,奴贼行间于天朝,天朝以我国两元帅降在贼中,疑我通房,翰林徐光启、御史张志发等构诬我国,至有监护朝鲜之议。我国使臣在北京,驰启朝廷,甚忧之,有骨痛气塞蹈海饡地之教。遂起废于待罪之中,差为"辩诬"陈奏上使,尹静春晖为副使,柳守而汝恪为书状官,余屡辞不获免。四月,到北京奏上,许降明旨。②

在李廷龟出发之前,光海君与其进行了深入交流,要求李廷龟尽力申诉:"卿须竭力周旋,期于受敕",反复强调"卿须十分周旋"。③ 光海君勉励李廷龟,此次"辩诬"责任重大,"其功勋足以昭华简策,辉映宇宙",因此希望李廷龟务必完成此次出使任务。而李廷龟对于此次出使也很有信心,认为很快即可洗刷"意外之诬",称:"我国二百年来,礼义忠顺之称,著闻天下。皇上之于圣上,恩眷又迥出寻常,今虽有意外之诬,皇上岂不垂察"。④

接受"辩诬"任务后,李廷龟即率众人启程赴明。在其《庚申燕行录》中,李廷龟记载了出使的行程:"三月初六日,使团越江进入明朝境内。十二日抵达辽阳,十三日诣辽东,拜见都司衙门、经略衙门,十九日从辽东离

---

① 〔朝鲜王朝〕李廷龟:《月沙先生别集》卷3《庚申燕行录》,韩国民族文化推进会编刊《韩国文集丛刊》,汉城:景仁文化社,1991影印标点本,第70册,第520页。
② 〔朝鲜王朝〕李廷龟:《月沙先生集》卷7《庚申朝天录上·序》,《韩国文集丛刊》,第69册,第293页。
③ 《朝鲜光海君日记》(重抄本)卷51,光海君十一年十二月戊寅,《朝鲜王朝实录》,第30册,第273页。
④ 〔朝鲜王朝〕李廷龟:《月沙先生别集》卷3《庚申燕行录》,《韩国文集丛刊》,第70册,第521页。

发，二十三日到广宁。四月初一日，入山海关，十二日到通州，十四日入北京，十六日呈奏本于鸿胪寺，十七日上朝拜见明朝皇帝，十八日往礼部，十九日往兵部呈咨文，二十三日诣礼部呈文恳请，二十七日呈文于阁老（方从哲）及薛给事（薛凤翔）。五月初六日，又构呈文，十七日往西长安门外，二十一日又往礼兵部。"① 七月，在基本完成出使任务后，李廷龟即将踏上归程，未料正赶上明朝万历帝驾崩、泰昌帝登基，故在明朝京城又多逗留了一段时间——"是行也，因皇上未宁，久滞北京"。② 李廷龟一行八月十七日离开，当年十一月，回到朝鲜。

综观李廷龟此行，主要围绕以下几个问题与明展开交涉。

其一，关于朝鲜赠送后金盐牛之事。据明朝俘获的后金降将交代，朝鲜有私通后金之举——"朝鲜以盐百石，牛三百头及船百只，绵布无算，送遗奴寨"。对此，朝鲜使臣极力辩解，重申朝鲜与后金不共戴天之心情，"宁有媚贼资粮之理？"至于送给后金船只一事，更是无稽之谈。李廷龟等指出，后金降将此举意在挑拨离间朝鲜与明朝的关系："此贼行间彼此，图欲得罪于天朝，以为专意南侵之计。若不察此情而反疑小邦，则是落其计中也。"③

对于朝鲜的此番辩解，明朝都司大大人宋文鉴、二大人王绍勋起初未置可否，并不表明态度，后来在朝鲜译官表廷老的反复陈述下，明朝都司表示相信朝鲜的忠诚之心："贵国忠顺，天下所知，岂有信听之理。"不过，当明朝供给厅将官对朝鲜使臣问起是否有后金依赖朝鲜接济生活物资之事、而朝鲜译官指出此乃后金的反间计时，明朝官员听后"微笑而不答"。④ 由此可以看出，在这一问题上，明朝方面并非完全听信朝鲜使臣的解释。

其二，关于朝鲜是否与后金有水路交通之事。针对传言中所谓朝鲜与后金因地利之便、开展水路往来之说法，朝鲜使臣在拜见明朝经略熊廷弼时如

---

① 〔朝鲜王朝〕李廷龟：《月沙先生别集》卷3《庚申燕行录》，《韩国文集丛刊》，第70册，第522~529页。
② 〔朝鲜王朝〕李廷龟：《月沙先生集》卷7《庚申朝天录上·序》，《韩国文集丛刊》，第69册，第293页。
③ 〔朝鲜王朝〕李廷龟：《月沙先生别集》卷3《庚申燕行录》，《韩国文集丛刊》，第70册，第522~523页。
④ 〔朝鲜王朝〕李廷龟：《月沙先生别集》卷3《庚申燕行录》，《韩国文集丛刊》，第70册，第523页。

此阐述：后金地域有混同江（今浑江）及黑龙江，这两条江与朝鲜所处的鸭绿江、豆满江（图们江）相距遥远，"其间不知几千里，重山迭岭，绝无通船之路"。① 对于朝鲜使臣的解释，熊廷弼经略较为认同；而对于坊间流传的"朝鲜帮助后金在乌龙江造船"之说，他也表示不会轻信："天朝与贵国，有唇齿之势，岂有因往来流言而致疑之理？"他建议朝鲜"但当尽意防备，共歼此贼，则流言自息矣"。并且，熊经略对所谓"宣谕监护"等事做出说明，声称是为了派人前去安抚朝鲜："其意不过贵国于上年，折了万余兵马，故欲遣使宣谕，钦赐银两。"对于熊经略的表态，朝鲜使臣十分高兴："我国事情，甚有洞快释然之状。"②

朝鲜使臣在拜见明朝尚书黄嘉善时，黄嘉善也肯定了朝鲜长期以来的忠诚之心，表示不会怀疑朝鲜："贵国忠顺天朝二百余年，虽有行言，岂有致疑之理？"并表示坊间流言确属于中伤明朝与朝鲜关系之辞："向来流言，果是凶贼离间之计。"最后，黄嘉善还善意地提醒朝鲜做好"辩诬"工作，称："天朝虽不信之，而大义所在，不得不辨云"。③ 对此，朝鲜使臣表示非常感谢。

其三，围绕边境贸易一事的交涉。自壬辰战争以来，朝鲜的经济发展一直不景气，老百姓日常的生活物资等难以保障，为此，朝鲜方面曾提出在中江进行开市贸易，以缓解本国在经济方面的困境。此次李廷龟等出使明朝，当面向明朝官员陈述本国请求开市的初衷："盖小邦本地瘠民贫，壬辰兵乱之后，田野不辟，生齿未繁。一年之蓄，未支一年之用。而上年自春不雨，至于七月，种不入土，野无青草。及秋又有水溢早霜之灾，凶歉之惨，古今未有。而八路同然，民无就食之处……公私赤立，上下遑遑"，因此，朝鲜国王"请贸谷于中江者，计出于不得已也"。④

在听取李廷龟等人的说明后，明朝经略熊廷弼表示认可朝鲜因饥荒而请

---

① 〔朝鲜王朝〕李廷龟：《月沙先生别集》卷3《庚申燕行录》，《韩国文集丛刊》，第70册，第523页。
② 〔朝鲜王朝〕李廷龟：《月沙先生别集》卷3《庚申燕行录》，《韩国文集丛刊》，第70册，第524页。
③ 〔朝鲜王朝〕李廷龟：《月沙先生别集》卷3《庚申燕行录》，《韩国文集丛刊》，第70册，第527页。
④ 〔朝鲜王朝〕李廷龟：《月沙先生别集》卷3《庚申燕行录》，《韩国文集丛刊》，第70册，第524页。

求在中江贸易粮食一事,曰:"实情实情,贵国事情,今始明白晓得。"①

其四,关于书面敕书问题。如前述,尽管明朝官员对于朝鲜的"辩诬"表示理解与认同,但朝鲜使臣坚持要求明朝皇帝以敕书的形式予以认可,所谓:"若无明敕,则中外耳目,恐不能快释";同时,申请敕书也是出于制止后金人再次中伤的目的:"昭布快雪,而奴酋再不得肆其行间之谋也耶……皇上之一言,昭揭天下之观瞻。"②

得知朝鲜方面的想法,明朝兵部建议明帝给朝鲜发放敕书,"以彰天朝字小之仁,以寝狡夷狄构诬之计";礼部也建议及时"降敕","庶我恤小之道不失,而彼向化之念弥坚"。③ 明神宗听从兵部及礼部大臣的建议,于当年七月给朝鲜颁布昭雪皇敕:"降敕,皇言不可烦亵。"④ 在敕书中,明帝承认朝鲜的忠诚:"惟尔朝鲜,僻处东隅,世遵箕范。惟我夙推心腹,肆尔世济忠贞。"⑤

如前所述,李廷龟完成出使任务欲回朝鲜时,正赶上明神宗驾崩,光宗继位,但光宗在位一月后即死去,由熹宗接任。当李廷龟正式归国时,明熹宗又赐予朝鲜方面一道敕文,表达联合朝鲜共同抗击后金的期望,即"惟尔国君臣,与我文武将吏,盟心戮力,异域同舟,以树此不朽之令名,无前之伟绩"。⑥

由此,在李廷龟等使臣频频游走于明朝各部门的努力游说下,朝鲜方面最终获得明朝皇帝的两道敕书,明朝也未派官员前去"监护"朝鲜,这标志着李廷龟一行顺利完成出使任务,有关朝鲜私通后金的"辩诬"取得成功。

三 李廷龟两次"辩诬"折射出的朝鲜对明政策的变化

朝鲜使臣李廷龟出使明朝的两次"辩诬"活动,从大的历史视野来考

---

① 〔朝鲜王朝〕李廷龟:《月沙先生别集》卷3《庚申燕行录》,《韩国文集丛刊》,第70册,第524页。
② 〔朝鲜王朝〕李廷龟:《月沙先生别集》卷3《庚申燕行录》,《韩国文集丛刊》,第70册,第528页。
③ 《明神宗实录》卷594,万历四十八年五月戊戌,《明实录》,第65册,第11400页。
④ 〔朝鲜王朝〕李廷龟:《月沙先生别集》卷3《庚申燕行录》,《韩国文集丛刊》,第70册,第528页。
⑤ 〔朝鲜王朝〕李廷龟:《月沙先生别集》卷3《皇上敕谕朝鲜国王》,《韩国文集丛刊》,第70册,第536页。
⑥ 《朝鲜光海君日记》(重抄本)卷54,光海君十二年十一月甲午,第30册,第463页。

察，分别体现出不同的时代背景：朝鲜在宣祖在位时期对明朝忠诚"事大"，非常注重明朝的上国地位，派出李廷龟等使臣到明朝申辩，唯恐得罪上国，影响朝鲜"二百年来血诚事大"[①] 的形象；而朝鲜光海君在位时对明朝的忠诚态度发生动摇，于明和后金之间取"两面外交"之策略，朝鲜援军的作战不力，间接导致了明朝对后金战争的失败，战后，光海君派李廷龟赴明朝解释相关问题，求得明廷的谅解，实际上是在做两手准备。李廷龟的两次"辩诬"活动，揭示出朝鲜不同时期的对明政策发生了变化。

早在1392年太祖李成桂建立李氏朝鲜时，即奉行亲近明朝的政策，派使臣请明太祖朱元璋选定"朝鲜"国号，定期对明朝贡，"每岁如圣节正朝，贡献愈谨"，[②] 明确表达对明朝竭诚恭顺的态度，"每专心于事大，惟秉节以弥坚"，决心"当无怠无荒，恪谨封疆之守；曰寿曰富，倍殚颂祷之诚"。[③] 而作为上国的明王朝，也对属国朝鲜在政治经济上给予特殊优遇，所谓"推同仁一视之心，举厚往薄来之典"。[④] 太祖之后的太宗、世宗、世祖一直到第十四代宣祖，朝鲜的历任国王都对明朝恭敬服从，"至诚事大，无一事或违"；[⑤] 明朝亦对朝鲜赏赉有加，"中朝视朝鲜如一家，不以外国待之"，[⑥] 双方使臣往来频繁，关系密切。这种良好的上国与属国关系，一直保持到16世纪末的壬辰战争爆发之前。正是在朝鲜"至诚事大"与明朝"抚藩字小"的政治外交理念下，上国明朝出兵抗倭援朝，使朝鲜避免亡国命运："我国（朝鲜）受天朝大恩，收复三都，再造宗社，以有今日，皇恩天大。"[⑦] 在后期的"丁酉再乱"中，当丁应泰参奏杨镐乃至朝鲜国王时，为防止朝鲜与明朝的友好关系受到影响，宣祖于1598年派李廷龟到明朝"辩诬"，并取得成功。

历史发展到1619年，明朝与后金之间爆发"萨尔浒战役"，此时朝鲜

[①] 《明神宗实录》卷594，万历四十八年五月戊戌，《明实录》，第65册，第11399页。
[②] 〔朝鲜王朝〕崔溥：《锦南先生集》卷3《飘海录·其一》，韩国民族文化推进会编刊《韩国文集丛刊》，1988年影印标点本，第16册，第441页。
[③] 《朝鲜太祖实录》卷2，太祖元年十二月癸亥，《朝鲜王朝实录》，第1册，第38页。
[④] 《朝鲜太祖实录》卷3，太祖二年六月辛卯，第1册，第45页。
[⑤] 《朝鲜世宗实录》卷48，世宗十二年四月庚寅，《朝鲜王朝实录》，第3册，第232页。
[⑥] 《朝鲜世宗实录》卷66，世宗十六年十月丁巳，第3册，第593页。
[⑦] 《朝鲜宣祖实录》卷51，宣祖二十七年五月丁酉，第22册，第272页。

光海君对明朝的政策发生变化，奉行两面外交，由此引起明朝对朝鲜"私通后金"的怀疑。而这种政策的变化，是基于朝鲜国内及周边所面临的新形势而发生的。从国内环境来看，朝鲜自身国力转衰。壬辰年间发生的倭乱，给朝鲜带来了严重的战争创伤，战后的朝鲜政局动荡，社会秩序混乱，经济百废待兴，军事建设滞后，边备松懈，士兵缺乏战斗力。光海君担心，以如此羸弱的军队参与到明朝对后金的战争中去，不仅无益于助力，反而会给朝鲜自身带来祸患，所谓"调聚之际，必贻后时之患"。① 因而，光海君不想派出本国军队支援明朝。并且，朝鲜周边局势的发展变得更为复杂。其一，上国明朝对属国朝鲜的政治影响力大为降低。明神宗统治后期，政治上不作为，朝廷上党派斗争剧烈，统治阶层对被统治阶级的压迫不断激起反抗斗争，且明王廷在与边疆民族建州女真部建立的后金政权的较量中持续败退，这些使得朝鲜认识到明朝难以与后金抗衡："欲举重兵，深入虎穴，恐非胜算"，② 认为明朝的灭亡是迟早之事，因而不再虔诚"事大"，而是尽力搪塞明朝。其二，新兴政权后金的屡次威胁，导致朝鲜裹足不前。为避免朝鲜与明朝联合夹击后金，天命汗努尔哈赤加强了对朝鲜的军事恫吓，朝鲜由此感受到来自后金的强大军事压力，因而不敢正面对抗后金，只能注重自我防御，强调"堤备之策，不可少缓"。③ 其三，防范日本倭寇骚扰，亦使朝鲜未敢大规模派兵参与明朝与后金的战争。朝鲜对大和民族的侵略"本性"念念不忘，对取代丰臣氏的德川新政府并不信任："（德川家康）辞意狡猾，颇涉恐喝。其间情节，委属叵测"，④ 需要时时防范日本的入侵，是以朝鲜王廷不敢倾其国力到海外用兵。

在对上述各种因素充分权衡的基础上，为争取朝鲜王朝国家利益的最大化，光海君根据中国封建政权更迭期的新形势，实施对明朝和后金两边皆示好的做法，即虽然仍认同衰落的明王廷为正统的封建王朝，但仅象征性地派兵参与对后金的战争，在战事中敷衍了事；而对于军事强盛的后金

---

① 《备边司誊录》卷2，光海君十年闰四月二十二日，韩国国史编纂委员会网站，http：//db.history.go.kr/item/level.do;jsessionid

② 《朝鲜光海君日记》（正抄本）卷127，光海君十年闰四月丁亥，《朝鲜王朝实录》，第33册，第77页。

③ 《朝鲜光海君日记》（重抄本）卷45，光海君十年闰四月乙亥，第29册，第503页。

④ 《朝鲜光海君日记》（正抄本）卷115，光海君九年五月癸巳，第32册，第593页。

政权，光海君不敢轻易得罪，也保持一定的联系。如此一来，朝鲜的外交策略就由最初的"事大"明朝对抗后金，变为在后金与上国明朝之间两面周旋。"萨尔浒之战"中朝鲜消极助兵，战后，明朝大臣徐光启要求前去"监护"朝鲜，为了重新取信于明王廷，1620年，光海君及时派出"善为辩诬"的李廷龟作为陈奏使，前去明朝进行辩解，而此举恰恰反映出朝鲜王廷的尴尬处境。

综上所述，朝鲜使臣李廷龟两次到明朝的"辩诬"行为，固然是朝鲜与明朝之间双边的外交活动，体现出朝鲜对明朝的"事大"倾向，但这是在日本发动侵略朝鲜战争和后金政权崛起两个不同背景之下的产物，反映出了彼时东亚地区政治秩序的新变化。要之，将李廷龟的"辩诬"活动放到东亚国家关系史的大背景下来考察，有助于明晰该时期中国、朝鲜、日本三国关系发展的历史实况。

An Analysis of the Two "False Accusations" that the Chosŏn's Secretary Li Ting-gui Went to the Ming Dynasty

Wang Zhen

Abstract In the Wanli period of the Ming Dynasty, the Chosŏn's Minister Li Ting-gui as the "debate" representative to the Ming Dynasty in 1598 and 1620, aimed at the problems involved in diplomatic relations between the two countries, such as the "company of friends", "betray the Ming Dynasty and go to the HouJin", carried out the "debate" negotiations. After some efforts, the Ming Dynasty lifted the misunderstanding against Chosŏn, and Chosŏn won the trust of the Ming dynasty. This thing that Chosŏn's king sent Li Ting-gui to the Ming Dynasty two times, not only reflects the change of the Chosŏn's policy to the Ming Dynasty, but also to examine the historical background, it reveals that East Asian countries, ethnic relations and other issues. Therefore, study the process of Li Ting-gui to the Ming Dynasty, will help us understand the history of relations between China and Korea, as well as the history of East Asian relations in the late seventeenth Century and early sixteenth Century.

Keywords　Li Ting-gui; False Accusations; Chosǒn; The Ming Dynasty; The Change of Foreign Policy

由"卢李调停"看朝鲜宣祖初年的政治形势

尹铉哲　刘吉国

【内容提要】"卢李调停"是朝鲜宣祖初年重要的政治矛盾调解行动，由时任右议政的卢守慎与副提学李珥主导，意图在东、西两党形成初期化解矛盾，避免政治斗争扩大化。"卢李调停"的过程和结果反映了宣祖初年政治矛盾的焦点所在与党派分化的整体趋势，体现了王朝中期王权的弱化和中央统治的无力，标志着朝鲜王朝党争已经不可避免地走向了激烈化与复杂化的局面。

【关键词】卢李调停　朝鲜王朝　宣祖　卢守慎　李珥　党争

【作者简介】尹铉哲，历史学博士，延边大学人文社会科学学院教授；刘吉国，延边大学世界史专业在读博士研究生，枣庄学院历史系讲师。

1567年朝鲜明宗去世，15岁的河城君李昖即位，是为宣祖。明宗时期，在文定王后（明宗生母）的影响下，外戚尹元衡长期干政，明宗亲政后欲借外戚沈氏家族的势力巩固王位，牵制尹元衡，但直到明宗去世前两年（1565），随着文定王后过世，尹元衡才被逐出朝廷。这一斗争呈现了外戚专权导致王权弱化的事实。王权弱化的背景下，外戚专权与士林内部斗争交织形成的政治问题，在宣祖即位初期朝政不稳的局面中无法得到解决，至宣祖八年（1575），王朝内部多年积累的矛盾在特定事件的催化下，终于公开、激烈地表现出来，由此开始了长达二百余年的党争。

以往学界对朝鲜王朝党争的研究，成果多立足于较长的时间跨度，内容以宏观为主，主要探讨党争的整体进程，对具体问题研究较少、分析不够。[1] 有鉴于此，本文着眼于"卢李调停"这一党争初期的具体政治活动，对宣祖初年的政治形势进行分析，通过对具体问题的研究，揭示影响早期党争的因素与致使党争长期持续的根本原因，以期对相关研究有所裨益。

一 宣祖初年王朝内部政治势力的分化

明宗与宣祖都是少年即位。明宗即位时年仅12岁，其母文定王后垂帘听政，尹元衡借机把持朝政。明宗于八年（1553）七月亲政，在王妃沈氏的祖父、时任领议政的沈连源的支持下，逐渐巩固了王位。文定王后虽归政于明宗，但仍对朝政有巨大影响，因此尹元衡继续担任要职。明宗十三年（1558）沈连源去世后，尹元衡先任右议政，后又于明宗十八年（1563）任领议政，达到了作为人臣的权力顶点。终明宗一朝，尹元衡虽在李梁受重用时一度被压制，但因文定王后的存在，其权倾朝野的状态基本得到维持，使明宗始终无法摆脱外戚干政的局面。

文定王后与尹元衡对明宗一朝政局的影响主要有两个方面。第一是对士林派的打击严重削弱了朝鲜王朝的执政基础。[2] 明宗即位前，士林派被卷入

---

[1] 20世纪初，日本学者最早开始研究朝鲜王朝党争，币原坦的《韩国政争志》（东京：三省堂书店，1907）是最早的代表性成果，其后还有长野虎太郎、细井肇的《朋党士祸的检讨》（载《通俗朝鲜文库》第3辑，东京：自由讨究社东京堂，1921，第1~81页）等专门研究成果，主要是对党争的历史渊源、演进过程、代表人物、重点事件及后果与影响的分析；韩国学者的著作主要有李泰镇的《朝鲜时代政治史的重新审视：士祸·党争篇》（首尔：汎潮社，1985）、李银顺的《朝鲜后期党争史研究》（首尔：一潮阁，1988）、姜周镇的《李朝党争史研究》（首尔：首尔大学出版社，1991）、李成茂等合著的《朝鲜后期党争的综合检讨》（首尔：韩国精神文化研究院，1992）、李熙焕的《朝鲜后期党争研究》（首尔：国学资料院，1995）等，主要是对党争进行整体或阶段研究，对全面认识朝鲜王朝党争的历史进程有重要价值；中国学者对朝鲜王朝党争研究不多，成果以论文为主，如黄修志的《万历朝鲜之役后期的中朝党争与外交》（《韩国研究论丛》总第25辑，社会科学文献出版社，2013，第171~183页）、李岩的《朝鲜朝中期四色党争的文化性格》（《韩国学论文集》总第22辑，中山大学出版社，2014，第75~81页）、蒲笑微的《朝鲜王朝朋党政治研究》（博士学位论文，延边大学，2016）等，涉及朝鲜王朝党争发展过程、对各派特点的分析和中朝党争比较等内容。

[2] 士林派是朝鲜王朝建立初期以儒生为主要构成的政治势力，在以功勋旧臣及其后人为主要构成的勋旧派退出历史舞台后，士林派开始成为朝鲜王朝的政治基础。除国王亲族与外戚，朝鲜王朝的官员基本都取自士林派。

尹任和尹元衡的"大小尹之争",多数士林派成员支持尹任,因此,尹元衡上台后对士林派进行打击,"秉生杀之柄者二十年,士林含愤莫敢发",[①] 致使王朝可用之才"网打于乙巳之变,稍有自异于人,亦不免于指目之中,是元衡之所戕害也"。[②] 第二个方面则表现在外戚干政之弊上。尹元衡依靠文定王后,以外戚身份把持朝政,极大限制了明宗亲政后的作为空间;明宗为压制尹元衡,则重用王妃沈氏家族成员,王妃祖父沈连源、从祖父沈通源、舅父李梁、兄长沈义谦等人相继担任要职。但这种做法不但未能有效巩固王位,实际上还造成了外戚间的争权。李梁为官时虽压制了尹元衡,但自身同样贪污跋扈,不受节制,一时朝鲜王朝的政局处于"权归外戚,政出私门,贿赂公行,纪纲板荡,国势颓靡,将不可救"的状态。明宗二十年(1565)时,"大王觉悟前非,将有大正之志",李梁、尹元衡等人被悉数罢职,外戚干政的局面得到一定控制。但在形势稍有好转的情况下,明宗突然过世,"发政未久,弓剑遽遗",没能给宣祖留下稳定的政治环境。[③]

宣祖即位时,外戚在政治上的影响力已被极大削弱,朝中地位较高的外戚只剩沈氏一族。与尹元衡家族不同,沈氏除沈通源以外,[④] 为官者在朝中认可度较高。沈连源为中宗十一年(1516)生员科状元,"以国舅居相位,常以盛满为戒,尤爱惜士类。金虬之在缧绁,多所伸救,金汝孚等朋比煽乱,人莫敢言,而首启于经席,使朝廷安静",[⑤] 在士林中有一定声望;沈义谦与其父沈钢因多次挽救处于困境中的士林,更是备受推崇。沈氏外戚虽对宣祖时期的朝政保持了较高的参与,但没有过分把持,这一方面是因为仁顺王后(明宗王妃沈氏)垂帘听政时间较短,[⑥] 没有过多干涉朝政和培养外戚势力,另一方面也与之前专权外戚的下场有关,沈氏以尹元衡、李梁和家族成员沈通源为戒,"自尹、李见斥之后,威权稍歇,颇所惩艾"。[⑦]

---

① 《朝鲜明宗实录》卷31,二十年八月辛卯,《朝鲜王朝实录》,首尔:韩国国史编纂委员会,1968年影印本,第21册,第35页。
② 《朝鲜明宗实录》卷22,十二年一月丁丑,《朝鲜王朝实录》,第20册,第384页。
③ 《朝鲜明宗实录》卷31,二十年四月壬申,《朝鲜王朝实录》,第21册,第11页。
④ 沈通源为沈连源之弟、仁顺王妃沈氏与沈义谦之从祖父,曾先后任议政府右议政、左议政。在明宗一朝,其为官、为人遭到广泛批评,宣祖即位年(1567)被罢官放归。
⑤ 《朝鲜明宗实录》卷24,十三年六月乙未,《朝鲜王朝实录》,第20册,第474页。
⑥ 仁顺王后本无垂帘之意,在领议政李浚庆等人的三次请求下同意垂帘听政,不足八个月(明宗二十二年六月二十八日至宣祖一年二月二十四日)即撤帘,归政于宣祖。
⑦ 《朝鲜明宗实录》卷31,二十年八月辛巳,《朝鲜王朝实录》,第21册,第31页。

被牵涉进大小尹之争的士林派，在尹元衡的长期打击下，内部也出现了分化。士林派在燕山君和中宗两朝已经遭受了三次士祸清洗，因大小尹之争导致的士祸，使士林派遭受了第四次重大打击，史称"乙巳士祸"。有了前三次教训，"乙巳士祸"使士林派更加现实，原本支持尹任和大尹派的成员纷纷迎合形势投向尹元衡和小尹派，抛弃了早期的忠节精神，为维护个人和小集团利益相互倾轧，表现出深刻的斗争思想与政治投靠思维，内部蜕化与分裂严重。不同政治势力选边站队、有所依附，是士林成员经过长期政治打击后为自身与小集团利益做出的保全选择，这表明士林派中多数人已经脱离了自赵光祖改革以来所坚持的理想化王道政治的信念，[①] 不再追求忠君、节义、报国的精神，转而为实现自身利益最大化服务，为打击异己不惜损害国家利益。这种认识既是造成宣祖初年士林分派的根源所在，也是党争开始后各党派不断斗争、分化的最主要成因。

尹元衡打击士林派时，沈义谦等人曾多次力保，如沈钢曾在明宗"欲加大罪"于朴淳时"驰往救之"；沈义谦在李梁"与李戡等，击搏名流，朝廷慄慄"的情况下，不惜将其得罪，"每见梁，言其不可"。[②] 最终沈钢与奇大恒等人合力，使李梁被窜逐，得到了士林的高度赞誉。沈氏凭借家族原有的政治影响力、声誉和外戚身份，虽没有专权，仍在朝中稳居一席之地，且在士林中有良好的政治基础。在这些前提条件的影响下，宣祖初年朝中逐渐形成了以沈义谦为首的政治力量，他们与部分在尹元衡、李梁用权时期被打击的士林成员聚拢，成为代表较早为官者利益的政治群体；而明宗二十年（1565）进士及第的金孝元出任吏曹铨郎后，则选用大量新进士林，亲附者渐增，与沈义谦的亲附者形成了两股不同的政治势力，即"许义谦者，是前辈士类也；许孝元者，是后辈士类也。前后辈，皆是士类也"。[③] 宣祖初年士林出现前、后辈之分，实际上是较早为官者和较晚为官者从自身利益出发，为争取或维护在朝中的地位进行政治选择的结果。

---

① 赵光祖于中宗年间推行以实现"三代之治"为目标的改革，改革因推进过急、目标过于理想化，遭到了内部势力的强烈反对，很快走向失败，士林派因此被严重削弱，政治主张也在很大程度上出现变化。
② 《朝鲜明宗实录》卷34，二十二年一月丙子，《朝鲜王朝实录》，第21册，第140页。
③ 《朝鲜宣祖修正实录》卷13，十二年五月乙巳，《朝鲜王朝实录》，第25册，第481页。

二 东西党争的开始与"卢李调停"的实施

朝鲜王朝自建立以来一直存在严重的政治斗争，初期出现了多次王位争夺，如太宗即位前的王子之乱、世祖时期的"生六臣"与"死六臣"事件；士林派参与政治后，与勋旧派又进行了持续上百年的斗争。可以说，早期的内部斗争对政治发展产生了严重的负面影响，积攒的政治矛盾与造成的派系分化不断延续，至宣祖时期终于激化为剧烈的党争。

朝鲜王朝党争是士林派内部分化与王朝政治矛盾不可调和的共同产物，导火索是沈义谦与金孝元二人的恩怨。沈义谦本为外戚，且"前有扶护士林之力，故前辈士类多许之，由此有当路之势"，因早年看到金孝元将寝具置于尹元衡家书舍，质疑"安有文学之士，乃从权门无识子弟同栖乎"，认为金孝元"决非介士"。① 在其阻碍下，金孝元数年未得志，直到吴健任吏曹正郎，以金孝元为铨郎之事与沈义谦相争，方得重用。金孝元既怨恨沈义谦的阻挠，又不满其以外戚身份居要职，故"得路之后，又力抵沈失，以为愚且气粗，不可柄用"。② 在"有荐义谦弟忠谦为铨选者"时，金孝元以"天官岂外戚家物，而沈门必为之耶"进行质疑和反对，沈义谦则针锋相对地指责"外戚不犹愈于元凶之门客"。③ 沈忠谦为官一事激化了双方矛盾，且"傍观者不能深究其实，而泛说二人交恶，加以不佞之徒，交构两间，显有分党之渐"。④

金孝元任司谏后得到大司谏许晔的推许，后辈士林因此以许晔为宗主。时任左议政朴淳曾受三省委托审判载宁郡奴杀主之案，被杀之主是许晔的族人，但此案因尸检未能确定死因，最终疑凶被释放。许晔担任大司谏之后，以在此案中失职为由弹劾朴淳，前辈士林认为许晔"常愤狱事不成，乃以按狱失体，请推考朴淳"，⑤ 是对朴淳的报复，而金孝元也参与了弹劾，因

---

① 〔朝鲜王朝〕李珥：《石潭日记》（上），《大东野乘》卷14，汉城：朝鲜古书刊行会，1910，第513~514页。
② 〔朝鲜王朝〕李珥著，朱杰人、朱人求、崔英辰主编《栗谷全书》上册，华东师范大学出版社，2017，第400~401页。
③ 〔朝鲜王朝〕李肯翊：《燃藜室记述》卷13，汉城：朝鲜古书刊行会，1912，第2~3页。
④ 《朝鲜宣祖修正实录》卷13，十二年五月乙巳，《朝鲜王朝实录》，第25册，第481页。
⑤ 《朝鲜宣祖修正实录》卷9，八年七月丁酉，《朝鲜王朝实录》，第25册，第460页。

朴淳与沈钢、沈义谦父子交好，金孝元此举被指意在孤立沈义谦。前、后辈士林的矛盾由此加剧，斗争涉及的问题和人物范围进一步扩大。因金孝元居于乾川洞，在汉城东，沈义谦居于贞陵洞，在汉城西，故后辈士林得名"东党"，前辈士林得名"西党"；时年（1575）为乙亥年，故这一年的论争被称作"乙亥党论"，朝鲜王朝党争由此拉开序幕。

党争开始后，时任副提学的李珥意识到若不约束事态发展，势必会严重扰乱朝政，引发士林祸端，于是与时任右议政的卢守慎商议对应之策。李珥认为沈义谦与金孝元一开始只因"执嫉恶之心，而不知变通"造成矛盾，但矛盾被"不逞之徒"利用，最终导致了分党的趋势，想要解决"流言交乱，使朝著不靖"的大患，"不若姑出两人于外，而消融彼此以镇之也"。① 这便是消除党争的"两出"之策。

"两出"之策的本意是将沈义谦与金孝元从朝中调离，以缓和朝中围绕二人所起的矛盾；调离不是重点，重点在于避免矛盾的扩大。然而，宣祖的做法却使现实与此意背道而驰。"两出"之策经李珥与卢守慎商议，由卢守慎首先向宣祖提出，在听取李珥的具体分析后，宣祖做出了"金孝元为富宁府使，沈义谦为开城留守"的决定。② 虽二人皆补外，但富宁地处偏僻，且金孝元本要被补外至更偏远的庆兴，在吏曹判书郑大年、兵曹判书金贵荣以"庆兴极边，接近深处胡人，非书生所宜镇抚"为由多次启奏后，③ 才改为富宁；其后李珥再次以金孝元身体有病为由，请求将其移至内地偏邑，最终被改至三陟。相比之下，沈义谦任职的开城地处近畿，情况要较金孝元好得多。造成差别处理的原因是"上意疑孝元先作异，自立党为不靖，故斥守绝塞，以示谪谴之旨。义谦以先后至亲，见重最旧，故出之陪都"。④ 宣祖差别对待的决定造成了后辈士林的恐慌，使"两出"之策的成效大打折扣。此时李珥在"力主两黜之论"的同时，不惜被宣祖怒责为金孝元同党，有徇私之举，"又疏论以为，远近不同，难以服众心"，⑤ 继续进行调解。但同为调停发起者的卢守慎在因建议将沈、金二人补外遭许晔责备后，担心被

---

① 〔朝鲜王朝〕李珥著，朱杰人、朱人求、崔英辰主编《栗谷全书》上册，第239页。
② 《朝鲜宣祖实录》卷9，八年十月戊子，《朝鲜王朝实录》，第21册，第333页。
③ 〔朝鲜王朝〕李珥：《石潭日记》（下），《大东野乘》卷14，第523页。
④ 《朝鲜宣祖修正实录》卷9，八年十月壬寅，《朝鲜王朝实录》，第25册，第462页。
⑤ 〔朝鲜王朝〕李肯翊：《燃藜室记述》卷13，第6页。

士林质疑,"乃对晔自明无偏党之心,矢誓重复"。① 许晔是后辈士林的核心人物,卢守慎作为党争调停的发起者之一,因受许晔责备做出如此表态,一则说明参与党争者为数众多,已经产生了重要的政治影响,其领袖人物更是有重要话语权,卢守慎虽官至右议政,依然对党派势力有所忌惮,避免得罪任何一方,从而维护自身地位;二则说明其立场并不坚定,在调停之事影响个人利益时,会选择保全自己、放弃调停,这也是彼时朝鲜士人处理个人与国家利益间关系时的普遍认识。实际上,为调停党争真正付出努力的仅有李珥一人。

三 "卢李调停"的失败与反映的政治形势

虽然李珥在士人中声望很高,但以一己之力阻止党争发展依然十分困难。李珥在调停中指出,沈、金二人皆有过错,沈义谦的过错在于为沈忠谦谋铨郎一职,"敢以外戚欲预政事";金孝元的过错则是跟随许晔弹劾朴淳,"乃不避嫌,而直抵义谦,自取抱怨之名,以来交构之舌"。② 李珥认为,"金、沈之事,非关国家,而乃相倾轧,至于朝廷不靖,是两非也",同时又指明,"虽是两非,而自是士流,但当和解消融可也。必欲非彼而是此,则方生之说、相轧之形,何时可已乎?"③ 此即李珥的"两非"论。"两非"驳斥的是必以小人或君子区分沈金二人、必以善恶为东西两方定性的主张,并在阐明"两非"合理性的基础上,对东、西两党的过失进行了详细分析。李珥认为,沈义谦本无弄权之举,是金孝元一方的过度攻击造成了两派针锋相对,导致了前后辈士林的斗争,乙亥年(1575)挑起党争的主要责任在于西人;而丁丑年(1577)东人得势后,又以沈义谦为小人,以西人为邪党,"大唱邪正之说,使人心忧骇,士论横溃",④ 责任则应归于东人。所以李珥直言:"乙亥,西人固失于前,而今者东人之失,殆过于乙亥。"⑤

李珥的本意在于消除矛盾,最终却招致双方不满。部分后辈士林因对金

---

① 〔朝鲜王朝〕李珥:《石潭日记》(下),《大东野乘》卷14,第523页。
② 〔朝鲜王朝〕李珥著,朱杰人、朱人求、崔英辰主编《栗谷全书》上册,第240页。
③ 《朝鲜宣祖实录》卷10,九年二月乙丑,《朝鲜王朝实录》,第25册,第465页。
④ 〔朝鲜王朝〕李珥著,朱杰人、朱人求、崔英辰主编《栗谷全书》上册,第399页。
⑤ 〔朝鲜王朝〕李珥著,朱杰人、朱人求、崔英辰主编《栗谷全书》上册,第242页。

孝元补外一事深感不公迁怒于李珥，认为是李珥的偏袒造成了不公。而前辈士林对李珥的主张也不认可，本来前辈士林与李珥关系紧密，但李珥提出"两非"论，表现出不与前辈士林一同打击金孝元的态度，使前辈士林心生不满，遂对李珥颇有微词。调停陷入了"前辈尤珥之不攻孝元，渐不用珥言，后辈尤珥之不用孝元，朝论甚相乖"①的被动局面。

李珥在党争调停中陷入被动还有学问、思想等方面的原因。李珥既是官员，又是朝鲜著名的儒学思想家，其学问与同时代的李滉齐名。李珥与李滉在学问主张上有一定差别，党争开始后，二人学问上的差别逐渐被东、西两方引入党争，作为思想对立的工具，"17世纪以后，朝鲜学界逐渐形成了以退溪学说为宗旨的岭南学派（退溪学派）和以栗谷学说为宗旨的畿湖学派（栗谷学派），两派相互对立并互相牵制"，②这正是党争在早期与学问论争结合、深入思想领域的具体表现。朝中本就有"李珥与成浑，亦是义谦门客昵友，故朴淳又与之共托死生，互相称誉，声势相倚"③的看法，在学问主张被西人党推崇后，东人党更是将其视作主要对手。调停之举尚且不能阻止西人党继续参与党争，在错综复杂的政治关系的影响下，对东人党起到的作用只能更小。

李珥调停党争离不开宣祖的支持，而宣祖此时显然未意识到事态的严重。调停之议发起前，宣祖不知沈、金二人的恩怨已经发展为大范围的政治矛盾；知情后，对二人的处理又严重失当。金孝元是没有带兵卫戍经历的文人，补外为富宁府使，表面看仅是对其个人的惩罚，实际也是对边备的极不负责。宣祖的决定本身带有明显的情绪化倾向，而屡次更改金孝元的补外地，又显示了其在政治上的优柔寡断，不仅不利于缓和党争，反而会激化了后辈士林的不满，与李珥借"两出"缓和矛盾的本意背道而驰。此外，宣祖还屡次迁怒于李珥，如在补外一事上，李珥因反对将金孝元置于太过偏远之地遭到宣祖斥责，因此不得不向宣祖致歉，自称"臣前启金孝元之事，词不达意，以致上批，多有未安者，至今惶恐不已"；④后李珥因调停一事

---

① 〔朝鲜王朝〕李珥：《石潭日记》（下），《大东野乘》卷14，第535页。
② 邢丽菊：《关于韩国儒学三大论争关联性之思考——以四端七情论争、未发论争、心说论争为中心》，《韩国研究论丛》总第30辑，社会科学文献出版社，2015，第137~155页。
③ 《朝鲜宣祖实录》卷17，十六年七月庚子，《朝鲜王朝实录》，第21册，第399页。
④ 《朝鲜宣祖实录》卷9，八年十月己丑，《朝鲜王朝实录》，第21册，第333页。

由"卢李调停"看朝鲜宣祖初年的政治形势

在朝廷中遭到多方质疑请病还乡时,宣祖称"渠似矫激,待其成熟而用之,何妨?且渠不愿事,我何可夺其志乎",① 未对其进行挽留。随后,李珥退居坡州四年有余,其间还因再次上疏论东西分党,被宣祖免去保留的大司谏一职,② 直至宣祖十三年(1580)末才再次以大司谏身份复出。李珥不在朝中的四年是党争初期,因其不受宣祖支持,缓和斗争与矛盾的行动只能停止,其间党争形势迅速变化,由乙亥年间西人占据上风转为东人压制西人,两方都试图占据或保持斗争中的优势,将对方全面击垮,在斗争中进一步加深了矛盾与敌意。李珥复出后虽继续为调停党争努力,但斗争毕竟已经持续数年,涉及的朝中官员更多,需要处理的问题更加复杂。宣祖在李珥复出后虽改变了之前的做法,对李珥的信任度有所增加,但已经形成的更加被动的局面却难以挽回,对党争的调停只能更加困难。

宣祖十七年(1584)正月,李珥病逝于吏曹判书任上,去世前仍致力于调停党争,但东、西两党"怀疑顾望,却立睨视,无意共事"。李珥曾言:"时辈之心公者,久久观我所为,必能明我赤心",可看出其对近十年调停收效甚微的无奈之情。此后不久,李珥"忽感疾易箦",猝然离世,调停亦以失败告终。③

"卢李调停"自党争开始即付诸实施,至李珥过世,近十年间形势不断变化,调停重点也随之调整:先是以化解由沈、金二人矛盾在朝中引起的斗争为重点,后又以缓和党派分裂、打破东西界限、保合士类为重点。但就过程与结果看,调停对矛盾的缓解作用微弱,不仅如此,连李珥本人也因调停之举遭到各方质疑。这一结果是由多方面原因造成的,由此也可以看出下述三点宣祖初年朝鲜王朝的整体政治形势。

第一,政治帮派对权力的争夺是宣祖初年王朝内部最主要的问题。长期积累的政治矛盾是造成党争的根源所在,从早期的勋旧、士林斗争,到大、小尹之争,再到沈、尹两家外戚斗争,朝鲜王朝的内部斗争环环相扣,长期无法平息,因政治斗争积累的矛盾亦不能在相对宽松的政治环境中得到释放、化解,局面难以得到有效控制。最终,以特定事件为导火索激发后,多

---

① 《朝鲜宣祖实录》卷10,九年二月己卯,《朝鲜王朝实录》,第21册,第336页。
② 事件见于《朝鲜宣祖实录》卷13,十二年五月丙寅、六月壬午、六月壬寅等记载,《朝鲜王朝实录》,第21册,第357~358页。
③ 〔朝鲜王朝〕李肯翊:《燃藜室记述》卷13,第48页。

种矛盾同时爆发，不同政治派别都意欲巩固自身、打击异己，造成了宣祖初年政局的混乱。

第二，王权的弱化导致矛盾无法得到有效平息，党派分化呈现进一步扩大的趋势。明宗在位期间因外戚干政造成王权长期旁落，宣祖以明宗侄子的身份年少即位，既没有政治基础，也没有参政的准备，无法有效控制局面，导致内部矛盾迅速激化。朝臣在政治斗争中多有任意妄为之举，及至宣祖有意控制局面，矛盾早已发展到不可调和的地步，王权也因长时间激烈的政治斗争被进一步弱化。东、西两党公然倾轧，利益纠纷更加复杂，随形势投靠的趋附者与极力维护一己私利者在斗争中呈现出进一步分党的趋势，宣祖对朝臣的控制能力亦逐步减弱，无法左右政局。

第三，年少的宣祖在政治中得不到有效辅佐，王朝内部缺乏可用的贤人、重臣。以李珥为代表的大臣虽有一定政治威信，但在分裂的局面中，也没有掌控形势的实力，且在党争初期并未完全意识到问题的严重性。卢守慎与李珥在调停之初认为仅将沈、金二人外放即可有效缓解矛盾，并未意识到外放二人会遭到来自两党的质疑与诋毁，更可能严重影响自身的政治地位，而一旦政治地位不被认可，意图依靠自身力量进行的调停也很快会变得无力。另外，调停之举并没有得到宣祖的充分理解，卢、李二人也各有政治倾向，无法做到完全信服于人。至调停中后期，反对、质疑甚至弹劾之声越来越多，李珥去世后，党争局面更加失控，王权越来越多地受制于党派势力，宣祖在没有可用之人的情况下，只能在东、西两党间做出选择。从此，党争开始与王权交织，宣祖施政变得更加被动。

四　结语

"卢李调停"是士林主导朝鲜王朝政治以后，由重要人物发起的第一次意图消除党争的行动。调停行动从化解沈义谦与金孝元二人的矛盾入手，但一开始就遭遇了重重阻碍。沈、金二人的矛盾只是党争的导火索，即使得到有效化解，也仅能解决表面问题，无法触及根源，真正积怨已久且有心利用沈、金二人矛盾升级政治斗争的朝中官员才是党争的挑起者。宣祖即位后王权软弱、政局不稳，王朝内部的政治矛盾既得不到化解，也没有被有效压制，在这一条件下，任何涉及派系冲突的问题都有可能引发党争；及至实施调停，局面已经失控，诸多长期隐藏的矛盾都不可避免地爆发。因此，不管如何处理沈、金二人，在缺少强有力的王权和化解矛盾之策的情况下，党争都不可能得到有效缓和。

朝鲜王朝多年累积的矛盾决定了其在党争初期的局面就非常复杂，长期以来政治斗争留下的积怨既催生了新的矛盾，又深化了党争。随着党争对王朝事务的不断渗透，几乎所有重要的政治活动都会带来党派倾轧，各派在政治行为上刻意强调矛盾、攻击异己，斗争行为严重阻碍了宣祖施政与国家发展，进而使王权始终处于较弱势的状态。终宣祖一朝，王权一直未能压制党争。朝鲜王朝在党争支配下实力被极大削弱，对内不能稳定局面，对外无法抵御侵略，其后的壬辰战争和宣祖末年的世子争夺正是此被动局面最直接的体现。

The Research on the Political Situation in Early Years of Joseon Seonjo by "Lu Li Mediation"

Yin Xuanzhe, Liu Jiguo

Abstract "Lu Li mediation" is an important political contradictory mediation action in the early years of Joseon Seonjo. It was dominated by Lu Shoushen and Li Er. It intends to resolve contradictions in the early stages of the formation of the East and West parties and avoid the expansion of political struggles. The process and results of "Lu Li mediation" reflect the focus of the political conflicts in the early years of Seonjo and the overall trend of party differentiation. It reflects the weakening of the royal power in the middle of the dynasty and the powerlessness of the central government. It indicates that the Joseon Dynasty party struggle has inevitably become a intense and complicated situation.

Keywords Lu Li Mediation; Joseon Dynasty; Seonjo; Lu Shoushen; Li Er; Party Struggles

身份认同视角下的中韩人文交流
——基于"缘理论"框架的分析

宗立宁

【内容提要】 从身份认同视角看中韩人文交流,不仅需要在国家层面构建清晰明确的民族—国家身份认同,以深化国家间的文化交往,而且在全球化时代更需要在社会层面建构具有超民族—国家身份的多元认同,以增强和深化彼此在民间层面广泛的人文交流。缘,作为东方"关系本位"的最高哲学范畴,是国际关系理论范式发生东方转向的当下所日渐浮现的一个新的重要概念。加强"缘理论"框架内多缘身份认同视角的理论拓展与建构,可增强其理论的解释力和涵盖性,为深化中韩人文交流提供一个全新的理论与实践视角。

【关键词】 人文交流 身份认同 缘理论

【作者简介】 宗立宁,上海外国语大学国际关系与公共事务学院中国学研究所博士研究生。

本文围绕中韩人文交流这一议题,尝试借助"缘理论"的逻辑分析框架,从其内生的身份认同视角出发,对这一议题从理论、实践与启示三个层面展开探讨,检视作为根植于东方土壤的"缘理论"对人文交流的全新解释力,以期这一理论能给中国人文交流的周边展开提供学理与实践上的有力支撑。

一 理论：缘理论框架下的身份认同理论新视角

（一）缘理论框架

"缘"，作为东方"关系本位"的最高哲学范畴，并非一种制度安排或制度规定。它最初是一个宗教概念，在佛教中泛指人与人或人与事物之间发生联系的可能性，是人与人之间、人与事物之间命中注定的无形的连接或遇合的机会。缘是人际关系模式的总体原本，是一种可以从根本上解释人际关系的"为什么"。人文交流本质上离不开人际关系，人际关系是建构身份认同的基础。

"缘"的核心是指人与人、人与物彼此之间的一种特殊的关系，这种关系是两个以上行为主体在情利结合、以情为主的基础上，根据双方共同具有的特殊认同感而产生的、相互承认的、相对稳定的联系。正因为感情纽带是它主要的基础，因此"缘"具有特殊的认同感、亲近感、信任感和亲密感，其内生的身份认同性，具有更丰富、更感性的含义。

缘，源于最纯朴的血缘或亲缘，以及由此而递延出的地缘、神缘、业缘、物缘等"关系网络"。基于这一"关系网络"而生成的身份，具有潜移默化的认同作用；而基于缘所展开的丰富的想象，则可进一步地赋予彼此以多元身份，形成以缘为纽带的巨大认同，最终成为共同体意识。

中国与周边国家的往来首先是基于人与人之间的交往，经过漫长的历史变迁而衍生出的各种"缘脉"早已将彼此紧紧地联系在了一起，成为两国人文交往的历史与文化依托。如何激活这些传统的资源，赋予其新的生命活力，在中国与周边国家形成社会与社会之间、国民与国民之间广泛而多元的身份认同，让各国对彼此之间关系的过去、今天和未来充满想象和期待，应是周边人文交流所要关注的重大课题之一。

"五缘文化"说为我们提供了一个十分重要的学术视域。所谓"五缘"，就是亲缘、地缘、神缘、业缘和物缘，是中国人的一种群体结合方式。[1] 一

---

[1] "所谓亲缘，就是以亲属为纽带而形成的宗族亲戚关系；所谓地缘，就是以郡望、籍贯、乡土为纽带的邻里乡党关系；所谓神缘，是以宗教信仰为纽带形成的关系；所谓业缘，是以职业（行业）、专业（学业）为纽带的同行、同学关系；所谓物缘，是以物为媒介纽带形成的人际关系。"参见林其锬、吕良弼主编《五缘文化概论》，福建人民出版社，2003，第56页。

种缘便是一根强韧的纽带,一座坚固的桥梁,它把遍布于世界各地华人社会的各色人等编织成色彩各异的人际网络,汇聚成地区经济所必不可少的商品流、资金流、技术流、人才流、信息流"。①"五缘文化"的根本是"缘","缘"作为东方关系的总体摹本和范畴,我们可以将之植入国际关系领域,置于秦亚青教授的"国际政治的关系理论"②这一理论范式中加以深入研究,以不断丰富和发展东方话语体系。

在当前的国际形势下,各国为了争取更好的发展环境,获得世界尊重,首先要获得世界认同,而世界认同的前提是我们对自身的了解和认同。在西方话语体系占主导的当下,"缘理论"为我们提供了一种全新的思考角度和分析框架。它不仅是一种关系理论,也是一种身份认同理论。我们需要从东方视角出发去充分挖掘和发展"缘"视角下身份认同的价值,赋予其理论与现实的解释力。

(二) 身份认同理论

在西方语境下,身份认同理论是对"Identity"③进行的分类研究。Identity指的是个体或群体所具有的社会属性,揭示的是个体在社会中的角色定位和与社会的关系,体现的是西方的个体本位意识。在东方语境下,"身份"指的是人的出身、资格和社会地位,中国古代社会就是通过身份制度来确认个体在社会中的定位的;"认同"有承认、认可之意,它是一个习得过程,是个体从他人身上选择性地将一些特征进行内化,使其变成自我的一部分。可见,"Identity"的内涵既包括"身份"之意,又包含"认同"之意,即"身份认同"。

---

① 沈永林、黄凯锋:《"五缘"文化研究二十年述评》,《社会科学》2009 年第 10 期,第 140~145 页。
② 秦亚青教授在《国际政治的关系理论》一文中,将自己关于国际关系的新观点命名为"国际政治的关系理论"(《世界经济与政治》2015 年第 2 期,第 4~10 页),并在《国际政治关系理论的几个假定》(《世界经济与政治》2016 年第 10 期,第 19~28 页)一文中,对这一概念做出界定:"国际政治关系理论是以社会性关系为核心概念、以行为体社会性属性为基本取向的理论。"他认为,"关系理论以中国哲学文化为营养、以中西思想沟通比较为途径,力图对中国传统的理念和思想进行概念化凝练和理论化建构"。在国际关系理论出现范式革命的当下,秦亚青教授的这一大胆的理论创新无疑具有引领范式革命发生东方转向的重要意义。
③ "Identity"一词有多重含义,表示"同一性,一致性,相似性",也指"本身、本体、身份",还有"特征、特有的感觉(或信仰)"的意思,比如相同的身份、相似的特征、一致的心理活动以及一系列的影响关系等。

身份认同概念的研究最早是以哲学范式为主研究自我，是一种对归属的认知，并且其认知过程是通过认同来实现的。随着对身份认同概念研究的深入发展，众多专家学者也开始从社会学、心理学等不同的角度对其进行解读。社会学家的研究中具有代表性的身份认同理论有个体认同理论和社会认同理论。个体认同的重心是自我，是对自我的研究，"它是个人依据个人经历所形成的，作为反思性理解的自我"。[1] 个体认同的方式，借用费孝通先生的话来说，就是"我看人看我"。[2] 个体认同就在这样的个人与社会、自我与他人之间的联系互动中形成并发展的。社会认同，强调的是集体的共同认同，集体成员之间具有某些共同特征或相似性，同时又具有与其他集体的区别之处，不同的集体也因此形成不同的定位。社会认同是人的社会性的具体体现，所有人的认同在某种意义上均属于社会认同。[3] 社会学家斯特赖克（Stryker S.）认为，个体会在社会中扮演各种不同角色，并将其内化为各种自身具备的身份，所有身份的整合就构成了个体的整个自我，个体的自我也在各种身份认同的过程中得以体现出来。[4]从本质上讲，身份认同涉及个体的社会关系，包含和他者的复杂牵连。[5]

由此可见，身份认同是在个体对自我的认识与定位基础上形成、并通过与他人和社会的互动进行分类，再通过个体自我与群体他我的互动过程建构起来的，是个体自我与群体他我的关系，是个体认同与社会认同的结合。深入研究身份认同，有助于更好地了解和认识个体、社会和二者之间的关系，以及不同的个体与个体、社会与社会之间的关系。

在当前世界政治环境全球化背景下，传统的国际关系理论研究中的民族—国家身份认同等理论范式，已显现出其历史与现实的局限性。血缘、地缘、业缘等多元的身份认同得以加强，个体对多种身份的认同更加细化，与社会认同在互动建构过程中也变得更加复杂化。这也说明国际关系中身份认同的方式不再具有唯一性，而转向多元化以适应变化的世界政治现实。

---

[1] 〔英〕吉登斯：《现代性与自我认同：现代晚期的自我与社会》，赵旭东、方文、王铭铭译，三联书店，1998，第58页。
[2] 费孝通：《我看人看我》，《读书》1983年第3期。
[3] Jenkins, *Social Identity*, Ldndon: Rout ledge Publishing Group, 1996.
[4] Stryker S., *Symbolic Interactionism: A Social Structural Version*, CA: Benjamin/Cummings, 1980, pp. 125 - 132.
[5] Weeks J., *Identity: Community, Culture, Difference: The Value of Difference*, Rutherford J. Ed., London: Lawrence & Wishart, 1990, pp. 88 - 100.

（三）新视角

通过对身份认同理论研究的梳理可以看出，身份认同是在个体与社会的互动过程中逐渐形成的，其本身十分复杂。由于"个体和集体的'自我'、个体和集体的'他者'的状况和认定条件已经变得前所未有的复杂"，[1] 身份认同不是既定的，也不是固定不变的。安德森认为，认同可以多种共存；认同是在行动者之间互动的过程中、在情景中建构的，它不是预先给定的，也不可能完全以自我利益为中心，它受到共同规则的制约和导引；集体认同又分不同的社会和意识形态层次。[2] 个体的身份认同的构建也会随着社会环境、社会制度、利益结构等复杂的社会变化而变化，这就可能发生多种身份认同同时出现的情况。这也是我们在探讨身份认同的同时要研究的问题。

随着哲学和社会科学各领域理论的发展，现实主义方法面临挑战，而人文因素影响现实政治的程度则越来越深，开始超越国界、超越民族，实现区域一体、文化多元。为了应对新的现实挑战，国际关系需要发展新的方法和理论，探讨多种身份认同方式建构的可能路径。

个体对多种身份的认同更加细化与碎片化之同时，亲缘、地缘、业缘等多元的身份认同也得以"复活"和强化，使得国际关系中身份认同的方式不再只具有"民族—国家"的唯一性，而日趋多元化，更适应变化的世界政治现实。为了更好地促进多方融合与互助合作，应从人类社会的人文、经济和政治等多方面的互动来研究认同的形成和变化，充分挖掘政治哲学中的深刻内涵。构建社会多元文化基础上的身份认同，是认同得以不断丰富和深化的有效路径。

不同的历史文化背景下产生不同的认同方式。东西方历史文化背景不同，产生的认同方式自然也有所不同，应对其进行辩证的对比研究。

中国自古以来在社会认同方面已然形成了一套非常完整的逻辑体系，且代代相传，延绵至今。在中国的话语体系里，"人是社会关系的总和"的历史潜台词是，人不是由孤立个体构成的社会关系的总和，而是存在于由群体

---

[1] 〔美〕罗兰·罗伯森：《全球化：社会理论和全球文化》，梁光严译，上海人民出版社，第141页。

[2] 〔美〕本尼迪克特·安德森：《想象的共同体》，吴叡人译，上海人民出版社，2003，第187页。

（缘）构成的社会中，是群体（缘）社会关系的总和，或称为缘关系的总和。个体只有通过群体（缘）才能确认自己的身份和存在方式。

缘理论隐藏着这一历史逻辑，以群体本位为其逻辑出发点，探究关系网络的内在结构，寻求集体（缘）身份认同的一般规律，以和谐共生的整体性的存在为最高追求。这一逻辑不是外部世界强加的，而是在深厚的历史文化背景下逐渐形成的，具有历史的延续性、内生性、超时空性和指向未来与世界的宏观性。对基于历史文化逻辑的缘理论体系，不仅需要挖掘，而且还要不断地打造，使之体系化，以突破西方理论的局限，弥补西方理论的不足。要用活用好东方传统的社会资源，以民间人文交流的方式来缓和、弥补和化解国家层面的冲突关系。

因此，笔者拟以"缘理论"为框架，以社会多元认同为切入点，探讨"身份认同"的东方视角，并以此为抓手区分东西方在身份认同理论上的异同。同时，笔者将以此为理论视角，聚焦于实践层面的若干重大问题——由同宗同根发展而来的亲缘认同、基于地缘的超国家地域认同、以共同的文化背景和学习经历为主导的业缘认同等，理论联系实际，尝试对这些问题做一学理上的探索。

二 实践："三缘"身份认同视角下的中韩人文交流

中国和韩国同属于东方国家，与西方国家的文化背景不同，生成理论的根基自然也有所不同。马克思在关于生产关系的阐述中表示，人们在物质资料的生产过程中形成的社会关系，其本质上是人与人的物质利益关系。而在东方还存在超越生产关系过程而形成的关系，即所谓"家国同构"，既认同民族—国家认同，也肯定身份认同的多元化。"缘理论"框架内的身份认同是多元文化中身份认同的根本认同，不仅具有更深刻的政治哲学意义，也在实践中促进着中韩两国人文交流的发展。

具体来说，同处东方的中韩两国，都受到"缘"文化的影响，在亲缘、地缘、业缘等人文交流的过程中，不断重塑着两国的身份认同。

朝鲜王朝创立后，儒家思想作为官方的统一思想，在政治、文化各个领域实施了长达500多年的"垄断统治"。1880年以后，韩国社会开始出现会社、商会等，无论是社会组织，还是民间团体，往往是以"血缘""地缘"

"学缘"等为基础建立起来的，具有浓厚的亲情主义色彩，韩国通常把这种文化称为"缘文化"。① 韩国的"缘文化"中，主要有"血缘""地缘""学缘""职缘"四缘。② 本节结合"缘理论"，从"亲缘""地缘""业缘"三缘的身份认同视角来探析中韩人文交流。

（一）亲缘身份认同

西方的身份认同建构过程是横向的，表现出的是个体本位意识；而东方的身份认同则是纵向的建构过程，是群体本位意识，这在亲缘上体现得最为突出。东方可以超越国家、民族而建构起身份认同，它可以是个体的血缘认同，也可以是"泛血缘"的民族认同、族群认同，我们统一称之为"亲缘身份认同"。这在人文交流方面表现为宗族宗亲等多层面交流。韩国保留着完好的宗亲会组织，这些组织负责管理本姓宗亲的事务，如祖坟、家庙、宗祠的修整，每年祭祀祖先的春祭、秋飨，每三十年一次的族谱修订工作及帮助宗亲解决各种问题等。中国的宗室宗亲活动虽然未能被完好地保留下来，但随着对传统文化的重视，乡村地方的宗室宗亲活动正快速恢复，而散居世界各地的华人更是推出了世界性的宗亲活动平台，这为华侨、韩侨的交流提供了很好的条件。同时，他们也在亲缘交流过程中加深了身份认同，这种身份认同是超越国家、民族的身份认同，是社会关系的家族化，也是亲缘关系的身份认同。

在中韩两国亲缘身份认同不断得到确认与加深的多层面交流过程中，比较典型的表现是宗亲拜祖、认亲事件。③ 其中，韩国卢氏寻根拜祖事件颇具

---

① 王书明：《韩国传统社会文化的特点刍议》，《青年文学家》2011年第10期，第86、88页。
② "血缘"指以血缘亲情为纽带而形成的宗族、亲戚关系，韩国用"寸"来表示血缘关系的亲疏远近。比如，韩国人管叔叔叫"三寸"，舅舅是"外三寸"；血缘关系越远，"寸"数越多。"地缘"指因生活在同一地域而形成的同乡关系，同一个地方出来的人，即使互不认识，也更容易熟络起来，并互相帮忙。"学缘"指因就读于同一学校而形成的同窗关系。同一学校毕业的前后辈之间形成的关系网，为学校"学友会"的流行奠定了基础。"职缘"指因就职于同一工作单位而形成的同事关系。
③ 如韩国宋太祖后裔"认亲"事件。2014年1月12日上午，600多名来自各地的赵姓宗亲代表齐聚江苏省无锡市惠山区洛社镇，参加《赵氏宗谱》（敦叙堂）的颁发仪式。年过七旬的赵子来，代表韩国白川地区的赵氏宗亲千里迢迢赶到无锡"上门认亲"，并给万马村的赵氏宗亲转赠了韩国白川地区近年新修的《白川赵氏宗谱》。韩国的这一支分支，是宋太祖赵匡胤之孙赵惟固（后改名赵之遴）派衍，也就是赵匡胤次子赵德昭第三个儿子的后人，目前在韩国有数十万之众。参见《宋太祖后裔修谱韩国宗亲来"认亲"》，中国新闻网，http://www.chinanews.com/sh/2014/01-13/5726671.shtml。

代表性。西周齐太公姜尚的后人因功分封于卢（今山东省济南市长清县卢城洼），遂以地得姓，称卢氏。据韩国《卢氏的源流》载，9世纪中叶，唐朝末年上护军、翰林学士卢惠携家眷率九子、八学士东渡朝鲜半岛，子孙世代繁衍，至今韩国卢氏家族已有40多代，30余万人。这些卢氏后裔没有忘记先祖，即使身居韩国，但仍然认为自己的"根"在中国。1997～1998年，韩国卢氏宗亲会会长、前韩国水资源开发公社理事长卢武植等人前后两次到山东省长清县寻根拜祖，商谈筹备成立长清卢氏宗亲会事宜；1999年3月，卢均椿事务总长带领韩国卢氏15人，第三次率团到长清县考察；4月，长清县政府批准成立长清卢氏宗亲会，名为"长清县卢氏源流研究会"；5月24日，《卢氏春秋》创刊，为国内外卢氏源流的研究和联系架起了一座桥梁，[①] 世界卢氏宗亲会也随之创立。2000年6月，韩国前总统卢泰愚偕夫人专程来到长清，开启了寻根问祖之旅。卢泰愚一行在长清县城卢城洼拜谒了古卢国国君墓地遗址；[②] 6月18日，世界卢氏源流大会第一届会议在长清召开，原长清县县长卞允斗致欢迎词，卢泰愚参会并发言；其后，卢泰愚一行又来到齐国故都淄博拜谒姜太公衣冠冢，并提笔留字："继承祖先遗志"。[③] 2006年，卢氏宗亲会重组，更名为"长清区卢氏文化经济交流促进会"，后再度更名为"卢故城文化研究会"。[④] 近年来，卢氏宗亲会开展了丰富的交流和研究活动。寻根祭祖、搭建共同交流发展的桥梁，这是中韩之间"血脉相通""亲缘不断"的实证，是在超越生产关系的交往中建构亲缘关系身份认同的典型案例。

（二）地缘身份认同

"地缘"不同于西方传统政治意义上的"地缘政治"。传统地缘政治强调地理因素在政治和军事上的作用，而"缘理论"中的"地缘"则是要建立超越地缘政治的关系，深化地缘在社会人文中的作用，建构地缘身份认

---

① 卢大荣：《韩国卢氏根系在山东》，广西卢氏网，2014年12月5日，http://gxlsw.lingw.net/article-6349020-1.html。
② 李文德：《韩国前总统卢泰愚来长清寻根问祖》，《齐鲁晚报》2014年6月12日B01版。
③ 卢正春：《卢氏小考》，即墨区情网，2011年11月30日，http://qdsq-jm.qingdao.gov.cn/n16858051/n16858841/151117152621572064.html。
④ 张丹丹：《十字路口上的姓氏宗亲会》，《济南时报》2015年7月6日第B04版。

同,增强超越时空的连接。

在中国,人文交流中最具代表性的地缘身份认同建构就是"一带一路"倡议的提出。2013年9月,习近平在访问哈萨克斯坦期间提出,用创新的合作模式,共同建设"丝绸之路经济带",以点带面、从线到片,逐步形成区域大合作;一个月后,他在访问印度尼西亚时又提出发展好海洋合作伙伴关系,共同建设"21世纪海上丝绸之路"。这两大倡议被合称为"一带一路"。在此后举办的周边外交工作座谈会和中央经济工作会议上,这两大倡议被再次强调。在2013年11月召开的中共十八届三中全会上,"一带一路"倡议被写入全会决定,有学者将此称为中国深化改革开放和推进周边外交的"大手笔"。

邻国之间在发展和安全方面有着天然的依存关系,这是命运共同体概念要着重在周边国家树立的原因。在周边国家强调身份认同意识,构建命运共同体,主要是依托地缘关系加强务实合作。

当国际上还有用"零和"思维甚至冷战眼光看待国际关系的声音时,强调"缘"视角下的身份认同,打造"命运共同体""利益共同体"的外交理念,无疑给国际合作和国际新秩序的构建带来了新的启发。这体现出新时期中国外交理念更为创新、灵活、包容、务实。

中韩两国隔海相望、咫尺比邻的地理条件,无论在古代还是现在,都在两国人文交往中发挥了难以替代的作用。

在与日本殖民统治抗争时期,朝鲜民族主义者和爱国志士曾长期把中国作为独立复国运动的基地。1919年4月10日,朝鲜独立党人在上海建立韩国临时政府,领导国内及海外的独立运动。上海在朝鲜半岛独立运动史上具有重要地位,韩国临时政府领导人金九曾把上海称为"韩国独立运动的海外发祥地",[①]直至今日,"大韩民国驻上海临时政府"还是来沪旅行的韩国游客的必去之地。这种历史上的地缘连接延续至今,持续增强着两国之间的地缘身份认同感。

另外,从中韩间"地缘"角度的密切交往来看,两国也结下了跨越时空的文化情缘。如2013年9月28日,在韩国古都光州举办的第五届中日韩文化部长会议中,三国文化部长共同宣布首届"东亚文化之都"评选结果:中国泉州、韩国光州、日本横滨这三座城市,以悠久的对外交往历史、浓厚的文化底蕴和对传统文化的执着传承,在三国众多候选城市中脱颖而出,共

---

① 石源华编著《韩国独立运动与中国(1919~1945)》,上海人民出版社,1995,第590页。

同当选。① 此外，截至2013年末，首尔市已经和中国的1个城市结为姐妹城市、5个城市结为友好城市；2014年11月，首尔市和中国上海市签署了友好城市谅解备忘录，其中包含了经济贸易、城市管理、城市交通、文化艺术、旅游、人才培养共六个方面的"一揽子"合作项目。② 可以看出，在地缘连接的推动下，中韩两国城市之间的人文交流与合作和两国外交理念的核心指导思想是一致的，同样，中韩关系特别是人文交流的良性变化通过地缘交往得到了认同，很好地指导于实践。

中韩两国同属于东亚，应该从更高层次来认识和理解地缘身份认同。国际关系领域的所谓"区域意识"，主要表现为一种基于地理范围的区域国家集体身份认同，即地理区域内国家对区域多层面共同体的认同，这是一种区域连带观念。这种区域连带观念，主要体现为把自己国家与区域内的其他国家看成是一个群体，甚至是一个不可分割的整体；区域意识的主体是国家。③ 依据这样一个概念，东北亚区域意识（地缘意识）应该是东北亚地区这一自然地理范围内的国家所具有的连带观念或者说集体认同。有了这一层面的意识和观念，才能更好地认识中韩两国之间的地缘人文交流，建立良性的地缘身份认同，进而推动整个东北亚地区的区域身份认同。这也是构建东亚命运共同体的根基所在。

（三）业缘身份认同

业缘方面，中国和韩国同属于汉字文化圈，使用汉字的历史可以追溯甚远，汉字是使中韩两国可以进行知识和文化交流的媒介和连接环，是建构身份认同的基础。相应的，教育则是推动两国完善人文交流方式的重要路径。

中韩两国自建交之初就设立了一系列文化交流计划，在教育领域通过开设中韩语专业、合作成立研究中心和文化中心等方式开展了广泛的交流与合作。随着2008年中韩战略合作伙伴关系的建立，在业缘交流中，两国的交往也更加深入。2008年5月，两国签订"中韩高等教育学历学位互相认定谅解备忘录"（MOU）；同年8月，两国修订中韩教育交

---

① 《第五届中日韩文化部长会议在韩国落幕》，《光明日报》2013年9月29日第8版。
② 宋成有等：《中韩关系史（现代卷）》第2版，社会科学文献出版社，2014，第327页。
③ 张度：《比较视角下的东北亚区域意识：共同命运对集体认同的关键影响》，《当代亚太》2011年第4期，第108~126页。

流约定，设置韩中大学校长论坛及职业教育论坛支援规定，并就两国中学生的交流达成协议。① 2009年，随着"中韩联合研究计划"的启动与开展，以联合项目为载体的两国联合研究日益稳步推进。至今，两国业缘合作交流不断扩展，合作范围涵盖了学术、旅游、艺术、科技等多个领域，合作主体也愈加多元，得到了两国政府和民间众多高校、企业、科研机构等的认可。

通过业缘领域的互相了解和发展建立起来的业缘身份认同，更符合两国倡议的"民心相通"理念。要民心相通，首先"民"要互通，而留学人员就是业缘身份认同建构的使者，是"民"互通的实践者，对两国交流和发展双方友好合作关系有着不可忽视的作用。门洪华、刘笑阳曾对1999~2012年中韩两国留学生人数及其比例进行过具体统计，详见表1。

表1　中韩两国留学生人数及比例一览（1999~2012年）

单位：人

年份	韩国在华留学生人数	所占比例（%）	中国在韩留学生人数	所占比例（%）
1999	11731	26.2	—	—
2000	16787	32.3	—	—
2001	22116	35.7	—	—
2002	36093	42.1	—	—
2003	35353	45.5	—	—
2004	43617	39.3	8677	51.6
2005	54079	38.3	12312	54.7
2006	57504	35.3	19160	58.9
2007	64481	33.0	31829	64.6
2008	66806	29.9	44746	70.0
2009	64232	27.0	53461	70.5
2010	62957	23.7	57783	68.9
2011	62442	21.3	59317	66.2
2012	63488	19.3	55427	63.8

资料来源：门洪华、刘笑阳《中韩战略合作伙伴关系：历史进程、现状评估与未来展望》，《吉林大学社会科学学报》2013年第6期，第70页。

---

① 〔韩〕柳冬春：《战略合作伙伴关系下韩中教育交流的方向》，《当代韩国》2010年第1期，第64页。

在新世纪，中国赴韩留学生人数迅速增加。2004 年在韩国留学的中国学生只有 8000 多人，至 2011 年，在韩国的中国留学生已达到 5.9 万余人，赴韩国学习的外国留学生约有 8.9 万人，其中中国留学生约占赴韩外国留学生总数的 66%。同年来华的外国留学生人数为 29 万余人，其中韩国留学生最多，达 6.2 万余人，其次是美国、日本、泰国、越南（详见表 2）。至 2013 年，共有来自 200 个国家和地区的 35 万余名外国留学人员来华学习，其中韩国留学生共计 6.3 万余人，占来华留学生总人数的 18%；中国赴韩留学生人数达 5.4 万余人，占在韩外国留学生总数的 66.2%。2014 年，韩国来华留学生共计 6.2 万余人，占比 16.7%；2015 年，韩国来华留学生总数为 6.6 万余人，占比 16.8%。①

表 2 来华留学生人数前五位国家统计（2011 年）

单位：人

国别	韩国	美国	日本	泰国	越南
留学生数	62442	23392	17961	14145	13549

资料来源：教育部，http：//www.moe.gov.cn/jyb_xwfb/gzdt_gzdt/s5987/201202/t20120228_131117.html。

2016 年，共有来自 205 个国家和地区的超过 44 万名外国留学人员来华，比 2015 年增加 4.7 万余人，增长比例为 12%（以上数据均不含港、澳、台地区），其中韩国、美国、泰国的来华留学人数占据前三（详见表 3、表 4）。② "一带一路"沿线国家来华留学生数量明显增长，2016 年，沿线 64 国在华留学生超过 20 万人，同比增幅达 13.6%。③ 至 2018 年，中国留学生仍占在韩外国留学生总数的一半以上，中韩两国彼此互为最大留学生来源国。④

---

① 以上数据均来源于中国教育部官方网站，http：//www.moe.gov.cn/。
② 参见《2016 年度我国来华留学生情况统计》，教育部，http：//www.moe.gov.cn/jyb_xwfb/xw_fbh/moe_2069/xwfbh_2017n/xwfb_170301/170301_sjtj/201703/t20170301_297677.html。
③ 《逾八成留学人员学成后选择归国》，《中国教育报》2017 年 3 月 2 日第 1 版。
④ 《中国留学生占在韩外国留学生一半以上》，人民网，http：//korea.people.com.cn/n1/2018/0308/c407887-29856226.html。

表3 来华留学生人数前五位国家统计（2016年）

单位：人

国别	韩国	美国	泰国	巴基斯坦	印度
留学生数	70540	23838	23044	18626	18717

资料来源：《2016年度我国来华留学生情况统计》，教育部，2017年3月1日，http://www.moe.gov.cn/jyb_xwfb/xw_fbh/moe_2069/xwfbh_2017n/xwfb_170301/170301_sjtj/201703/t20170301_297677.html。

表4 2016年来华留学生人数统计

单位：人

洲别	总人数	占总数百分比（%）	比上年增减人数	同比增减（%）
亚洲	264976	59.84	24822	10.34
欧洲	71319	16.11	4573	6.85
非洲	61594	13.91	11802	23.70
美洲	38077	8.60	3143	9.00
大洋洲	6807	1.54	798	13.28

资料来源：《2016年度我国来华留学生情况统计》，教育部，2017年3月1日，http://www.moe.gov.cn/jyb_xwfb/xw_fbh/moe_2069/xwfbh_2017n/xwfb_170301/170301_sjtj/201703/t20170301_297677.html。

中韩两国留学生的增加、学者之间互访合作、两国人才的大范围交往交流等，都极大地带动了两国学术的发展，也相应地给两国业缘交流带来了正面影响。业缘交流在教育领域中取得了不可估量的成效，两国培养出来的高级人才活跃在中韩各个领域，也对两国关系的发展及共同繁荣、确立身份认同、共建命运共同体发挥着重要的作用。

业缘领域人文交流的实践是在中韩两国的共同推进下取得的进步，两国同样重视以缘为纽带的多重路径下的人文交流发展。中国与韩国正式建立大使级外交关系以来，在短短几十年时间里，韩国在华影响力的急剧扩大得益于两国共同对人文交流进行的有效推进，也得益于两国间深厚的文化渊源和共同探索的多种路径。两国之"缘"，深不可断。在亲缘相亲、地缘相近、业缘相通的深厚"渊缘"下，两国自然能够加深彼此间的身份认同，进而推动人文交流。可见，缘视角下的人文交流与身份认同是相互作用的一个整体。

三　启示：探索中韩人文交流的身份认同新路径

东西方历史文化背景不同，相应的发展方式也有所不同。探索人文交往道路，以"缘"为纽带开展人文交流，加强缘理论框架内多缘身份认同新视角的理论建构，符合同处东亚的中韩两国国情的现实需要。

"缘"与"法"作为一个事物的两面，在东西方各有侧重，可形成鲜明的对比。法即"契约""制度"，西方世界重"法"，善用契约或法律来规定关系，强调个体本位。而以中国为代表的东方世界则重"缘"，善用"缘"来建构身份，确认彼此的关系，实现群体认同。"缘"的世界和"法"的世界，共同构成一个完整的世界。

若从本体论的高度来看"法"与"缘"的关系，我们不难发现，中国文化乃至东方文化的本体论似乎更接近于一种"观念本体"，或曰"关系本位"，这种本体论的指向可对接于"群体本位"的社会文化基因。而西方文化的本体论是"物质本体"与"制度本位"的"二元对立论"，这种观念可对接于"个体本位"的西方文化基因。相应的，东西方在身份认同上也有所区别，侧重不同，方法有别。

中韩两国同处东亚，两国历史文化也一脉相承，互相影响，中国传统文化与韩国文化有着密不可分的联系。挖掘两国共通的有益思想，有利于更好地开展人文交流，深化多缘身份认同，构建东亚命运共同体。因此在"缘"理论框架下分析研究身份认同视角下的中韩人文交流，是理论发展，也是现实需要。如何避免缘路径下两国人文交流中的弊端，构建良性的多缘身份认同，促进民心相通、推进共同体建设，也是学者的研究任务。

在理论实践上，中韩两国都认识到人文交流在推动两国关系发展方面的基础性作用，因此两国共同努力促进彼此的人文交流。"强化韩中人文纽带"是两国共同选定并不断推进的能够增强两国国民友好感情的双向交流事业，是巩固面向未来的双边关系发展的新外交手段，是增进和加强两国人民多元身份认同的有效路径。

从中韩人文交流的活跃度可以看出两国对人文交流的重视，从前文的分析也可以理解两国之所以重视人文交流的原因所在。理论与实践的结合，对理论的发展和实践的深化都有启示意义。中韩人文交流，需要政府政策支持、构建社会身份认同，也需要民间人文交流、构建多元良性身份认同。这就需要以"缘"为纽带，在缘理论基础上重新认识中韩人文交流方式，探索中韩人文交流的身份认同新路径。

Cultural Exchanges between China and ROK from the Perspective of Identity
—Analysis Based on the Theory of "YUAN"

Zong Lining

Abstract From the perspective of identity, cultural exchanges between China and ROK need not only to build clear and explicit national-ethnic identity at the national level to deepen cultural exchanges between countries, but also to build multi-identity with supra-national-ethnic identity at the social level in the era of globalization in order to strengthen and deepen each other's wide range at the folk level. "YUAN", as the highest philosophical category of the Oriental "relationship standard", is a new and important concept emerging from the Oriental turn of the paradigm of international relations theory. Strengthening the theoretical expansion and construction of the perspective of multi-identity within the framework of the theory of relationship ("YUAN") can enhance the explanatory power and coverage of its theory. It provides a new theoretical and practical perspective for deepening the cultural exchanges between China and ROK.

Keywords Cultural Exchanges; Identity; The Theory of "YUAN"

近代开埠期韩国文人诗词中的李舜臣形象研究*

裴钟硕

【内容提要】 开埠期是韩国近代化过程中最重要的时期，它不仅见证了延续数百年的儒家社会秩序的崩溃，也见证了李氏王朝的灭亡。当时那些毕生致力于儒学研究的学者们不得不在帝国主义列强以强凌弱、强制韩国开港通商的恐吓与压榨中生活，面对如潮水般涌入的外来文化，他们仍旧呕心沥血，试图将儒家礼法保存下来。文人们用笔墨鞭挞所处社会的现实，同时抒发个人内心的情感。当时出现了很多吟诵海洋名将李舜臣在壬辰倭乱中拯救国家的诗词，文人们在诗词中想象着李舜臣抵御外敌入侵的画面。尽管这种想象并不能起到改变现实的作用，但它缓解了面对悲苦岁月而愤慨不已的文人们心中的郁结，也起到了鼓舞民族精神的作用。开埠期文人的诗词普遍抒发出期待李舜臣再现的情感，从而表达出在列强压迫中解放韩民族的意愿。

【关键词】 开埠期　李舜臣　英雄　儒教　民族

【作者简介】 裴钟硕，文学博士，复旦大学外文学院韩国语学系讲师。

近代之前，对于久居陆地的人类来说，海洋既是让人望而生畏的存在，也是充满未知的世界。开埠期的韩国文人黄玹（1855~1910）对海洋做了如下描述：

---

* 本文获得复旦大学亚洲研究中心 2019 年度科研项目资助。

> 水本懦弱，而大海之澜，无风自激。卷者蔽天日而漾者吞山岳，天下之险，无过于是。①

黄玹认为天下最危险的存在就是海洋。② 人们之所以对海洋充满恐惧是因为害怕像波涛一样的物理力量，随着18世纪西方产业革命发明了火轮船，海洋再也不是从物理上令人恐惧的存在了。海洋成为连接世界的桥梁。然而东西方力量的不均衡导致这一现象未能向和平的方向发展，西方列强以达尔文的进化论为依据，主张优胜劣汰，一步步蚕食着整个世界。这使得处于劣势的东方不得不对西方人以及他们经由海洋带来的西方文化表现出警戒的心理，19世纪末的朝鲜半岛便是如此。

朝鲜半岛的开埠期正是延续五百年封建统治的李氏朝鲜的末期。李氏朝鲜是以儒家文化为基础的国家，当时的文人从小饱读儒家经典，究其一生都浸润在儒学的世界里。儒学为他们提供了所有生活的必要规范，在很长的岁月里成为国家的根基，因此这些文人很难接受格格不入的西方文化。换言之，19世纪末朝鲜半岛的开埠可谓是威胁到以儒学为根基的李氏朝鲜的重要事件。最终，李氏朝鲜不得不在列强的胁迫下开埠，新文物也随之涌入了半岛。当时多数文人目睹这一状况愤慨不已，但他们也无能为力，只能用笔尖表达自己内心涌动的愤懑。

当时的文人诗词中出现最多的人物当属忠武公——李舜臣（1545～1598）。李舜臣作为1592年爆发的壬辰倭乱中的民族英雄而为大家熟知，他所取得的胜利在世界海战史上也是极为少见的。李舜臣生活的年代与开埠期相差三百余年，但是因其与海洋有关，遂成为当时文人笔下的常客。壬辰倭乱时，日本经由海洋入侵朝鲜半岛，与此相似，开埠期的列强也是经由海洋入侵半岛。因此，韩国文人重新挖掘和审视了李舜臣，以此鞭挞开埠期的现状。

本文着重探究开埠期韩国文人诗词中的李舜臣形象，由此窥探该时期韩国文人的内心状态，从而更加深入地了解韩国近代前后分水岭——开埠期这一特殊历史时期的情况。

---

① 〔韩〕黄玹：《海史说》，《梅泉集》卷6，《韩国文集丛刊》卷348，首尔：民族文化推进会，2005，第509页。
② 裴钟硕：《近代韩国文人对海洋的想象与追求》，《洌上古典研究》第58集，首尔：以会文化社，2017，第144页。

一 近代开埠期韩国文人诗词中的李舜臣英雄形象

李舜臣作为壬辰倭乱时期引领朝鲜走向胜利的将帅,时至今日仍被视为韩国历史上最伟大的英雄之一。19世纪后期朝鲜半岛迫于列强压力而开埠的时候,出现了很多赞扬李舜臣赫赫战功的诗词。例如当时的文人宋秉璿(1836~1905)就这样写道:"万历岛夷之变,李忠武鸣梁大捷,实为邦国再造之勋,而烜赫如雷霆,至于今涂人耳目。"[1] 奇宇万(1846~1916)则通过"李忠武鸣梁之役,实我国家再造之基"[2] 一语表达了对李舜臣的追慕之情。

1910年得知韩日合并消息后自尽的忧国之士黄玹在1896年前往鸣梁大捷故地——碧波津时写下了《碧波津(即李忠武公鏖兵处)》:

丁酉年间事最危,碧波亭外尽倭旗。
史怜乐毅雁谗日,天眷汾阳起废时。
万死何曾战功计,此心要使武臣知。
至今夷舶经行地,咋指鸣梁指古碑。[3]

碧波津是位于全罗南道海南和珍岛之间的界限——郁陶项到南海之间的港口,亦是壬辰倭乱时李舜臣率领13艘战舰诱引、击毁倭寇133艘船舰的地方。[4] 倭寇在之前的战斗中取得大胜而士气高涨,因在这一战役中不敌李舜臣,战势急转而下,故而黄玹在标题中特意指出该地是李舜臣击败倭寇之处。但诗人在诗中没有提及这一点,而是着重刻画了李舜臣在碧波津战斗之前遭谗言所陷而银铛入狱、后被重新启用的事实。诗人还采用用典的手法,将这一事

---

[1] 〔韩〕宋秉璿:《兵使赠判书显武金公(亿秋)墓碣铭·并序》,《渊斋先生文集》卷33,《韩国文集丛刊》卷330,首尔:民族文化推进会,2004,第127页。
[2] 〔韩〕奇宇万:《参奉宋公墓表》,《松沙先生文集》卷41,《韩国文集丛刊》卷346,首尔:民族文化推进会,2005,第385页。
[3] 〔韩〕黄玹:《碧波津(即李忠武公鏖兵处)》,《梅泉集》卷2,《韩国文集丛刊》卷348,首尔:民族文化推进会,2005,第433页。
[4] 1597年7月,朝鲜将领元均在漆川梁海战中大败于日军,李舜臣临危受命重建朝鲜水师,他在会宁浦接手了裴楔统帅的12艘战舰,随后全罗右水师金亿秋又开来了1艘,共有了13艘战舰;"倭寇133艘船舰"出自李舜臣的《乱中日记》丁酉年九月十六日内容。

件与中国战国时期乐毅和唐朝郭子仪因受谗言而被解职的史事进行了呼应。

黄玹在诗中叙述了李舜臣建立战功之后被谗言所陷,却没有因为私人的感情而放弃救国,是一位为百姓着想的伟人,并高度称赞了李舜臣的人品。他为当今时代没有像李舜臣一样的伟人,致使倭船可以任意进出碧波津而表示心痛,甚至咬破手指来加以忍受。黄玹在诗中描绘的李舜臣不仅是一位建立赫赫战功的将领,也是一位具有高尚品格的英雄。

韩章锡(1832~1894)在其应王命所作的李舜臣祭文中高度赞扬了李舜臣的人品:"世之中兴,必生名将,在周为方,厥猷克壮,在汉为葛,一心尽瘁,卿实似之,惟忠惟义,敦说诗礼,循蹈绳墨,沉屈下位,不愠于色。"① 他把忠义的李舜臣与中国周朝平定荆蛮的方叔以及三国时代蜀国的诸葛亮相类比,还指出李舜臣喜爱诗礼,按照礼仪规范生活,即使身居低位也未将不满表露于色。他深深赞美了李舜臣被谗言所陷而含冤入狱后未曾改变初心,对君王仍然一腔赤诚的行为。简言之,韩氏认为李舜臣既能建立赫赫战功,也能保持高尚人品,实属不易。

开埠期曾作为儒生参与义兵活动的柳麟锡(1842~1915)也通过"如忠武公李舜臣为出身时,以栗谷先生之大德重望,叙其宗族之谊而欲相访,则谓先生时为铨官,有要官之嫌辞之"② 的描述称赞了李舜臣。李舜臣与栗谷李珥有姻戚关系,虽深知李珥当时掌管着人事权,却没有去找他通融。这也恰恰证明了李舜臣不愿通过非法手段获取官职的正义凛然的品德。

流亡中国南通的黄玹的知己——金泽荣(1850~1927)在他以纪念曹顶作的曹公亭为主题的诗中也吟诵了李舜臣的威严:

往者万历倭寇东,韩臣有李忠武公。
奇韬妙略似神鬼,杀倭满海波涛红。
当时倭儿患疟疾,背书其名胜药功。
三百年后汉江竭,修罗蚀月凶肠充。
使我奔伏淮之侧,白头欲举羞苍穹。

---

① 〔韩〕韩章锡:《忠武公李舜臣致祭文》,《眉山先生文集》卷6,《韩国文集丛刊》卷322,首尔:民族文化推进会,2004,第277页。
② 〔韩〕柳麟锡:《国病说》,《毅菴先生文集》卷35,《韩国文集丛刊》卷338,首尔:民族文化推进会,2004,第435页。

奈何今日中州彦，籧篨之病颇相同。
慨然共思曹壮士，沫血击贼卫南通。①
奇功垂成身径殒，愤气化为青色虹。
叱工筑亭安厥像，横刀立马生长风。
请君且揽新亭涕，与我赊酒向新丰。
一杯酹我李兵仙，一杯酹君曹鬼雄。
巫阳与招魂气返，旗光剑色摩虚空。
雷鼓鼓动两国气，人间何代无勇忠。②

金泽荣于1905年《乙巳条约》签订之前流亡到中国南通，在那里用笔诛墨伐的方式表达救国之志，由此度过了余生。上述这首诗是为南通的中国友人费师洪（字范九）所作的《曹公亭歌》。曹公是明朝南通人曹顶，他在壬辰倭乱中被派往朝鲜，在攻打倭寇的战役中坠马而死。金泽荣在赞扬曹顶的同时忆起了李舜臣。对于身在异乡的金泽荣来说，祖国的英雄李舜臣意义重大。诗中关于"万历"和"韩臣"的表达是考虑到了中国读者的感受，"神鬼"则是指李舜臣杰出的战略。李舜臣拥有神鬼一般的能力，抵抗了人数众多的敌军，他卓越的战功传到了敌国，他的名字甚至被用在了治疗疟疾中——倭寇认为李舜臣是连疟疾都会怕的存在。金泽荣描述了连敌军都叫绝的李舜臣的形象，隐隐表露出了自己的民族自豪之情。

下面则是被日寇杀害的李南珪（1855～1907）在前往李舜臣墓地时所作的诗：

龙蛇那忍忆，猿鹤至今悲。
美谥标诸葛，中兴赖子仪。
风松犹谡谡，秋草自离离。
此世谁公辈，重宸听鼓鼙。③

---

① 明朝南通人曹顶击倭，马蹶而死。
② 〔韩〕金泽荣：《曹公亭歌（为费范九作）》，《韶濩堂诗集定本》卷6，《韩国文集丛刊》卷347，首尔：民族文化推进会，2005，第226页。
③ 〔韩〕李南珪：《过李忠武公墓》，《修堂遗》卷1，《韩国文集丛刊》卷349，首尔：民族文化推进会，2005，第324页。

李南珪作为开埠期的官员，数次上书陈言，批评当时朝廷纲纪紊乱的现状。由于朝廷不采纳自己的谏言，他毅然卸甲归田，从此不问世事，一心只作诗文。1905年《乙巳条约》签订后，他愤然参加义兵起义而被迫入狱。在狱中，他始终坚守着对祖国的气节，于1907年惨遭日本警察杀害。李南珪在李舜臣的墓地想起了壬辰倭乱惨苦的情形，他将李舜臣与中国的诸葛亮和郭子仪相比较，赞扬朝鲜王朝正是因为有李舜臣才得以中兴。他还特别强调了诸葛亮和李舜臣的谥号中都有"忠武"二字。最后，李南珪在吟诵墓地凄凉的风景时，也表达出英雄已不复再的绝望之情。

此外，宋秉璿也曾描述道，"港多战舰，中有一船，形如龟伏，此李忠武所制也。岛夷猖獗，视昔有甚，则谁能复用之？济得漏船上百万生灵，有如李忠武者耶？"[①] 赞扬李舜臣是世上绝无仅有的、最伟大的英雄。

二　近代开埠期韩国文人诗词反映的时代特殊性

1876年，在日本的胁迫下，朝鲜半岛首次开埠。此后，美国、法国等外国势力开始逐渐进入朝鲜半岛，并向李氏朝鲜施加压力。当时的文人重视力行儒学礼法，缺乏抵御西方火轮船和大炮的力量。因为缺乏充分的时间来培养实力，他们目睹衰弱的祖国被一步步蚕食的惨状，却无能为力，只能悲叹心痛。他们或是忍着心中的悲愤开始开展启蒙运动，或是通过笔墨来抒发内心的郁结。在当时文人的诗词中，李舜臣是常常出现的人物。下文是黄玹的《李忠武公龟船歌》。

　　　　天狗蚀月沧溟竭，罡风万里扶桑折。
　　　　主屹雄关已倒地，舟师十万仍豕突。
　　　　元家老将一肉袋，孤甲栖岛蚍蜉绝。
　　　　封疆重寄无尔我，苇杭讵可秦视越。

　　　　左水营南门大开，渊渊伐鼓龟船出。

---

① 〔韩〕宋秉璿：《游升平记》，《渊斋先生文集》卷21，《韩国文集丛刊》卷329，首尔：民族文化推进会，2004，第375页。

似龟非龟船非船，板屋穹然碾鲸沫。
四足环转为车轮，两肋鳞张作枪穴。
二十四棹波底舞，棹夫坐卧阳侯窟。

鼻射黑烟眼抹丹，伸如游龙缩如鳖。
蛮子喁喁哭且愁，露梁闲山涨红血。
赤壁少年逢时幸，采石书生夸胆决。
孰能横海经百战，截鲸斩鳄铓不缺。

二百年来地球绽，轮舶东行焰韬日。
熨平震土虎入羊，火器掀天杀机发。
九原可作忠武公，囊底恢奇应有术。
创智制胜如龟船，倭人乞死洋人灭。①

这首诗分为四个小节。第一节描写壬辰倭乱的征兆和奸臣元均的登场，将危机感高潮化，结尾处表达了誓死抵抗、捍卫国家的意志。这一节是为英雄登场作铺垫。第二节则描绘了在千钧一发之际，鼓声和龟船的出现。"龟船""鲸沫""车轮""枪穴""二十四棹"等描写的是船的外观，结尾处"棹夫坐卧阳侯窟"的描写更是让人身临其境，十分生动。第三节则吟诵了龟船的活动，通过对"黑烟""抹丹""龙""龟"的描写，烘托出龟船的威严。诗中出现的三国时期的吴国周瑜和宋朝虞允文则再次照应了李舜臣可与他们相齐肩的武功。第四节则以黄玹所生活的近代开埠期为背景，这也恰恰是这首诗的创作契机。黄玹尽情地想象着李舜臣可以再现，帮助韩国抵御倭寇和洋人。他叹息国家不能抵御外敌入侵的现实，通过对千古英雄李舜臣的追慕缓解了自己郁愤的心情。这类诗词的出现，真实地反映了开埠期的特殊背景。

此外，投笔从戎、献身于义兵活动的儒学家——柳麟锡则在1895年乙未事变后，向李舜臣的后世、自己的弟子——李奎显写信表达了自己的悲愤之情。

---

① 〔韩〕黄玹：《李忠武公龟船歌》，《梅泉集》卷1，《韩国文集丛刊》卷348，首尔：民族文化推进会，2005，第413页。

尊先祖忠武公，在昔讨倭，立大功彰大节，使三千里疆域垂三百年，免于薙发左衽。呜呼伟哉！奈之何天不悔祸。倭复猖獗，招朋引类，肆凶骋丑，粪壤我礼乐，禽兽我人类，既已毁服，又将毁形，使我堂堂礼义小中华，变作小倭小洋。于是华夏圣贤相传之绪余，天地间一线阳脉，无复存着处。呜呼恸矣！不忍言也。使公而在者，当作如何心，如何事耶？呜呼，谁复起九原耶。①

柳麟锡在1876年《江华岛条约》签订后组织开展了开埠反对运动，1895年乙未事变和断发令发生后，又发动起义，成为义兵长。他主张君子在身处困境时应当实践"处义有三，一曰保华于国，二曰守华于身，三曰以身殉于华"②的箴言，是一位具有阳刚之气的人物。他认为朝鲜半岛是理想的儒学国家，高度评价李舜臣的伟大功绩，认为李舜臣在壬辰倭乱中建立大功，彰显大节，将朝鲜半岛从"薙发左衽"的未开化文化中捍卫下来。然而如今倭寇又卷土重来，摧毁了长期保存下来的儒家礼学。让柳麟锡更为悲痛的是，面对此情此景竟无法可解。他殷切地期望曾经从倭寇侵略下解救朝鲜半岛的李舜臣可以再世，于水火之中解救祖国。

当时有很多文人慕名拜访李舜臣祠堂，他们在诗词中展现了心情和时代背景。下面是李道复（1862~1938）在参拜李舜臣祠堂时所作的诗。

角干统合三韩国，忠武扫平四海尘。
如今谁复乾坤定，万古东方此二人。③

---

① 〔韩〕柳麟锡：《答李明五（奎显，乙未七月）》，《毅菴集》卷22，《韩国文集丛刊》卷338，首尔：民族文化推进会，2004，第102页。
② 〔韩〕柳麟锡：《处义有三》，《毅菴集》卷36，《韩国文集丛刊》卷338，首尔：民族文化推进会，2004，第475页。
③ 〔韩〕李道复：《祇谒忠武公祠堂》，《厚山先生文集》卷2，南冥学古文献DB，http：//nmh. gsnu. ac. kr/jsp/search/simple_ gun_ for. jsp？ all_ searchSetIdS =&all_ searchSetIdA =&all_ searchSetIdM =&all_ searchSetIdG =&all_ searchSetIdD =&nam_ serachSetId =&mun_ serachSetId =&gi_ serachSetId =&go_ serachSetId =&pan_ serachSetId =&haeje_ serachSetId =&yns_ serachSetId =&nam_ serachSetId1 =&nam_ serachSetId2 =&nam_ serachSetId3 =&nam_ serachSetId4 =&nam_ serachSetId5 =&mun_ serachSetId =&gi_ serachSetId =&go_ serachSetId =&find_ sel =1&search_ word =%E8%90%AC%E5%8F%A4%E6%9D%B1%E6%96%B9%E6%AD%A4%E4%BA%8C。

李道复出生于传统的儒学家庭，从小学习儒学。1905年《乙巳条约》签订后，他无法忍受悲愤慷慨之情，呼吁条约无效，并上书建议斩首同意签订《乙巳条约》的五贼①。1919年，他还写了声讨在朝鲜总督府协助日本帝国主义办事的李完用和金允植的文章，将其贴在了首尔钟路大街。可见，李道复也是一位刚烈之人。这首诗中的"角干"指的是在统一新罗时期担任"太大角干"这一官职的金庾信，"忠武"指的是李舜臣。李道复认为二人是朝鲜半岛历史上最伟大的英雄，是能够稳住这一乱世的屈指可数的人物。在当时无力回天的处境下，他只能回忆过去的英雄，并殷切地盼望英雄的再世。

韩国成均馆大学的首任校长——金昌淑（1879～1962）在参拜供奉着李舜臣牌位的忠烈祠时作了以下这首诗：

漫漫海曲为谁寻，都督祠前树影森。
茂绩危忠光帛史，君褒皇赐焕纶音。
荒沙扚历蛮儿骨，异世轮囷烈士心。
叹息长蛇方荐食，九原难作泪盈襟。②

1905年《乙巳条约》签订后，金昌淑来首尔上书，声讨"乙巳五贼"。"三一运动"爆发后，他将全国儒林代表签名的韩国独立呼诉文《儒林团陈情书》上交到巴黎和会。1921年，他与申采浩等人发行了独立运动杂志《天鼓》，并与朴殷植一道创办了《四民日报》，宣扬独立精神；1925年当选为韩国临时政府议政院副议长，后被日本领事馆逮捕监禁。金昌淑十分重视民族精神，李舜臣是他心目中伟大的民族英雄。他写了数篇吟诵李舜臣的诗词，表达了自己的慷慨之情。上述这首诗是他参拜忠烈祠，抒发当时感情所作的。

金昌淑为祭奠李舜臣亲自拜访了忠烈祠。他在诗中写道，忠烈祠前面生长繁盛的树木形成了宽广的树荫，就仿佛是李舜臣创造的伟大功绩滋荫后

---

① "五贼"指的是赞成1905年《乙巳条约》的朴齐纯（外部大臣）、李址镕（内部大臣）、李根泽（军部大臣）、李完用（学部大臣）和权重显（农商部大臣）。
② 〔韩〕金昌淑：《忠烈祠祠享》，《国译心山遗稿》，首尔：国译心山遗稿刊行委员会，1979，第22页。

世。李舜臣受到了国家的褒奖和人民的爱戴，其功业和忠诚与历史同在，灿烂炫目。时至今日，李舜臣的威望犹存，荒沙中还有蛮人的尸骨，烈士的心中擂鼓声激昂。这里的"烈士心"指的是重视民族精神的金昌淑自身的意志。金昌淑认为自己和李舜臣所处的时代类似，都是倭寇猖獗的时期，只可惜自己没有力量能挽救国家于水火之中，这也使得他更加思念李舜臣。金昌淑的这种心情在参拜忠烈祠时更加激昂，在这首诗中表露无遗。

由此可见，开埠期韩国文人的诗词中蕴含着身处这一特殊时期，期望英雄李舜臣可以再世、抵御外敌侵略的想象。开埠期的文人们通过刻画李舜臣的人物形象，也反映了当时特殊的时代情形。

三　结论

近代开埠期的韩国文人生活在兵力先进的外国势力强制要求韩国通商的压迫之下。他们成长在以儒学为基础的国家，无法轻易接受截然不同的外来文化，为力争保存长达五百年的儒学礼法而奔走相告。尽管如此，当时的李氏朝鲜未能摆脱军事上的落后，无法采取相应的应对措施。文人们无能为力，只好借由笔墨抒发自己内心的不满和愤懑，并由此联想到壬辰倭乱时的忠武公李舜臣。李舜臣作为海军名将，曾成功抵御了倭寇的入侵。在开埠这一特殊时期，外国势力也是经由海洋入侵朝鲜半岛的。当时的文人想象着李舜臣再世，能够帮助祖国击退由海上而来的侵略者。这种想象虽然未能成为克服现实危机的契机，却慰藉了生活在苦痛岁月中的文人，也起到了宣扬民族精神的作用。

本文主要分析了近代开埠期韩国文人诗词中出现的李舜臣的形象。文章第一部分通过分析黄玹、金泽荣和李南珪等人的诗词，展现了李舜臣的英雄形象。正如大多数人所知，李舜臣扬名于壬辰倭乱，在战争中击退倭寇，立下了赫赫战功。并且，他也具有高尚的品德和节操。黄玹的诗歌赞扬了李舜臣不计战功，即使深陷谗言也不改爱国和忠诚的初心，他清晰地阐明了无论何时何地何种情况，都要坚定捍卫儒教国家的原因。流亡中国的金泽荣通过向他国宣扬李舜臣令敌国颤抖的丰功伟绩，表现了他的民族自豪感。李南珪则把李舜臣与历史上的英雄人物诸葛亮和郭子仪做了比较。

本文第二部分以黄玹、李道复和金昌淑等人的诗歌为例，分析了他们吟诵李舜臣形象所反映的开埠期特殊性。黄玹在吟诵龟船的同时，想象着李舜臣再世并击退倭寇和洋人的酣畅淋漓的情形，从而使自己悲愤的内心得以暂时休息。李道复的诗同时歌颂了朝鲜半岛的两位英雄人物——金庾信和李舜臣，表达了自己对当时的背景下再次出现类似英雄人物的殷切期盼。拜访忠烈祠的金昌淑则写道，当今时代的烈士们在回忆起李舜臣时，内心激昂，他的事迹振奋了一代又一代的民族精神。

由此可见，近代开埠期韩国文人的诗词既刻画了李舜臣的英雄形象，也反映了开埠期的特殊性。文人们虽无法靠一己之力抵御外敌，但实践着文章报国的信念，试图以此来捍卫理想中的儒教国家。尤其要指出的是，文人的诗词包含着真实的个人情感，使得他们吟诵同一历史人物时，也可以表达不同的内容。同时，他们的诗词也存在共同之处，那就是期待李舜臣再世，以解救面临列强肆虐的韩民族。

A Study on the Image of Li Shunchen in Korean Literati's Poems during the Early Modernization Period

Pei Zhongshuo

Abstract This paper studies how the image of Li Shunchen was formed in the Korean Literati's poems during the early modernization period, which is the most important time in the process of the modernization of Korea. At that time, the order of the Confucian society that had continued for centuries on the Korean Peninsula started to fall apart. Eventually, the Lee Dynasty collapsed. At that time, literati who had studied Confucianism all their lives had no choice but to live under the external pressures that used force to demand trade. Scholars strived to preserve the etiquette of 500 – year Confucianism from foreign cultures. However, the Lee Dynasty was incapable of getting rid of the disadvantage and even failed to give a proper response. Writers started writing to deplore reality as well as express anger. At this very moment, the kept thinking of Li Shunchen, a great navy commander, who managed to save the country during Japanese Invasion of Korea in 1592, was the most suitable hero to cope with difficulties at the early modernization period. He was mentioned in poems as the hero blocking foreign forces coming through the sea. Though such imagination of Li Shunchen did not offer direct help to overcome crisis, yet it made Korean scholars temporarily forger about the resentful reality, and thus it played a role in arousing national spirit. In the poems, writers express their emotions frankly. Even if they talk about the same man, expressions could vary from person to person. However, since Li Shunchen was willing to save the nation under the pressure of foreign powers during the early modernization period, some common affections for the hero could be found.

Keywords Early Modernization Period; Li Shunchen; Hero; Confucianism; Ethnic

朝鲜时期北学派的华夷天下观

陈毅立

【内容提要】17世纪,朝鲜国内受"西学东渐"与明清更迭的影响,长期以来占支配地位的华夷天下观发生了动摇,形成了为匡复"中华文明"而欲讨伐清朝的北伐派和提倡只要"其法优秀,亦可拜其为师"的北学派。洪大容和朴趾源是北学派的代表,他们在吸收西方的天文、地理知识后,否定了象征华夷秩序的"天圆地方"说。在此基础上,前者提出了"华夷一也"的主张,而后者虽提倡"北学",但内心充满了"尊明排清"的情绪,将"中华文化"与清朝统治区别对待,形成了独特的华夷天下观。近代以后,部分学者将北学派的华夷观置于实学范畴予以再诠释,并从中透析出"近代""民族"元素,但是"北学"思想与传统文化的关联性问题却遭到等闲视之。

【关键词】北学派　朴趾源　洪大容　华夷天下观　实学

【作者简介】陈毅立,博士,同济大学外国语学院、国际文化交流学院副院长、副教授。

隋炀帝大业三年(607),有倭国使者呈献国书,其中出现"日出处天子致书日没处天子,无恙"等词句,隋炀帝看后不悦,怒曰:"蛮书有无礼者,勿复以闻。"从倭国立场出发,此国书似有公然挑战当时东亚国际秩序、谋求对等外交之意,但在隋朝皇帝眼中,日本与其他慕名来朝的小藩无异。尽管内心气恼,隋炀帝依然命令鸿胪卿接待倭国使者,同时为宣扬上国威仪,决定派使者回访倭王。同年,百济因不胜高丽侵扰,遣使入隋,奉表请师。隋炀帝依据"失礼入刑"原则,最终决意征伐。究其原因,亦与"往岁为高丽不供职供,无人臣礼"有关。

毋庸置疑,当时东亚世界已经形成了建立在中华意识基础上的华夷天下秩序,伴随这种秩序的具体制度被称为朝贡与册封。高增杰指出,由于各自构成自给自足系统,国家关系中缺少推动贸易发展的动因,文明中心又存在文明与化外的观念,因此国家间交往的主要表征是:周边国家"朝贡",表示臣服;文明王朝赐予物产,表示"怀柔"和认可。这一时期,历史上虽然也出现过征伐和战乱,但这个体系基本上保证了这一地区的和平与稳定。①"中华意识",通常可从空间地域与文化文明两方面进行解读。从空间地域言之,世界可以分为位于中心地区的华夏之地与居于中华周边的夷狄之地。从文化视角观之,世界由倡导"诗书礼乐"的华夏文明古国与无法接受王化与德政、文明程度低下、发展缓慢的夷狄诸国构成。当然,华夷之别,若在文化,则非绝对,夏可沦为夷,夷亦可变为夏。

17世纪前后,东亚地区原本相对稳定的天下秩序逐渐发生了动摇。一方面,西方传教士的东渡除了带来天主教等宗教信仰外,天文学、地理学、航海术等自然科学亦开始落地生根。一部分知识分子站在地理学的立场,提倡"球体说",从而引发出在球体上并不存在所谓中心之国的论断,致使长期支配人们思想的华夷天下观逐步瓦解。另一方面,明清交替这一历史巨变毫无疑问对周边国家产生了巨大影响,在"礼失而求诸野"的思想背景下,朝鲜内部的小中华意识日益高涨。宋时烈等人认为代表中华的明朝灭亡后,朝鲜俨然成为独一无二的中华文明继承者和守护者,有义务为弘扬中华文明而讨伐"夷狄"清朝;另有部分人士在耳闻目睹"康乾盛世"后,提出只要"其法优秀,亦可拜其为师"②的主张,"北学"中国是这一群体的基本目标,也成为其外在用名,而"利用厚生"则成为北学派的终极理想。

本文将以朝鲜时期北学派的代表人物洪大容(号湛轩,1731~1783)与朴趾源(号燕岩,1737~1805)为主要研究对象,考察象征着以夷变夏的明清更迭对朝鲜思想家的华夷认知的影响,进而揭示朝鲜时期北学派的华夷天下观的主要特征及其历史意义。

---

① 高增杰『平和と暴走の葛藤』公共政策研究所、2004、18 頁。
② 〔韩〕朴趾源:《燕岩集》,首尔:景仁文化社,1974,第105页。

一 "天圆地方"说与北学派的天下观

《淮南子》有言:"天道曰圆,地道曰方",亦云:"以天为盖,则无不覆。以地为舆,则无不载也。"① 与西方传教士邂逅前,东亚地区在各个领域都深受"天圆地方"说的影响。古代,无论是为祭拜天地、祈求五谷丰登而建的天坛与地坛,还是帝王贵族日常起居的宫廷建筑,均完美地体现出"天圆地方"的思想。究其原因,一则因为古代中国人受《易经》的影响,认为世间万物皆以对应形式出现,天阳地阴,圆形为阳,则方形为阴,从而确立了天圆地方说;二则由于中国古代殷朝具有相当强烈的方位意识,商人居中,"方"原指外敌,后演变为东夷、南蛮、西戎、北狄。② 观之,"天圆地方"说的背后蕴藏着华夷秩序等级。洪大容天下观的逻辑起点,便是基于人性论而产生的批驳"地方"说。

"湖洛争论"是朝鲜时期著名的思想论战之一。该争论在主张"人物性同论"的洛论派学者与提倡"人物性异论"的湖西派学者间展开。洪大容本人通过《医山问答》这部哲学小说,强调了其"人物性同"的观点。小说主人公实翁与虚子间有过一段对话,其中虚子言:

> 语其质,则头圆者天也,足方者地也。肌发者山林也,精血者河海也,双眼者日月也,呼吸者风云也,故曰人生小天地也。……天地之生,惟人为贵。今夫禽兽也、草木也,无会无觉,无礼无义,人贵于禽兽,草木贱于禽兽。③

虚子的此番言论,不禁让人联想到前汉儒者董仲舒的"天人相关"理论:一年十二月相当于人体十二节,五行如五脏,昼夜如醒寐;易言之,人体即小宇宙。董仲舒提出该理论,目的是劝诫君主德化天下、教通四海,一旦政恶治乱,便会发生疫病、地震、洪水等灾难,反之则会出现瑞兽等吉

---

① 『淮南子』明治書院、1979、133、39頁。
② 貝塚茂樹『中国の歴史 1』講談社、1974、127頁。
③ 〔韩〕洪大容:《湛轩书》,首尔:大洋书籍,1975,第62页。

兆。诚如平石直昭指出，后世朱子学家积极援用人体小宇宙说，以此突显人于万物的尊贵性。面对将人体结构与天圆地方相结合的论述，实翁则予以坚决反驳。他表示：

> 五伦五事，人之礼仪也。群行呴哺，禽兽之礼仪也。丛苞条畅，草木之礼仪也。人视万物，人贵而物贱。万物视人，物贵人贱。从天观之，人物同也。①

由此可见，洪大容通过实翁之口将人与万物进行了相对化处理，既然从天来看"人"与"物"之间不存在贵贱之别，那么在天面前，人与人、国与国之间的高低等级自然消失；所谓"华""夷"仅仅是一种相对而言的称呼，若以天为媒介，就可实现"华""夷"同一性的合理解释。在"球体说""地圆说"的互证互鉴下，湛轩确立了新的华夷天下观。他表示："夫地者水土之质也。其体正圆，旋转不休。停浮空界，万物得以依附其面也。"与此同时，对于东方和西方究竟谁为中心的问题，他推导出"且中国于西洋，经度之差，至于一百八十。中国之人，以中国为正界，以西洋为倒界。其实戴天覆地，随界皆然"的论断。②

传统华夷观强调内外之别，中华皇帝治理天下，实施王化和教化双重政策。天下秩序的结构呈同心圆之态，"华"的礼仪、道德以同心圆状向四方普及，从而将地处偏远的"夷"吸纳到"华"的内部，使其成为与"华"相同的国家，甚至成为"华"的一部分。同心圆圆心为中国京师所在地，由京师向外延伸，根据礼乐刑政能到达的标准，又可分为内臣、外臣和不臣三块区域，不臣外臣化、外臣内臣化是实现"天无二日，土无二王"的天下观的具体途径。然而这种内外之分，在洪大容眼中是不存在的。他站在天的立场，呼吁"自天视之，岂有内外之分哉。是以各亲其人，各尊其君，各守其国，各安其俗，华夷一也。"③

要之，洪大容认为"夷"未必需要学习和仿效"华"的文化和习俗。

---

① 〔韩〕洪大容：《湛轩书》，第 62 页。
② 〔韩〕洪大容：《湛轩书》，第 63~64 页。
③ 〔韩〕洪大容：《湛轩书》，第 72 页。

正所谓"凡有血气,均是人也","制治一方,均是君主","谨守封疆,均是邦国","文身雕题,均是习俗"。① 他通过反驳以往存在于东亚地区的上下垂直式"华夷"关系,打破了华夷一元论的主张,指出了世界各国文化的多元性。"华夷一也"等表述标志着洪大容已经将"华"的优越性进行了相对化处理,使"华"和"夷"在天面前发展成为水平式的平等关系。

洪大容的挚友朴趾源同样接受了"地圆说""球体说"等主张,通过与在热河太学馆相识的江苏举人王民皡之间的笔谈,展示了颇具特色的华夷天下观。

> 鹄汀问:"吾儒近世颇信地球之说。夫方圆动静吾儒命脉,而泰西人乱之。先生何从也?"燕岩答曰:"天造无有方物,虽蚊腿、蝉尻、雨点、唾沫,未尝不圆。今夫山河大地日月星宿,皆天所造,未见方宿楞星,则可证地球无疑。鄙人虽未见西人著说,尝谓地球无疑。大抵其形则圆,其德则方。事功则动,性情则静。若使太空安置此地不动不转,岿然悬空,则腐水死土立见其朽烂溃散。"②

此处,燕岩在"球体说"的基础上更进一步,提出了"圆者必转"的理论,强调了地球转动的特性。而地球转动必定遵循某种规则,他猜测:"地一转为以日,月一匝地为一朔,日一匝为一岁。""方"给人以稳定感,"其德则方"实际上指地球运动始终遵循客观法则之意。燕岩毫不回避洪大容对其思想上的启发,曾明确表示:"鄙人尝信他(洪大容)地转无疑,亦尝劝我代为著说,鄙人在国时卒卒未果。"③

此外,不可忽略的是,"圆者必转"想法的背后饱含着燕岩欲与西方交流的迫切愿望:"敝邦可在极东,欧罗乃是泰西,以极东泰西之人愿一相逢。"④ 虽然"球体说"激发出朴趾源想要了解、感知西方的欲望,但归根结底这种求知欲并未取代其对华夏文明的向往,因此他的华夷观与湛轩的"华夷一也"有着本质区别。对燕岩而言,"文明"始终存在于以儒学为中

---

① 〔韩〕洪大容:《湛轩书》,第72页。
② 〔韩〕朴趾源:《燕岩集》,第257页。
③ 〔韩〕朴趾源:《燕岩集》,第257页。
④ 〔韩〕朴趾源:《燕岩集》,第257页。

心的中华地域中,而如何将朝鲜更快、更好地"中华化"是时代赋予他的重要使命,亦是其为之奋斗的终极目标。不言而喻,"北学"主张的背后,是强烈的慕华意识,而对夷狄清朝的学习和效仿,并不能直接与其对清朝本身的赞美画上等号。

二 朴趾源对清朝的认知及评价

从燕岩生活的时代看,彼时作为夷狄的清王朝入主中原已近百年。在此期间,对于身处中华世界顶端的清朝皇帝而言,最为棘手的政治难题莫过于如何统治在人数上占绝对优势的汉族。为证明统治的合理性与正统性,实施比汉族皇帝更加优厚的惠民政策无疑是统摄、收揽民心的最佳方式。于是,清朝不仅保留并继承了汉人选拔、任用官僚的科举制度,实行"以汉制汉"的策略,而且改变了明朝中后期的种种弊政,竭力恢复汉民族的社会秩序。作为夷狄的清王朝采取诸多利用厚生的举措,让汉人逐渐对其统治产生了认同感。

燕岩来访清朝时,恰逢乾隆皇帝统治下的盛世,清朝一统中原已历经四代,此时在文治武备上达到了巅峰。造访盛京时,燕岩与当地汉人进行了笔谈互动,双方交流的内容被收录在《粟斋笔谈》中。为体察在夷狄统治下的汉人的真实想法,燕岩有意识地问:"古称燕赵多悲歌之士,主公必能善歌,愿闻一曲。"在场者中,有名曰李龟蒙者回答道:

  古云燕赵之歌,乃偏伯之国,士不得志。今四海一家,圣天子在上,四民乐业,贤者羽仪明廷广载是歌,愚者烟月康衢耕凿是歌,都无不平安,岂有悲歌。[①]

这段以歌为主题的对话不仅映衬出清朝的统治颇得民心,同时也可窥见燕岩对夷狄统治下的清王朝怀有某种抵触情绪。燕岩关于"悲歌"这一问题的预设其实是以汉民族饱受压迫、欺凌为前提的,但李龟蒙的回答让他颇为意外。李龟蒙不过是普通的汉族百姓,士大夫对清朝统治的印象又是如何

---

① 〔韩〕朴趾源:《燕岩集》,第162页。

的呢？燕岩也记录了王民皞对清朝建国的见解：

> 闯王手毒君亲，中国臣民未加一矢。朝廷除弃宿嫌，爰整虎旅，扫涤凶秽，为天下复君亲之仇。首崇怀宗帝后，咸如典礼。国家之定都燕中，乃得之闯贼，非得之明朝也。①

相较李龟蒙从提高百姓生活水平的角度对清朝皇帝予以积极评价，王民皞则回归起点，欲从源头上证明清朝统治的正当性及合理性。在他看来，清朝皇帝将李自成逐出中原，避免了中华传统文物制度的破坏。清朝统治者虽身为夷狄，却维护了中华文化的正统，大清皇帝亦是中华统治者的典范。

实际上，不论是汉族百姓还是汉族士大夫，他们对清朝的赞誉与当时萧瑟肃杀的思想、言论管控密不可分。改旗易帜成功后，清朝皇帝为平息、化解占全国人口绝大多数的汉人的不满和对抗情绪，实行"省刑罚、薄税赋"，不仅下令减免明朝强征百姓的苛捐杂税，而且采取了各种怀柔政策以安抚民心。与此同时，对于那些触及统治集团神经的言行，尤其是类似满人是夷狄的敏感言论，统治者亦予以严格、彻底的管控。其中，文字狱便是清朝实施精神、言论管控的典型案例。

据统计，顺治帝时期的文字狱发生过七起，康熙帝治世时出现过十二起，雍正帝即位后文字狱呈上升趋势，达到十七起，而当乾隆帝一统天下时，文字狱的发生数量竟高达惊人的一百三十余起。② 正如冯贤亮所言，乾隆帝大兴文字狱的目的，是借此彻底消除汉人反清的民族意识。实际上，大多数因文字狱受害的人，并没有传播反清思想，一部分人只是一时兴起，抒发对剃发易服的不满，对明朝的眷恋，对自身境遇的悲叹；更多的受害者，纯粹是统治者望文生义、牵强附会、捕风捉影的结果。③ 可以想象，在与燕岩笔谈的过程中，王民皞始终怀着小心谨慎的态度。相比较而言，燕岩则少了些顾忌。挥毫之间，时光飞逝，燕岩情不自禁赋诗二句：

---

① 〔韩〕朴趾源：《燕岩集》，第 264 页。
② 小岛晋治『中国の歴史』明石書店、2004、300 頁。
③ 冯贤亮：《清史》，上海人民出版社，2015，第 103 页。

> 不须人间费膏烛，
> 双悬日月照乾坤。①

见此情景，王民皞立刻涂抹去"双悬日月"四字。显然，"日""月"二字组合起来为"明"字，容易引火烧身。观之，在清朝怀柔和压迫的双重政策下，汉族至少已在形式上不得不服从于"夷狄"的统治。

然而，作为来自朝鲜的思想家，朴趾源对清朝的看法与汉族官僚所谓的"清朝正统说"大相径庭。在《审势篇》中，他表述道：

> 或曰清人既尊尚中土之仪文，而不变满洲之旧俗也，曰此足以见其情也。彼将曰吾非利天下也，有主则吾亦将卷而东归，故不敢变祖宗之旧制也。②

在燕岩看来，清朝的统治无非是愚天下之术，因为清朝不仅保留了旧有的习俗，还强迫汉族移风易俗。"髡发左衽"可谓清人旧俗中的代表。燕岩认为"身体发肤，受之父母，不敢毁伤"，然而清帝强制汉族剃发、违背祖先的穿衣习惯，这是对中华文明及华夏祖先的莫大侮辱和伤害。在入京时，燕岩遇到一位来自江南地区的汉人，当他听此人说起家乡有一理发店名曰"盛世乐事"时，不禁潸然泪下。在赠送给弟子李弘载的《自笑集》序言中，燕岩感慨道：

> 嗟乎！礼失而求诸野其信矣乎！今天下薙发左衽，则不识汉官之威仪者已百有余年矣。独于演戏之场，像其乌帽、团领、玉带、象笏以为戏笑。嗟乎！中原之遗老尽矣。……吾闻而悲之，曰习久则成性，俗之习矣，其可变乎哉。③

对燕岩而言，受清朝支配的汉族连传统习俗都被迫与夷狄趋同，实在令

---

① 〔韩〕朴趾源：《燕岩集》，第266页。
② 〔韩〕朴趾源：《燕岩集》，第254页。
③ 〔韩〕朴趾源：《燕岩集》，第59页。

人难以忍受，这亦从侧面反映了其对夷狄文化的反感和对光复中华文化的强烈憧憬。根据他的论述，清朝实行的一系列"减税敛"政策，无非是拉拢、安抚汉族老百姓的政治手段。安抚老百姓相对容易，只要给予他们必要的生活保障即可，而要驾驭汉族士大夫，让他们为治国方略提供支持，从思想文化上笼络人心不可或缺。事实上，清朝实施的典籍编撰事业及大力推行朱子学的举措就是其中的关键。

> 清人入主中国，荫察学术宗主之所在，与夫当时区趋向之众寡，于是从众而力主之。升亨朱子于十哲之列而号天下曰：朱子之道，吾帝室之家学也。……彼岂真识朱子之学而得其正也。抑以天子之尊，阳浮慕之。此其意，徒审中国之大势而先据之，钳天下之口而莫敢号我以夷狄也。①

被汉族士大夫高度评价的清朝的学术贡献，燕岩在心中却并不认同。无论清朝皇帝如何推崇朱子学，如何鼓励编撰史书，都无法抹去刻在其身上的夷狄的烙印。

通过比较朴趾源与汉族知识分子对清朝的评价，我们不难发现其思想中强烈的反清意识。他无法认同清朝怀柔政策的源头，是根植于其内心深处的"华夷内外之别"，即"尊周自尊周也，夷狄自夷狄也。中华之城郭、宫室、人民固自在也。正德利用后生之具固自如也"。② 这种"反清尊明"的认知，无论是在他与汉人的笔谈中，还是在他对清朝的称呼及对年号的表述中，均体现得淋漓尽致。

三 "北学"的真意

17世纪初，随着中国王朝的更替，中朝间的交往发生了巨大的转变，朝鲜内部出现了北伐论和北学论两种截然不同的主张。北伐派认为，夷狄之清朝从汉民族统治的明朝手中强取豪夺了中国，出于对壬辰倭乱中于朝鲜有

---

① 〔韩〕朴趾源：《燕岩集》，第253页。
② 〔韩〕朴趾源：《燕岩集》，第172页。

着"再造之恩"的明朝的报恩，基于春秋大义，他们提出了为明朝"报仇雪恨"的主张。陷入民族情感中的北伐派对清朝的评价无法做到客观、冷静，故而未能将残存于中华之地的传统文物制度与政治支配者——"夷狄"清朝之间划清界限、区别对待。而主张"北学"的朴趾源则与之不同，他在给弟子朴齐家撰写的《北学议》序言中强调：

> 如将学问，舍中国而何？然其言曰今之主中国者夷狄也，耻学焉，并与中国之故常而鄙夷之。彼诚薙发左衽，然其所据之地岂非三代以来汉唐宋明之函夏乎？其生乎此土之中者，岂非三代以来汉唐宋明之遗黎乎？苟使法良而制美，则固将进夷狄而师之。况其规模之广大、心法之精微、制作之宏远、文章之焕赫，犹存三代以来汉唐宋明固有之故常哉。①

观之，燕岩对中华文明有着强烈的憧憬，其积极提倡"北学"的具体内容，并非是"夷狄"清朝的习俗或文物，而是在清朝统治下华夏地域内存留的传统中华文物制度。即使中华的支配者已改头换面，但中华文明绝不会消失殆尽。对于生活在18世纪的燕岩而言，以儒学为核心的中华文明毫无疑问具有至高无上的绝对权威，代表着中华文明发展的最高水平。面对程朱理学空谈误国、阻碍国家发展的质疑，燕岩坚决予以驳斥："经术坏国，岂经术之罪也。陋儒只盗经术之名，所以乱天下者，经术之糟粕也。"② 易言之，儒学对国家造成的弊害，并非源自儒学本身，而与援用儒学的儒学家、统治者的个人学识、心术戚戚相关，正所谓"虽古今不同然，义理自在，特人不索之耳"。

在此基础上，燕岩进一步提出了"诚欲攘夷也，莫如尽学中华之遗法，先变我俗之稚鲁"③ 的观点。他认为唐虞三代时的中华文明处于鼎盛时期，对于朝鲜而言，现阶段迫在眉睫的任务就是尽快学习和效仿唐虞三代的古法，实现利用厚生的目标。事实上，为了早日实现朝鲜的"中国化"，燕岩

---

① 〔韩〕朴趾源：《燕岩集》，第105页。
② 〔韩〕朴趾源：《燕岩集》，第260页。
③ 〔韩〕朴趾源：《燕岩集》，第172页。

在作为燕行使出访清朝时，关注的焦点亦主要集中在代表中华传统的文物和制度上。

综上所述，朴趾源的"北学"思想背后蕴含着对中华文明的强烈执念，且这种"慕华"信念直接投射到其对清的认知上。从对清朝的称呼以及将清朝一系列的文化事业视作"愚民之策"上来判断，其内心充满了"崇明排清"的意识。然而不同于北伐论者，燕岩亲自对清朝社会进行过全面、缜密、客观的调查和分析，这也使他能冷静地将当时中国的政治统治与文化传统区别对待。之所以如此，是因为他始终坚信儒家思想文化以及中华文明具有跨时代、跨地域、经久不衰的普适性。

四　余论

17世纪前，朝鲜学者对于地理学的认知途径主要来自《山海经》等反映中华世界观的地理书籍，这些著作体现的是与"天圆地方"说相结合的华夷天下观。进入17世纪，在"西学东进"的大势下，朝鲜也开始接触到汉译世界地图以及《职方外纪》和《坤舆图说》等西方地理读本，这既为朝鲜学者打开了窥视西方的窗口，也触发了其认知中传统华夷天下观的变化。

洪大容通过实验观测天文星象，不仅强调了"宇宙无限说""地球说"等理论，而且运用这些理论对传统的华夷天下观进行了再诠释，否定了华夷之分、内外之辨，得出了"华夷一也、均是正界"的结论。然而，是否可以就此断定其华夷天下观已具备文化相对主义（cultural relativism）特点，[①]仍值得商榷。因为对洪大容而言，全世界具有普遍意义的"道理"只有一个，那就是基于儒家经典《书经》的"正德、利用、厚生"，同时他所期待的理想政治是儒家的王道之制，重德政、尊义理，实心和实学、修己和治人相互结合，融会贯通。

在朴趾源身上，我们也必须清晰地意识到其对中华文明与清朝的两种截然不同的态度。燕岩的确有过"其法优秀，亦可拜其为师"的表述，单从字面上理解，确有清王朝虽身为夷狄，但已接纳了中华文化，因此学习和借鉴清朝理所当然之意。但若不将其对清朝政治统治的极度反感与其对中华传

[①] 河宇鳳著、小幡倫裕訳『朝鮮王朝の世界観と日本認識』明石書店、2008、76頁。

统文化的赞美推崇区分思考，而简单地将其华夷观归纳为"打破传统的华夷之辨，向清朝统治的中国学习"，① 则难免有以偏概全之嫌。

另有部分学者将洪大容、朴趾源的华夷世界观纳入实学研究的范畴进行解读，总结出"实学者们却摆脱了中华意识，毫不含糊地表现出民族文化和历史的自觉"② 这一论断。然而从上文"尊周自尊周也，夷狄自夷狄也"等表述中，我们已能充分肯定事实正好相反，北学派代表人物朴趾源实带有浓厚的"慕华思想"与"尊周大义"。

究其原因，之所以出现上述偏颇论断，主要与韩国"实学"研究的出发点密不可分。无论是燕岩还是湛轩，他们都没有自称"北学派"，这一称号是后世韩国学者所设定的。当然，这样的命名，从研究角度看未尝不可，但韩国学者对"实学"研究的出发点是建立在从被认为是停滞的"国学"中搜寻到"近代思想萌芽"与"民族意识觉醒"，从而实现对前近代思想文化再评价。③ 此举既是为唤醒受日本帝国主义压迫的国内民众的民族情绪、提升国民的爱国热情，同时也是对日帝强加给韩国的历史停滞论的有力回击。换言之，对部分韩国学者而言，朝鲜时期的实学思想不仅是研究对象，更像是一种信仰对象。笔者对韩国学者明晰透彻的历史意识表示高度认可，但正是由于其对北学派人物思想中的"近代性"和"民族性"挖掘得过于迫切，故而往往忽略了他们的思想与中华传统文化之间的关联性。

Zhonghua Consciousness of the "Northern School" in the Lee's Korean Dynasty

Chen Yili

Abstract　In the seventeenth century, under the influence of the "spreading

---

① 姜日天、彭永捷、韩香美编著《君子国智慧——韩国哲学与21世纪》，华东师范大学出版社，2001，第50页。
② 〔韩〕姜万吉：《韩国近代史》，贺剑城、周四川、杨永骝、刘渤译，东方出版社，1993，第164页。
③ 陈毅立：《东亚"实学"与朱子学的内在理路》，徐曙主编《日语教育与日本学》2012年第2辑，华东理工大学出版社，2012，第128页。

of Western learning to the east" and the change of Ming and Qing dynasties, the long-held dominant Zhonghua Consciousness was shaken. Hong Dae-Yong and Park Ji-won were representatives of the "Northern School". After absorbing the knowledge of astronomy and geography from the West, they negated the theory of "Round sky, Square place" which symbolized the order of Huayi. On this basis, Hong Dae-Yong put forward the idea of "Huayi are same". Although Park Ji-won advocated "North Learning", his heart was full of "respecting the Ming Dynasty and excluding the Qing Dynasty", which distinguished Chinese culture from the rule of the Qing Dynasty. Since modern times, some Korean scholars reinterpreted the concept of Huayi of the "Northern School" in the realm of practical learning, and dialyzed out the elements of "modern" and "national" from it. At the same time, the relationship between the "North School" and Chinese traditional culture were ignored.

Keywords The "Northern School"; Park Ji-won; Hong Dae-Yong; Zhonghua Consciousness; Practical Learning

丽末鲜初的儒学政治化形态研究

方浩范 马晓阳

【内容提要】"丽末鲜初"是韩国历史发展中的特殊时段,此时不仅佛儒能够融合共存,而且儒学本身的功能也从道德转向了政治化。在高丽时期儒学发展受到挫折以后,随着性理学的传入,人们开始发现和挖掘儒学本身学术形态之外的政治功能。但是由于儒学家们对儒学的理解不尽相同,在对待儒学的政治态度上产生了差异,最终形成了丽末鲜初独特的政治表现形态。

【关键词】丽末鲜初 儒学 性理学 政治

【作者简介】方浩范,哲学博士,山东大学东北亚学院教授、博士生导师,山东大学东北亚研究中心主任;马晓阳,延边大学人文社会科学学院世界史专业博士研究生、济南大学外国语学院副教授。

对于如何定义"丽末鲜初"时段,学界虽然有不同的认识和看法,但普遍认可的是该时段包括从元朝干涉结束的高丽,即高丽禑王在位时期(1374~1388)开始,到朝鲜朝太宗李芳远(1400~1418年在位)执政结束为止。也有一些学者把朝鲜朝前期划定为自朝鲜建国到燕山君李隆(1494~1506年在位)执政结束为止。在现有的有关丽末鲜初的研究中,学界重点涉及的是李成桂到李芳远的执政时段,因此,本文把"丽末鲜初"按照前一种观点来规定。

---

* 本文为国家重大社科基金项目"东北亚命运共同体构建:中国的引领与行动"(项目号:18ZDA129)的阶段性研究成果。

一　丽末鲜初政治势力的交替

　　高丽与朝鲜的王朝交替是从恭愍王时代（1351～1474）开始的，因为这一时期高丽开始试图摆脱长期受元朝干涉的政治局面，而且参与朝鲜建国的大部分人物在这一时期已开始活跃于高丽的政治舞台。恭愍王时代的反元政策在中国元明交替的历史背景下取得了一定的成就，不仅高丽得到了相对的独立，王权也得到了强化。但同时伴随着改革带来的新的政治秩序，王朝也需要应对长期以来存在着的各种社会矛盾。当国内外形势有了一定的好转时，恭愍王又重用辛旽促进了新一轮更加"激进"的政治改革，而这次政治改革的重点在于逐出武将势力和设置"田民辩正都监"。改革虽取得了相当的成果，并得到了百姓的拥护，但最终因受到非常大的阻力而走向失败，恭愍王也被宦官杀害。恭愍王时代各种政治势力纷纷登场，既给当时的政治带来"活跃"，又造成了空前的混乱和矛盾。其中，以崔莹和李成桂为首的武将和以李穑、郑梦周、郑道传为首的新进文臣势力主导了朝代更替。这个时期高丽面临着诸多"思想问题"，只靠当时儒教和佛教的力量已经不可能有所作为，政治和现实要求呼唤新的思想——"性理学"。进而言之，从思想层面来看，丽末鲜初，佛教开始微缩的同时儒学开始兴起，然而在很大程度上佛教在民间层面和非政治层面仍然起着非常重要的作用，包括开国太祖李成桂在内的许多人仍有浓厚的佛教意识和理念。开国功勋郑道传虽然是位排佛论者，但也没能彻底排斥佛教。这并不难理解，因为古朝鲜建国到朝鲜朝之前，百姓的生活理念就是佛教。佛教的功能之一是给人以未来的"希望"，使得人们能够克服现实的困难，儒学则更多地在政治上发生影响。朝鲜建国以后很多儒学者开始实质性地探讨用儒学，进一步说即用性理学的理念来全方位地统治这个国家的问题。

　　在这里，我们有必要了解一下朝鲜建国者对前朝高丽的认识和态度，以便能够充分了解他们为什么参与了朝代的更替。首先，朝鲜建国者认为，高丽政治的弊端是"私见政治"和"私欲政治"，他们为了防止"私见政治"，主张"公论政治"；为了防止"私欲政治"，提出了以宰相为中心的政治，以及建立谏官、史官制度，其改革的核心精神是为了确保政治权力的"公共性"。其次，朝鲜的建国者批判高丽的精神世界，认为支配高丽精神世界的是佛教与祈福论。再次,朝鲜的建国者构想着一个崭新的由人性与人伦共同构建的政治共同体。他们认为只靠改革政治制度,无法实现社会的和平,如果不以改善人性为基础的话,什么样的制度改革都可能陷入危险。因此,他们想把政治共同体建设成一所巨大的学校,并把这样的政治称之为"文德政治"。也就是说,朝鲜建国不仅标榜"创建新政治体制",也提倡"建设新文明",而这些都需要以性理学为思想和理论前提。

从丽末政治形势来看,随着中国元朝的衰弱,以高丽权门世族为代表的亲元派也走向衰弱。相反,代表新学问——"朱子学"的新进士大夫和新兴武人势力逐渐强大,从而代替了原来的权门贵族。新进士大夫的代表人物是郑道传和郑梦周,新兴武将势力的代表人物则是李成桂和崔莹。他们一致认为高丽已经沦落为腐败而无法继续治理的国家,但对于如何处理高丽的混乱局面存在分歧:一方主张以继续维持高丽政权为前提对其进行改造,另一方则认为需要改朝换代。其结果,代表激进势力的李成桂和郑道传打败了"稳健派"崔莹和郑梦周,其他幸免于难的"稳健派"人士大都被流放到乡村,这些人后来又成了朝鲜朝时期士林派的"始初势力"。"激进派"最终把高丽改朝为朝鲜,开启了朝鲜朝五百年的历史。

在这里,我们有必要梳理一下"勋旧派"和"士林派"的概念以及这两派的思想特点,因为这两派不仅在丽末鲜初时期,而且在之后的韩国历史和思想史中所占的地位和产生的影响也是巨大的。勋旧派也称为官学派,主要是通过世袭来掌握政治实权的大地主。他们大都文武兼备,极力强调中央集权和富国强兵,属于高丽末稳健改革派。勋旧派除性理学外,一定程度上认可佛教、道教、风水思想和民间思想。他们重视檀君朝鲜,认可霸道政治和法治主义。勋旧派大都是改革派士大夫后裔,是15世纪民族文化的主角,通过官学(主要是成均馆)培养,代表人物如郑道传、权近等,主张自主史观。士林派也称为私学派,主要是谙熟性理学的岭南、畿湖地方的中小地主。他们重视道德、义理、名分,主张乡村自治,属于高丽末激进改革派。他们排斥性理学以外的所有思想,重视箕子朝鲜,追求王道政治。士林派是稳健派士大夫后裔,是16世纪以后的思想支配势力,通过书院培养,代表人物如吉再、金叔滋、金宏弼、郑如昌等,主张尊华主义和事大主义。

高丽末禑王（1374～1388年在位）继承了恭愍王的王位，执政14年，但由于即位初过于年少（10岁）无法主持朝政，使得都评议使司①成为高丽政府的中心，以有势力的武将为中心形成"政房"②，掌握国家的政治实权。身为国王无法真正参与政治，使禑王堕落放荡；国家纲纪瓦解，各种政策无法得到有效实现，同时又出现了诸多腐败现象，史学界把这一时期描写为政治上的歪曲时期。这一时期是高丽对外关系中最为艰难的时期，恭愍王时期的"远元亲明"政策，随着恭愍王的"意外"被害告终，明朝开始怀疑高丽。因此，高丽不得不重新与被逐出中原的"北元"进行"外交"，新进文臣势力因坚决反对"亲元"而受到驱逐和流放。随着明朝势力的壮大，高丽又转而想与明朝建立稳固的关系，但明朝没有改变态度，不仅向高丽要求贡品，而且流放了高丽的使臣。与此同时，倭寇占领了高丽许多边疆地区，高丽不得不派遣军力应付倭寇的骚扰。在这一过程中，武将的势力得到了壮大，其中尤以崔莹和李成桂为代表。禑王十四年（1388）五月的威化岛回军使得高丽的政权格局发生了变化，成为推动朝鲜建国的直接原因。禑王被逐，他的小儿子昌王即位，但朝政还是由重臣们继续把持。在李成桂的推荐下赵浚成为大司宪，郑道传为首的新进文臣势力也集中到了掌握兵权的李成桂周围。赵浚提出的有关田制改革的方案，导致以改革与发展为目的的李成桂一派和反对改革的保守派之间形成了不同的势力范围，进而演变为新、旧势力之间的政治斗争。尤其是田制改革大胆地主张打破私田，希望以此来充实国家财政、改善民生安全问题，遭到拥有大量私田的旧势力的反对和阻碍。这个时期，即威化岛回军到王朝交替的四年时间里，高丽经历了非常复杂的政治斗争，最终李成桂一派获胜。

朝鲜王朝开创之初，根据"教旨"国号继续沿用高丽，仪章和法制也继承前朝。也就是说，虽然是"易姓"王朝，但其内涵没有变化。然而五个月后，其国号从高丽变为朝鲜，二年以后国都也进行了迁移。李成桂一派

---

① 都评议使司是高丽时代处理国事的中心机构，也称为都堂，起源于成宗初的"都兵马使"，起初只是讨论军事问题的临时机构，然而到了中期以后逐渐变成处理国家所有重大事务的中心机构。1400年"都评议使司"改为"议政府"，最终废除该机构。

② 政房是高宗十二年（1225）由当时最高执权者崔瑀（？～1249）在自宅里设置的机构，主要负责官吏的任免。高宗四十五年（1258），把政房转移到宫中。武臣政权没落以后，"政房"几度变更名称，一直到高丽末为止，都在政治上起到了重要的作用。

成为主导朝鲜的政治势力，郑道传的《朝鲜经国典》为新王朝指明了政治方向，从此逐渐开始构筑朝鲜王朝的"模样"。朝鲜朝完全摆脱高丽成为崭新的王朝，是从太宗开始的事情。太宗时期开始重新规划权力构造，长期没有解决的与明朝关系的问题也得到了解决。从太祖时期到太宗时期，朝鲜基本上完成了新的政治体系构建，诸多社会问题开始得到有效解决，高丽和朝鲜的王朝交替得以最终完成。也就是说，从丽末的恭愍王时代开始到太宗时期，经过近七十年的时间，朝鲜最终代替了高丽，实现了王朝的真正更替。学界认为，高丽和朝鲜的王朝更替不同于其他朝代，具有其特殊性，即高丽的衰亡史和朝鲜的建国史是"重叠"而存的。

二 儒佛的共融与"转势"

如果说儒佛共融是丽末鲜初的特点之一的话，儒佛的"转势"则是朝鲜朝政治转向的象征，从此性理学逐渐成为朝鲜朝的统治思想。虽然大家普遍认为在宗教与思想层面是佛教起主要作用，而政治层面是儒教起主要作用，但是12世纪后期情况发生了变化。武臣之乱（1170）以后，门阀贵族社会的矛盾和冲突进一步升级。当时的佛教界也开始反思，以知讷（1158~1210）和慧谌（1178~1234）为中心的"信仰结社运动"就是其例。佛教的"反思运动"对儒学界的影响很大，成为后来朝鲜接受性理学的思想背景之一。运动的目的在于进行彻底的实践性反思，同时想要解决佛教界面临着的最大的课题。知讷想通过"定慧结社文"，放弃过去的名义和利益，隐遁于深山老林，修养心性，回到佛者本然之性。早先走"儒者"之路、后遁入佛门跟随知讷的慧谌则主张"儒、佛一致论"，他以丰富的儒学知识为基础，以佛教为主体，探索儒、佛的一致性。在当时最高知识层的禅师中，出家前参加儒学科举考试并合格的人占相当一部分。在当时的儒学界，学习佛教也是普遍的事情，参加科举考试的学徒们经常利用"夏课"在寺庙里学习和修养心性。科举考试结束以后，代表当时最高儒学水准的"座主"们也会与新进门生一道，在寺庙里祈祷和祝愿长寿。由于儒佛间的"亲密"交流，也有儒者为禅师写赞扬的碑文。另外，丽末鲜初佛教衰退的背景，主要包括无限扩张的寺院经济、高丽社会盛行的"祈福信仰"，以及从元朝引进的"禅"思想和活动的活跃。"禅"思想的引入反过来使佛教衰失了哲学多样性。① 如前所述，性理学传入朝鲜半岛以前，佛教与儒学在大部分时间里处于非常融洽的局面。这一时期的儒学是汉唐儒学，其机能和作用在于加强中央集权的政治体制，对社会和民众的精神世界没有起太大的作用。而从高丽初期开始，佛教便作为国教支配王室、贵族乃至百姓的精神世界，从而确立了自己的地位。也就是说，从统一新罗以来，佛教通过其宗教性机能早已扎根于百姓之中，而且高丽的"荫叙"②"功荫田"③等世袭制度也需通过佛教的因果报应思想和轮回思想来进行解释，佛教起到了保护贵族权力和利益的作用。因此，佛教在高丽政治中心层乃至整个社会中具有重要的作用。然而，随着与权门势族的结合，佛教逐渐失去了本有的纯洁性，这也导致了其内部宗教派别之间的对立和矛盾。在这一时期，新进士大夫阶层开始接受性理学，也加强了对佛教的批判，进而发展到在朝鲜王朝时期对佛教采取整顿措施，主张实施崇儒仰佛政策。

如前所述，禑王时期的政治大权把持在武将手中，他们不仅手握军权，而且还掌握着铨注权④，与此相反，儒生们所处的政治位置非常低。儒生们想控制武将，需要有军事力量作为保障，而对没有掌握政治权力的儒生来说，拥有军事力量的办法只有一条，那就是与有军事力量的武将联合起来，李成桂就是最佳人选。儒生之所以找到李成桂，是因为李成桂虽然拥有强大的军队，而且在对外战争中屡建战功，但始终没有得到重用，也没有能够出仕于中央政界。其主要原因是中央武将们不太喜欢他，认为他的先辈们多于元朝设置的双城总管部任职。当时很多武将与儒生保持了紧密的关系，这为他们的仕途打下了良好的政治基础。同样，李成桂也非常渴望与儒生们建立联系，但由于他一开始不仅没法参与"政房"，而且也不具备儒教修养，所以始终没有能够寻找到这种机会。在这样的情况下，他非常珍惜与郑梦周、郑道传等儒生的接触。禑王时期，"政房"成员共十二名，其中儒生只有洪仲宣、禹率宝二人，其余都是武将，所以人事行政当然由武

---

① 〔韩〕金奎奉：《丽末鲜初佛教教团的衰退》，《韩国佛教学会》总第38期，2004，第109页。
② "荫叙"是指在高丽、朝鲜时代，如果父亲或祖父为国家立功，那么其子孙可以不依靠科举，由国家特殊录用的政策。荫叙又称为"文荫""南行""白骨南行""荫仕""荫职"。
③ "功荫田"是指高丽时代五品以上官吏可以把自己的土地传承给自己子孙的制度。
④ "铨注权"是指考察人才、选拔人才的权力。

将们来决定。这一时期儒生的政治作用非常弱小，很多儒生由于遭到当权武将们的排挤而被流配，一部分儒生如李穑等主动称病辞官，甚至已经参与"政房"的洪仲宣也被"政房同伴"流放到宜宁。因为当权的李仁任等不太喜欢儒学，或者不太喜欢有文化的人，所以儒生的这种遭遇也是当然的事情。在这样的现实面前，一些儒生为了维护自己的地位，不得不与武将们妥协，做了武将的文客。相应地，这样的政治环境也引发了儒生们的反感和对抗，于是儒生们借武将势力宣扬自己的政治主张，以对抗武将们的独权。

武将地位的不断提高与外敌的不断入侵有着十分密切的关系，为了减少武将的功劳，儒生们积极参与禑王时期的"迁都"讨论。因为"迁都"是为了有效防止外敌侵入，而随着外侵威胁的减少，武将的影响力自然也会减少，儒生们将此作为削弱武将影响力的有效办法。与此同时，儒生们积极请求禑王"亲政"。禑王八年（1382）时，许多儒生如权近等曾多次要求禑王亲政，希望以此来削弱李仁任等武将们对朝廷的政治控制力。然而，儒生对武将的"进攻"并没有获得成功，当时极力反对与元朝重新建立外交关系的儒生们或被杀，或被流放。废除剳字房的要求虽然得到国王的支持，但同样没有能够实施。

面对这样的局面，郑道传一度想放弃儒者的固有之路，摸索崭新的治国方法。他不是只关注儒学本身的内涵，而是想通过军事行动来改变当时的政治局面，于是也开始关注军事问题，写了不少兵书。恭让王三年（1391），赵浚与郑道传分别在李成桂都总制使下任左右军总制使，掌握了兵权。儒生们与武将们的矛盾虽然很多，然而为了实践儒学家们的理想，他们又不得不亲近武将，将自己纳入武将的"领域"。当时最符合这一要求的人物就是李成桂。李成桂虽然战功显赫，但还是要屈从于实权者崔莹，而崔莹绝不是容易与儒生们妥协的人物，因此，儒生们自然投向李成桂。由于李成桂所处的环境，相比于别的武将缺少接触儒生的机会，郑道传便利用了这一形势想办法让李成桂对儒学发生关注。李成桂和儒者们面对共同的"敌人"，他们的最终目的也许不尽相同，然而想改变这种局面的想法却是一致的。正是这种共同的想法使得诱发革命成为可能，最终导致了朝代的更替。

三 政治倾向差异与儒学的政治化

建国以来，围绕着如何界定朝鲜王朝建国的意义，存在截然不同的观点。一派认为，朝鲜王朝的建立只是韩国历史发展过程中单纯的王权移动或统治者变化；另一派则认为，朝鲜王朝的建国是良人（中间阶级）对贵族的胜利，同时又是克服一个半世纪外来势力干涉的困难民族的胜利。二者间的差异主要是开国功臣集团政治性格与见解的差异。这是因为同为主张性理学的儒学家们，对王朝交替的问题持有不同的政治立场。具体而言，主导朝鲜革命的势力以郑道传为首，而反对朝鲜革命、主张"救国"（挽救高丽）的势力以郑梦周为首。与此同时，在高丽与朝鲜两朝中担任官职的权近，身为高丽遗臣、始终坚持臣节、坚守人伦纲常的吉再，以及李穑、李崇仁、元天锡等无数当时的知识人，都表现出自己独特的政治态度。虽然他们之间有师承关系或者同学关系，具有坚固的学人意识，然而面对激变中的政治状况，他们表现出了不同的政治倾向。从这一点来看，虽然他们追求儒教思想的同质性，然而在决定其政治行为的时候，他们的政治意识却有所不同。简言之，不同政治意识的表现，也可能出自同样的儒教思想中。这是因为在庞大的儒教思想体系中，不仅有强调对君主忠诚的主张，也有像孟子的"闻诛一夫纣"所体现出的"革命"逻辑；既有称颂伯夷、叔齐的节义的观点，也有尊重伊尹的立场的说法。这就要求我们必须认真地把握高丽末期儒者的政治观，根据当时的实际情况来进行具体分析。

围绕着朝鲜的建国，朱子学者们表现出了不同的政治倾向，这一情况的出现除了所属学派团体利害关系之外，最主要是由于他们对朱子学的不同理解所导致。中国宋代的"新儒学"包括"宋学""性理学""理学""道学""程朱学""朱子学"等，其具体内容有所不同。比如，"宋学"包括所有在宋代展开的思想，然而"性理学"是指与人的心性问题相关联的一系列哲学内容。如此而言，我们不能简单地说"宋学"就是"朱子学"，"朱子学"就是"性理学"。而且，"朱子学"也不可能单纯地从某一层面定义，因为它是建构在庞大的论著基础上的，不论是在宗教层面，还是在政治社会的现实层面，它都有涉及。"朱子学"的基础虽然可以看作是"性理学"，然而从经学的层面来看，朱熹完成了对"四书"崭新的经学体系的构筑，强调理解儒教与圣学要谛应该从"四书"入手。朱子对"四书"一一做了详细的注释，更对《大学》的章节进行了调整与补充，最终把"四书"确立为儒学的经典体系，因此，离开"四书"无法说明和理解"朱子学"。高丽末在权溥（1262~1346）的建议下，《四书集注》在高丽得以刊行，权溥目睹当时的中国元朝把朱子学作为官学，把《四书集注》应用于科举考试科目的事实，请求在高丽也进行普及。在此基础上，理学在高丽的知识分子中广为流传，而且出现了李谷、李齐贤、李穑等性理学大家。由此，"四书"的重要性与对"四书"的关注度得到了提高。郑梦周登科前已经拥有《大学》与《中庸》两部书，同时把《孟子》给郑道传，让他好好学习。朱子学传入高丽是从忠烈王十六年（1290），即朝鲜建国约一百年前安珦（1243~1306）抄来《朱子全书》之事开始的。差不多同一时期白颐正也在中国元朝利用十年的时间学习和研究了朱子学，回国后培养了门生，其中具有巨大影响力的门人是李齐贤。李齐贤正是建议刊行《朱子集注》并撰写《孝行录》的权溥的女婿，这个学派后经由李谷传承到其子丽末大儒李穑。丽末鲜初处于激变时期，往往越是激变时期越能够充分展现人们的意识世界。而在决定这一时期政治行为的"政治意识"中，朱子学虽具有一定的普遍性，但更多的是由个人的特殊性所决定的。也就是说，虽然在韩国思想史发展过程中，性理学在丽末鲜初已开始被学习和应用，在朝鲜朝占据非常重要的位置，甚至左右了朝鲜朝历史的发展过程，但是由于性理学本身所包含的内容相当丰富，对于性理学，不同的学者和不同的"政人"给予了不同的理解和诠释。高丽末期对内面临着贵族式专制与兼并土地的庄园经济以及不断扩大的寺院经济；对外面对着蒙古的侵略以及与中国元朝的不平等关系。性理学的导入和与之相适应的改革意识，给建设一个崭新国家的正当性赋予了重要的意义。具体而言性理学赋予的政治意义有两点，一是从政治理念来看，易姓革命正当化是性理学内在的逻辑构造所决定的，并在对现实持强烈不满且要求对体制进行改革的新进学者中开始接受和扩散；二是在对外关系中，确立了符合当时情况的新社会秩序的主体性历史意识。

高丽王朝到朝鲜王朝并不是单纯的王权更替，而是在政治、经济、社会、文化等各个方面都出现了巨大的变化。政治上，朝鲜重新调整了以王权为中心的权力结构，通过王权与臣权的调和，从高丽门阀贵族社会转变为朝鲜两班官僚社会;社会结构上,在两班中心的统治秩序和家庭制度中应用了宗法思想,因此儒教家长制的家庭伦理逐渐得到了普及;经济上,允许国家上层对农民的支配;外交政策上,采取亲善为基本政策,缓和了紧张的对外关系;文化教育上,扩大了教育机构,以均衡发展文化和技术为导向,为发展民族文化打下了牢固的基础;科举制度也得到了进一步的完善,相对于家庭背景更加尊重个人的能力。性理学作为政治理念在朝鲜扎下了根,不仅在学问和思想上占据了支配地位,而且开始成为人们的日常生活规范。

　　创建新国家的过程中非常重要的条件是要制定建设该国家所需要的法令、法规,同样,在朝鲜建国的时候也面临着完善高丽时期法令或者重新制订新法的任务。在国家基本法的制订过程中,郑道传做了大量的努力,他以中国的六典为基础,制定了符合朝鲜社会的《朝鲜经国典》①等。在郑道传的《朝鲜经国典》《经济门监》之后,赵浚出刊了汇编条例的《经济六典》,太宗时期又修订和补充了《续六典》,世宗时期完成了《六典登录》。经过一系列的立法举措,世宗时期人们提出了应该要综合各种法令和教令,建立一个恒久法典的意见,开始了法典集大成的工作,并于成宗二年(1470)最终完成了《经国大典》。这一大典是朝鲜的国家组织、政治、社会、经济活动的基本法典。此后,随着时间的流逝,虽有进一步修正与补充,《经国大典》的基本构架没有发生变化,成为朝鲜王朝五百年历史的基本法。《经国大典》的编撰,基本完成了朝鲜政治制度的确立,并为儒教式法治国家的建设打下了坚实的基础。为了进一步坚实朝鲜新王朝的政治基础,建立了中央集权式官僚组织,从经济上确定了"官田法",并在王权强化与民生安定双重目标的驱动下,完善了执政体系。②户曹、兵曹等六曹所负责的工作,虽然与高丽的六部没有大的差别,然而其职能却有了很大的强化。此外,为监督行政机关设置了三司(弘文馆、司宪部、司谏院),即三司是为了防止在决定政策和执行过程中可能出现的腐败而设置的机关。其中,司宪部是负责监督百官的重要机关,负责调查所任命官员的身份、履历

---

① 《朝鲜经国典》效法《周礼》和《大明律》,以治典(吏典)、赋典(户典)、礼典、政典(兵典)、宪典(形典)、工典为基本内容,后演变为《经国六典》。
② 〔韩〕金堂泽:《李成桂即位与恭让王》,《历史学研究》总第38期,2010,第146页。

等；弘文馆负责整理编撰文献，并起到国王顾问的作用；司谏院负责国王的政治活动，并对国王的失误进行"谏诤"。

虽然朝鲜标榜儒教政治理念，但并不是一开始就实现了儒教政治。在社会、政治逐渐安宁的过程中，朝鲜首先健全了政治机构和统治体制，要求国王与臣子们以民本思想为根据，实施儒学标榜的德治和仁政。高丽末期由安珦引入性理学后，经过李齐贤到李穑近一百年时间，性理学逐渐独立于与贵族势力紧密联系的佛教和对武臣政权起装饰功能的"修饰与文辞的儒学"，在政治与行政以及日常生活中得到了彻底的贯彻。此时的性理学不再是单纯的"外来思想"，而是根据当时的思想与现实要求重新"组合"的思想，这种思想的形成与高丽末士大夫群体的形成有着直接的联系。士大夫在成为社会势力主体后，把性理学作为新的学问与政治行政理念予以推广。

朝鲜的行政体制是以国王为"顶点"的中央集权体制。朝鲜建国初期实行以高丽时期的基本政治构架为基础的中央集权体制，在初期行政体制形成过程中，具有巨大影响的人物是郑道传。他认为"政治不可不在宰相"，强烈主张"宰相中心"的政治行政论，但同时主张具有如此巨大权力的宰相的任免权在于国王，宰相具有正确引导国王的职责，以此相互监督，负有共同的政治责任。这就形成了国王与宰相相互监督和平衡的中央集权体制，以防止衰退的高丽王朝与没落的地方势力对新王朝的影响与浸透。这种行政组织的基本主体是议政府、六曹，下连地方的守令，形成了以国王为中心的行政管理体系。统治权集中在中央，使得官权不被贵族或豪族所支配，并在不同的阶层中形成监督，使之制度化。国王对执行机关的直接管理，意味着王权的扩张和中央权力的集中。在这样的儒教式框架体系内，国王所拥有的象征性权力在现实中还是会转换为实际权力，从而导致实现改革具体化的思想家与政治势力之间的矛盾长期持续下去。

总而言之，朝鲜朝打破了儒佛共存的模式，用儒教思想体系来统治和管理国家。造成这一局面的一个非常重要的原因是，高丽末的政界不管是保守改革派还是激进改革派都具有脱佛教、扩张儒教的共同意识，所以即使是具有尚佛意识的李成桂，也不得不同意和实施郑道传设计的儒教国家的主张。高丽太祖在《训要十条》中说，高丽是依靠佛教力量来建国的，然而在朝鲜王朝的第一个"施政教书"中，强调了儒教的构成要素，却没有言及佛教。李成桂和郑道传在对待佛教的问题上，存在着很大的分歧，按常理来看，这二人应该是很难共事的。然而，如前所述，郑道传虽积极主张排佛，但也没有把佛教和儒教看成是势不两立的存在。郑道传和李成桂都认为佛教已经不可能继续成为治理国家的基本精神，或者无法为国家治理提供帮助。对于李成桂来说，儒教并不是一项选择，而是只能贯彻的路线。据史书记载，身为带武佛教人的李成桂在军幕中利用业余时间读《大学衍义》，这足以说明，在当时的历史条件下，儒学的"政治化"开始真正成为治理国家的重要手段。

在朝鲜朝初期性理学被提升为新的统治理念的过程中，为了牵制和均衡君权，逐渐衍生出"臣权论"。"臣权论"是儒学政治化的重要标志，其基本主张是为了实施正确的政治，需防止统治者的独裁，根据民意来实施措施。性理学把对"君权"的评价与"治者"和"修己治人"的功夫相连在一起。如果由于缺乏修己功夫而违背性理学政治理念，君主随时可能通过"放伐"被"更替"。在儒教国家的君主政治中，随着君权的强化，百姓的权益自然缩小，其结果治者与被治者中间，必要有调节这二者之间权益的人，这个人就是"读书人"——性理学者。"臣权论"在东洋政治思想中发展为"尚贤论"思想，并用性理学来对此进行正当化。昏明不定的世袭君主政治，无法保障以贤人政治的"民本"来为民政治，因此为了保障贤人政治和民本政治，需在众人中选拔精英，形成贤人集团来实施臣权政治。臣权政治的核心，就是郑道传所主张的"宰相政治"。① "臣权论"政治思想逻辑大概有以下三个方面：第一，为了防止昏明不定的君主的诞生，需通过"君道"来实现性理学的理想世界；第二，臣子为了纠正君主在执政过程中的错误，可通过谏诤和经筵来使政治制度化，使其不能脱离性理学所主张的"臣道"；第三，性理学式的权力构造是"君—臣—民"，虽然这三者在性理学政治体系中的地位和作用是不同的，但为了实践性理学的理想世界，这三者应该成为"同道者"。

历史证明，靠武力可以实现革命，然而并不一定能够有效地治理国家。朝鲜王朝虽然"代替"了高丽，然而其思想文化却不容易变化。朝鲜王朝成为"儒教国家"是中国儒学尤其是朱子学在朝鲜成为政治工具和强调尊

---

① 〔韩〕李炳烈等：《郑道传的民本行政思想研究》，《韩国行政史学志》总第35期，2014，第127页。

重道德意识的结果,也是佛教与儒学竞争过程中,儒学"战胜"佛教,并形成儒学理论体系的结果。还有非常重要的一点,就是丽末鲜初的儒教式政治权力体系是在巨儒们的共同努力下才得以实现的。

A Study of the Political Mode of the Confucianism in the Late Goryeo Dynasty and the Early Joseon Dynasty

Fang Haofan, Ma Xiaoyang

Abstract The late Goryeo Dynasty and the early Joseon Dynasty was particularly special in the development of Korean history. During this period, the Confucianism co-existed with the Buddhism, and its major function was also changed from morality to politics. The Confucianism was frustrated in the Goryeo Dynasty. Later, with the introduction of the Neo-confucianism, the political role of the Confucianism was gradually discovered and developed in addition to its intellectual form. Due to their different understanding of the Neo-confucianism, the Neo-confucianists assumed different attitude toward the political role, which resulted in the unique political mode in the late Goryeo Dynasty and the early Joseon Dynasty.

Keywords The Late Goryeo Dynasty and the Early Joseon Dynasty; The Confucianism; The Neo-confucianism; Politics

退溪"四端七情论":一个现象学的考察

林 曦

【内容提要】 本文从现象学的视角,对退溪的"四端七情论",从"奠基"和"他者性"两个维度进行了理论重构,着重剖析了退溪"四端"与"七情"之间的关系和差异。"四端"是"奠基"的基底,而"七情"则是建造在"四端"之上的"非奠基之情"。即便"四端"和"七情"都是以"他者性"和"主体间性"为自己的出发点,但是,"四端"强调的是"理为先、气随之",而"七情"则是"气先发、理乘之";在面对他者的时候,会面临"道义与私人爱欲孰先孰后"的选择偏好问题,"四端"强调"道义为先",因此是"纯善"的;而"七情"则可能会更多受到"私人爱欲"的影响,故而表现出"可善可恶"的两面性。

【关键词】 四端 七情 现象学 奠基 他者性 主体间性

【作者简介】 林曦,哲学博士,复旦大学政治哲学副教授、社会科学高等研究院专职研究人员。

在朝鲜儒学史上,李退溪与奇明彦之间关于"四端七情"的辩论,对后世讨论"四端七情"产生了巨大的影响,是朝鲜儒学学者对孔孟之道、程朱理学的重要阐释,推动了儒学在道德情感论述方面的发展。[①] 关于这场

[①] 参见邢丽菊《试论韩国儒学的特性》,《中国哲学史》2007年第4期,第90~101页;金香花《"四七之辩"的肇始、系谱化及其"终结"——16至19世纪朝鲜儒学的逻辑进程》,《中国哲学史》2013年第4期,第120~128页。

辩论，学界已经有了相当多的著作来对其进行评述和分析。① 相比之下，本文的侧重点，则在于探究退溪在与奇明彦辩论的过程之中，对孔孟之道、程朱理学进行了何种独到、原创的解释；而这样的解释，在运用现象学的分析视角来观照的时候，又能延展出何种具有现实意义的理论观点。为此，本文的论述将围绕退溪"四端七情论"之中"四端"与"七情"在"奠基"及"他者性"这两个维度上的差异来展开。

一 "四端"与"七情"在"奠基"层面上的差异

对于"四端"和"七情"之间的关系，在出现的时间上，退溪曾有一段描述："孔子言仁义，而不备举四德，至孟子而始言之。子思言四情，而不备举七情，至《礼记》始言之。非省文也，义理浑然于其中故也"。② 从文本的角度来考虑，"四端"的论述，最早可见于《孟子·公孙丑上》，孟子认为，"恻隐之心，仁之端也；羞恶之心，义之端也；辞让之心，礼之端也；是非之心，智之端也。人之有是四端也，犹其有四体也"。③ 而关于"七情"，则在《礼记·礼运》篇中提及，"何谓人情？喜、怒、哀、惧、爱、恶、欲，七者弗学而能"。④

对于"四端"和"七情"的区别，退溪做过一个论述，在他看来，"'情'之有'四端''七情'之分，犹'性'之有本性气禀之异也。然则其于'性'也，既可以理气分言之，至于'情'，独不可以理气分言之乎！恻隐、羞恶、辞让、是非，何从而发乎？发于仁、义、礼、智之性焉尔。喜、怒、哀、惧、爱、恶、欲，何从而发乎？外物触其形而动于中，缘境而出焉尔。'四端'之发，孟子既谓之心，则心固理气之合也。然而所指而言

---

① 参见李明辉《四端与七情：关于道德情感的比较哲学探讨》，华东师范大学出版社，2008；邢丽菊《关于韩国儒学三大论争关联性之思考——以四端七情论争、未发论争、心说论争为中心》，《韩国研究论丛》总第30辑，社会科学文献出版社，2015，第137~155页；洪军《韩国儒学史上的"四端七情"论辩——以退溪和栗谷为中心》，《哲学研究》2015年第12期，第35~40页；王元琪《朝鲜时期"四端七情"之辩述论》，《西北大学学报》（哲学社会科学版）2017年第1期，第167~173页。
② 贾顺先主编《退溪全书今注今译》（第一册），四川大学出版社，1992，第479~480页。
③ 万丽华、蓝旭译注《孟子·公孙丑上》，中华书局，2006，第69页。
④ 陈戌国：《礼记校注》，岳麓书社，2004，第159页。

者，主于理何也？仁、义、礼、智之性粹然在中，而四者其端绪也。'七情'之发，程子谓之发于中，朱子亦谓之各有攸当，则固亦兼理气也"。①这里退溪的解释是，"仁、义、礼、智"这四者，算是我们的本然之性，纯粹至善地存在于我们每个人的心中。这四种本然之性，作为我们的天性基底，从中生发出来恻隐、羞恶、辞让、是非这"四心"。因此，仁、义、礼、智是种子，而"四心"，就是萌芽、发端的状态，是从"仁、义、礼、智"这四个本然之性里面生发出来的四个端绪。②

相对而言，"七情"就是因为我们在接触到外物之后，被外物触及了我们的形体或者说是身体，这样的一种接触，让我们心中的情绪被诱发了出来。这是一种"接触—感动—诱发"的三步走过程。那么，这里就涉及人的"意向"问题，也就是说，我们在进入世界的过程中，万事万物通过和我们身体的接触，成为我们心意的对象，让我们的心意被触动、感动。而当心意被激动起来之时，就自然而然地形成了各种各样不同的"情"，这些林林总总的"情"汇总起来，就涵摄在"七情"之中。因此，从现象学的角度来看，其实"四端"与"七情"的发动机制是不一样的。对此，退溪冠之以"本然之性"与"气质之性"的区别。朝鲜君王曾召见退溪，问到了关于心统性情的三幅图，退溪回答说其中有两幅图是自己根据孟子、程朱理学的论述修改而成的，退溪用这两幅图解释了"四端"与"七情"、"本然之性"与"气质之性"之间的区别。在他看来，"本然之性，主于'理'而言；气质之性，兼'理''气'而言。以'情'言之，循'理'而发者为'四端'，合'理''气'而发者为'七情'。故中图，以本然之性，主'四端'而为之；下图，以气质之性，主'七情'而为之"。③ 在这段话中，退溪的解释是，"四端"其实体现的是"理"，是我们原本的天性，是我们的"本然之性"，人人皆而有之，是无差别、普遍化的一种人类质性和基底；相比之下，"七情"则

---

① 参见贾顺先主编《退溪全书今注今译》（第一册），第80页。
② 退溪在这里把"四端"中的"端"理解为"端绪"，明显是受到了朱子的影响，参见赵楠楠《朱子哲学里的四端和七情》，《理论界》2009年第5期，第142~143页；陈乔见《从恻隐心到是非心：王阳明良知说对儒家性善论的凝练与发展》，《浙江社会科学》2018年第6期，第125~126页。
③ 参见贾顺先主编《退溪全书今注今译》（第一册），第178~179页；相关评论参见于春海《李滉〈心统性情图〉研究》，《东疆学刊》2008年第4期，第29~31页。

体现了"气",是个体秉气而生以后所获得、具备、展现出来的"性",是建造在我们原本天性基础之上的"个体之性",个体之间的千差万别,就来源于此。因此,"气质之性"和"七情"一样,体现的都是一种带有区别、差异的表现形式。

从上述角度来说,"四端"与"七情"、"理"与"气"、"本然之性"与"气质之性",这三组概念之间的关系,是有着前后、上下、高低之分的顺序在里面的,从现象学的角度来看,这样的顺序,体现的是"奠基"与"非奠基"的关系。这里我们有必要回顾一下"奠基"（fundierung）这个概念在胡塞尔现象学之中原本的含义并说明我们在这里借用时所具备的含义。在胡塞尔看来,我们的意识活动分成两类:一类意识活动（I）与认知活动有关联,主要负责构造我们的各种意识对象;另一类意识活动（II）主要与意愿、情感活动相关联,它们无法自己构造对象,而必须以前一类意识—认知活动所构造出来的对象为自己的客体。因此,从"是否有能力自己构造对象"的这一维度来看,"奠基"就是意识活动"II"必须要建立在意识活动"I"的基础之上,我们的意愿和情感—意识活动（II）,都是必须以此前在认知活动（I）中构造出来的对象为自己的客体。① 可以看出,胡塞尔在提出"奠基"这个概念的时候,主要是依据意识活动是否有能够自主构造客体的行为,来划分这两类意识活动的前后、上下、高低顺序,这意味着第一类意识活动（I）必然地在经验的层面上先于第二类意识活动（II）而存在,而意识活动（II）也是搭建在意识活动（I）之上的一种"第二阶"的"上层建筑"。② 从这个意义上讲,意识活动（I）虽然位于底部,但是,它扮演的是相当于房屋建筑中"地基"的角色,是至关重要的,直接决定了在其之上建造的高楼大厦能够达到什么样的高度和形成什么样的样态。因此,这种"奠基"与"非奠基"的关系,本身便包含了一种顺序和不同的重要性（lexical order of importance）③ 在里面。

本文在使用"奠基"这个词的时候,虽借鉴了胡塞尔的说法,但是笔者并不准备照搬胡塞尔的假设与用法。我们在将之运用到考察"四端"

---

① 参见 Edmund Husserl, *Logische Untersuchungen*, Dordrecht: Springer, 2005, pp. 135, 307 - 308。

② 相关评论参见倪梁康《客体化行为与非客体化行为的奠基关系再论——从儒家心学与现象学的角度看"未发"与"已发"的关系》,《哲学研究》2012 年第 8 期,第 28～35 页。

③ 参见 John Rawls, *A Theory of Justice*, Cambridge, MA: Harvard University Press, 1971, p. 42。

与"七情"这两个概念之间关系的时候，可以发现，胡塞尔所提到的"是否有能力自己构造对象"的理论维度，到这个语境中，立即失去了其理论上的意义。"四端"与"七情"，其着眼点，本身并不在于"客体化行为"（Objektivierung）①，而是在于孰先孰后，哪一个更加接近我们人性的本源。所以，从"靠近人性本源"的这一维度来看，"四端"无疑比"七情"更具作为"基底"的特点，发挥了基础性的作用，而"七情"则是建造在这个"基底"之上的高楼大厦。这两个概念之间的关系，颇有点类似"普遍性—差异性"这一对概念的关系，即我们每个个体都共享着一套"何为人"的种群的特征，这些特征是普遍的，人人共有；在此基础之上，我们个体还存在着差异，在身高、种族、肤色、性取向、智力、体能等方面，不一而足，很难找出两个在各个方面一模一样的个体出来。因此，我们也可以说，这样一种"差异性"是"奠基"在"普遍性"之上的一种"第二阶"表现形式，而"普遍性"作为"第一阶"的"基底"，则直接规定了我们什么样的样态才是可能的。只有有了之前、最初、原先的这个"基底"，才有后面的"多样性"和"差异性"的出现。而对于"四端"和"七情"之间的关系，其实也是一样的道理。"四端"本身是更靠近本源的一种存在和属性，它直接规定了，我们能够以什么样的形态、属性而出现，只有在这个基础上，我们才可以想象"七情"如何得以可能。②换言之，"七情"的林林总总、多元差异，本身是建立在"四端"的这个基础之上，即"七情"是"奠基"在"四端"之上的。

我们之所以要在此处讨论"奠基"这个概念，是因为，退溪在解释"四端"与"七情"之间的关系，尤其是两者之间的差别的同时，其实已经做了这样一个"奠基"与"非奠基"或曰"被奠基"的假设。比如，退溪在讨论"四端"与"七情"时指出，两者既然都是"情"，那么，这其中的具体差别又在什么地方呢？退溪在论述之中提到，孟子把"四端"

---

① 参见 Edmund Husserl, *Logische Untersuchungen*, p. 235, n. 5。
② 这样的一种规定性其实也可以借鉴康德的一个概念。康德在讨论人类所具有的"感性直观"的过程中，特地举出了上帝的"智性直观"来做对比。这就是作为"感性直观"的属性在规定我们能够有所为、有所不能为的范围之所在（〔德〕康德：《纯粹理性批判》，邓晓芒译，杨祖陶校，人民出版社，2004，第49～50页）。

称作"四心",那么,心作为理与气的结合体,其实也就意味着,"四端"是理与气的结合体;同样的道理,"七情"本身也是发于我们的心,这就意味着,"七情"也是同时具备了理与气。既然两者都具备了理与气,这其中的差别又在什么地方呢?对于"四端"而言,这里的理与气的结合体,是存在于我们心中的纯善至上的状态,这里面,起到主导作用的是"理",是一种纯粹、天然、本然的状态。相比之下,"七情"虽然也是理与气的结合体,但是,里面发挥主导作用的却是"气",因为"喜怒哀惧爱恶欲"这七种情感,是我们的心在与外界接触的过程中,被诱发而动、被诱发而形成的状态。这样的一种状态,与天然纯善的"理"或者"四端"相比,就不一定是纯善的了,而是既可以为善,也可以为恶,善恶皆有可能,是在"理"的基础上激发出来由"气"来进行主导之后而形成的一种可能性,类似于"薛定谔的猫"①。"七情"可善可恶,本身集合了不同状态的可能性。不能说"七情"必定是善或者必定是恶,这两种决然的断言都是不对的,因为都封闭了"七情"作为一种开放状态所可能表现出来的多样的形态。因此,在退溪的论述体系之中,"四端"与"七情"之间,存在着"奠基"的关系,纯善本然的"四端"作为基底,在其基础上,构建、打造出可善可恶、拥有不同可能性和开放结局的"七情"。这就是"四端"与"七情"虽然同为"情",但是在构建顺序、道德价值上存在差异的地方。这样的一种"奠基"关系,直接决定了这两者之间最本质的区别。

二 "四端"与"七情"在"他者性"维度上的差异

上文讨论的是"四端"与"七情"在"奠基与非奠基行为"这一层面上的差异,这一点还可以通过"理气相互关系"来进行进一步的论述。实际上,退溪在解释《心统性情图》的时候也对此有过论述:"四端之情,理发而气随之,自纯善无恶,必理发未遂而淹于气,然后流为不善。七者之情,气发而理乘之,亦无有不善,若气发不中而灭其理,

---

① 对"薛定谔的猫"的相关论述,参见 John Gribbin, *In Search of Schrödinger's Cat*, New York: Random House Publishing Group, 2011。

则放而恶也。"① 这里退溪虽然是从"四端"与"七情"的发动在理气关系中的差异这一维度去论述的，但是，从对理气关系的阐述中我们也可以发现，退溪对"气发"之后是否能够"循理"非常关注——在发动之后，如果"气"可以循着"理"的轨道来运作，那么就可以保证是善的；反之，如果"气"的运行偏离了"理"的轨道，那么就会"流于不善"或者"放而恶"。因此，在"四端"这里，"理"占据了主要的位置，能够规训"气"的运行，因此是"纯善无恶"。只有一种情况有可能产生"不善"，那就是"理"没能发动起来，而仅仅是"气"在运行。相比之下，"七情"则主要是由"气"来发动的，这里就涉及"循理"的问题。所以，尽管"四端"是"奠基"的行为，但是"七情"这一"非奠基行为"仍有可能在发动之后脱离"四端"，进而造成"流于不善"的局面。

那么，如何来理解这其中的"理气关系"，或者说，"七情"在发动之后，又是如何"流于不善"的呢？对此，退溪在《答郑子忠》中曾有所提及："孟子之喜，舜之怒，孔子之哀与乐，气之顺理而发，无一毫有碍，故理之本体浑全、常人之见亲而喜，临丧而哀，亦是气顺理之发。但因其气不能齐，故理之本体亦不能纯全。"② 我们读到这段文字的时候，心里可能会产生一个困惑：孟子、舜、孔子，这些"君子""圣贤"级别的人物，他们的喜怒哀乐，怎么会与常人的喜怒哀乐不一样？这里退溪在说明圣贤与常人的喜怒哀乐存在差异之时，指出前者是"气顺理而发"，而后者虽然也是"气顺理而发"，但是"气不能齐"，所以导致"理……不能纯全"。按照这个解释来看，退溪是认为，圣贤的"七情"一方面是"气顺理而发"，另一方面也是因为"气能齐"，并且"理之本体能纯全"。这两方面都具备，方能在理与气的关系上达到圆满的状态。相比之下，对于常人而言，一方面可能"气不顺理而发"，那这种"情"就偏离了"理"的轨道，或者出现另外一种情况，即"气不能齐"，从而导致"理"形成了

---

① 参见贾顺先主编《退溪全书今注今译》（第二册），四川大学出版社，1993，第194页；李致亿《四端之纯善与七情之无有不善——李退溪四端七情论中的"两情二善"》，《集美大学学报》（哲社版）2018年第2期，第21~26页。
② 参见贾顺先主编《退溪全书今注今译》（第一册），第488页。

"偏塞"。①

这里对理气的关系，仍然是停留在一个抽象的理念来进行认识，如果从现象学的角度来看，我们不妨从"他者性"的维度来对这一问题进行剖析，即"四端"与"七情"，在他者性（l'autre）或者交互主体性、主体间性（intersubjektivität）这个角度上也会存在差异。"四端"所提到的"恻隐、羞恶、辞让、是非"，其实都隐含了人与人进行社会交往的假设，这四心都不是在个体独处的情况下产生的，而一定都有他者的在场，只不过在论述中，这个在场的他者被"隐藏"了起来，作为一个不声张的"预设"而存在于论述的背景之中。比如孟子在前面的引文里论述"恻隐之心"时说，如果我们看到有小孩子要掉进井里了，会自然而然地产生出恐惧、担心、同情的心理，这些心理状态不是因为任何外在、功利的考虑而被激发出来，而完全是一种天然、自然、本然的状态。之所以要强调这种"恻隐之心"是天然的状态，是因为孟子想要强调这是一种纯粹的、作为我们人性之基底的道德天性；是一种"理"，镌刻在我们人性的模具上，成为定义我们人性的一条准则；是我们人之所以区别于动物的一个显著标识。而且，这样的一种"天然"，完全摒弃了以外物为导向的意图。这样的意图，考虑的主要对象可以包括自己的声名（"誉"）、利益（"内交"）、个人好恶（"恶其声"），本身就不是围绕自己的内心，而是围绕着各种利益考量、成本计算、个人价值偏好来进行的，其追求的是个人的利益最大化，是一种以理性计算为基础的"第二阶"考量。相比之下，"恻隐之心"的激发是遵循一种类似本能的冲动，"见之即触发"，完全摒弃了种种复杂的利益考量和理性计算，是比较典型的"第一阶"道德情操。这种天然的道德情操，其发动是需要在见到、听到"他者"的情况下进行的，是一种非常典型的以交互主体性为基础的场景预设。

"七情"也同样地预设了这种"交互主体性"。在上文的论述中我们可以看到，"七情"因外物的触动而发，而退溪在《答郑子忠》中也提到，我们会"见亲则喜、临丧而哀"，这其实也是把"七情"建立在一个社交场景中个体所经历的情感体验的基础上。亚当·斯密的相关论述能够帮助我们更

---

① Liju Xing and Xi Lin, "The Debate on the State of Unarousedness between Oeam and Namdang," *Journal of Korean Religions* 8.2 (2017), p.190.

加具体地理解这种"交互主体性"。他认为,当我们处在一个社交场景中,正是由于他人的"在场",或者说我们通过五官感知到了他者的"在场""出现",才会由此激发我们内心的情感反应。[1] 既然"四端"与"七情"都是有"交互主体性"的面相,都是要面对"他者",那么,要怎么理解其中的差异呢?退溪所言的"四端乃理发气随之"以及"七情乃气发理随之",究竟如何通过"他者性"来进行解释?

其实,要理解这里的"理"和"气",不妨加上两个形容词或限定词,即"普遍的理"和"具体的气"。"理"是普遍存在、人所共有的"本然之性",而"气"则是因人而异、视具体情况而定的"气质之性",因此,在面对"他者"的问题上,"四端"与"七情"存在是"普遍的理"抑或"具体的气"占主导地位的问题。为了更好地理解这一点,我们不妨借用一下列维纳斯的观点来进行一番理论上的探讨。在列维纳斯看来,他者具有"首要地位",通过把他者放在高于自我的位置之上的这样一种进路,才能使责任变得可能。所以在列维纳斯的框架中,自我与他者之间的"身体间性",是伦理的先决条件,而不是反过来,先有伦理,然后才有彼此之间的"身体间性"。而且,人的多样性,不是简单地等于数量上人与人的叠加或者相加,而是需要在本体论上有一种激进的意识,即承认他者是优先于自我的,需要通过他者来定位自我。在列维纳斯的理论中,责任才是第一伦理,这样的一种伦理,其指向是"他律"的,是以他者为中心的一种伦理考量。换言之,我们在进行伦理决策的过程中,其考虑的首要对象应当是他者,而非自我;我们正是通过"他者"才能成就和实现"自我",这基本上是对现代性中个人中心主义哲学的拒斥。这样一种以外在的他者为中心的视角,是把他者放置在一个"圣坛"的位置,将他者的存在和所处的世界提高到第一伦理的地位,从另一个角度来说,这是一种"去中心化"(à le décentrer)的努力,就是让我们主体的意识从自我的天然中心里面出来,[2] 进入到一个以"他者"为中心的视域中。这样的过程是一个将"他者提升至神圣地位"的过程(altarity)。从词源的角度来看,"圣坛、祭坛"

---

[1] 〔英〕亚当·斯密:《道德情操论》,蒋自强、钦北愚、朱钟棣、沈凯璋译,胡企林校,商务印书馆,2003,第42页。

[2] 参见 C. B. Mcpherson, *The Political Theory of Possessive Individualism*, Oxford: Clarendon, 1968。

（altar）和"改变、他者"（alter）有着千丝万缕的联系，前者是通过奉献牺牲来实现神圣与世俗之间的沟通，后者则是通过某种方式和"差异性"（difference）产生联系。两者都是强调从自我的舒适区跳出来，进入一个陌生的领域。如果把这两个词合二为一，"以自我为牺牲"，在祭坛上向"他者"献祭，把"他者"提高到一个至高的地位，那么这样的一种伦理观就是以他者为中心、以责任为第一伦理要求的哲学理念。[1] 列维纳斯还希望能够把这种"作为首要伦理要求的责任哲学"同康德式的自由结合起来，在他看来，我们存在的首要目标并不是自由，相反，自由是手段和载体。我们的生存不应仅仅为了自由，好像为了纯粹的自由，我们可以放弃一切。[2] 我们的存在，如果要获得自由，必定是通过他律来进行的，这种他律就是要以他者为中心来构建我们的道德生活。[3] 从现象学的角度来看，我们个人的存在一直都是暴露在他者面前的，我们的生存也是以"和他者交错在一起"为前提的，这就是我们生存的"外部性""外向性"。所以，我们相互交错在一起的"身体间性"，构成了我们伦理生活的起点。对于我们的存在，其重要的支点，不在于自我中心主义，而在于去中心化、面向他者的他律，在于时刻对陌生、外在于我们的他者保持一种开放的态度，唯有如此，才能践行"责任作为首要伦理要求"的教义。也正是在这个意义上，我们的存在，拒斥了自我中心主义（在社会世界中）和人类中心主义（在自然世界中）。[4]

列维纳斯这里所说的"主体针对他者的道义责任"，接近于上文所说的"普遍的理"，因为它是没有具体指涉的普遍论述命题。相比之下，"具体的气"则是和个人的具体情况、私人爱欲、关系远近等现实情况结合在一起的。因此，这两者孰先孰后、谁占主导地位，就会影响相关的优先取舍。如果是以"普遍的理"为基准，那么"具体的气"就必须要以"理"为自己的准则，而不能有违于"理"，即便是处理具体事项，也不能损害"普遍的

---

[1] 对于这两个词语之间联系的语源学探究，参见 Mark C. Taylor, *Altarity*, Chicago, London: the University of Chicago Press, 1987, pp. xxvii – xxxi, 91 – 95。

[2] 如匈牙利诗人裴多菲的《自由与爱情》诗句。

[3] 参见 Emmanuel Levinas, *Collected Philosophical Papers*, translated by Alphonso Lingis, Dordrecht: Martinus Nijhoff, 1987, p. 58。

[4] 相关评论参见 Hwa Yol Jung, "Introduction," *Political Phenomenology: Essays in Memory of Petee Jung*, edited by Hwa Yol Jung and Lester Embree, Switzerland: Springer, 2016, pp. 13 – 15。

理"，这样才能达致退溪所言"气之顺理而发，无一毫有碍，故理之本体浑全"的状态。[①] 相比之下，如果是以"具体的气"为指导，以自己的私人爱欲作为分辨的准则，那么在面对"他者"的问题上，就会出现按照自己的亲疏、喜爱程度、关系远近等而进行区别对待的情况，这就有可能产生"亲亲而害理"的局面，会为了一己私爱而牺牲更大的"理"。因此，通过"他者性"这一维度，我们就能更好地理解，为何退溪在解释"四端"与"七情"之间的差异时，尽管用了抽象的"理气关系"来进行论述，但其基本的落脚点仍然是我们在社交场景中针对"他者"的不同处理方式。

三 结语

退溪在与奇明彦进行辩论的过程中，分析了"四端"与"七情"之间的关系和差异。借助现象学的视角，我们可以看到，退溪的理论框架将"四端"视为"奠基"的基底，而"七情"则是建造在"四端"之上的"非奠基之情"。即便"四端"和"七情"都是以"他者性""主体间性"为自己的出发点，但"四端"强调的是"理为先、气随之"，而"七情"则是"气先发、理乘之"；在面对他者的时候，会面临"道义与私人爱欲孰先孰后"的选择偏好问题，"四端"强调"道义为先"，因此是"纯善"的；而"七情"则可能会更多受到"私人爱欲"的影响，表现出"可善可恶"的两面性。

Toegye's Arguments on the Four Beginnings and Seven Emotions: A Phenomenological Inquiry

Lin Xi

Abstract This article aims to phenomenologically examine Toegye's arguments on the Four Beginnings (*siduan*) and Seven Emotions (*qiqing*),

---

[①] 参见王雅、刘明山《四端七情说中的道德原则先在性问题研究》，《辽宁大学学报》（哲学社会科学版）2014 年第 6 期，第 42~46 页。

attempting a theoretical reconstruction through "founding" and "alterity", so as to reveal the relations and differences between *siduan* and *qiqing*. On the one hand, *siduan* constitutes a founding substratum, on the top of which *qiqing* may be founded. Moreover, whereas *siduan* and *qiqing* share the same assumption of alterity or intersubjectivity, they differ in their emphasis on whether *li* (principle) or *qi* (physical force) shall be prioritised. The priority of *li* over *qi* is inherent in the notion of *siduan*, while for *qiqing*, it is the other way around. When confronted by an "other", one will invariably face a choice to make, in "deontological consideration of the other's interest" or "private preference". There is an emphasis that "deontological consideration shall prevail" in *siduan*, for which it is "purely good". By way of comparison, *qiqing* may be affected more often than not by "private desire or preference", for which reason it will manifest the Janus faces of being both good and evil.

Keywords　The Four Beginnings; The Seven Emotions; Phenomenology; Founding; Alterity; Intersubjectivity

社会与经济

"一带一路"视域下中韩产业园建设研究

唐 坤

【内容提要】经济全球化和贸易自由化已成为当今世界经济发展的主旋律，"一带一路"倡议的本质要求是推进经济全球化，实现贸易投资自由化、便利化；加快区域经济一体化也是"一带一路"建设的重要内容。韩国是中国的战略合作伙伴，中韩FTA的生效为"一带一路"背景下中韩经贸合作提供了制度基础，有助于两国与欧亚地区国家的经贸合作。2017年12月商务部明确在山东烟台、江苏盐城、广东惠州设立中韩产业园，中韩产业园的建设和发展能促进两国全面升级经贸关系和战略伙伴关系，有利于我国构建现代产业体系、培育经济新动能，是加强区域经济一体化及"一带一路"建设的重要路径。

【关键词】经济全球化　一带一路　中韩产业园　投资贸易便利化

【作者简介】唐坤，经济贸易学博士，鲁东大学外国语学院讲师，2018年8月至2019年8月为韩国高丽大学亚洲问题研究所访问学者。

一　"一带一路"倡议与《国务院关于同意设立中韩产业园的批复》的发布

在中国经济崛起和国际政治经济格局发生巨大变化的背景下，中国提出了"一带一路"对外经济合作新倡议。"一带一路"是"丝绸之路经济带"和"21世纪海上丝绸之路"的简称。2013年9月初习近平主席访问哈萨克斯坦时提出建设"丝绸之路经济带",① 10月初访问印尼时提出构建"21世纪海上丝绸之路"。② 两大构想强调"一带一路"是促进共同发展、实现共同繁荣的合作共赢之路,相关各国共同打造政治互信、经济融合、文化包容的利益共同体、命运共同体和责任共同体。"一带一路"贯穿亚欧非大陆,一头是活跃的东亚经济圈,一头是发达的欧洲经济圈,中间广大腹地国家经济发展潜力巨大。③ 通过和相关地区国家间的政治经济合作,欧亚大陆及相邻海域国家间可实现系统性的深度整合。"一带一路"宏大构想的根本特点,就中国国内而言,标志着东中西部经济联动发展;就世界而言,标志着经济全球化将由海洋经济全球化大步迈向海陆经济全面打通的、人类历史上前所未有的新一轮经济全球化。④ 以"政策沟通、设施联通、贸易畅通、货币流通、民心相通"为特点的"一带一路"国际合作,将为推进新一轮经济全球化提供强劲动力。推进落实"一带一路"倡议的一个重要途径是要以国内外一些核心区域和重要节点为战略支撑,这些重要节点就是自由贸易区。建设自由贸易区是我国十分重要的对外贸易战略,党的十七大把自由贸易区建设上升为国家战略,党的十八大提出要加快实施自由贸易区战略,党的十八届三中全会提出要以周边为基础加快实施自由贸易区战略,形成面向全球的高标准自由贸易区网络。目前,中国已经达成17个自贸协定,涉及亚洲、拉美、大洋洲、欧洲、非洲的25个国家和地区,并且,正在与28个国家进行13个自贸区的谈判或升级谈判,与9个国家进行自贸区联合可行性研究或升级研究。

"一带一路"顶层框架中的主题框架之一是"多国"参与,通过一批先期合作国家,争取示范效应,体现合作成果。基于综合国力和地缘政治经济现实,"一带一路"建设势必经历一个先从中国周边做起,逐步推而广之的历程。中韩隔海相望,两国历史文化相通,经济结构互补,经贸联系紧密,

---

① 习近平:《弘扬人民友谊　共创美好未来——在纳扎尔巴耶夫大学的演讲》,《人民日报》2013年9月8日第2版。
② 习近平:《携手建设中国—东盟命运共同体——在印度尼西亚国会的演讲》,《人民日报》2013年10月4日第2版。
③ 国家发展改革委、外交部、商务部:《推动共建丝绸之路经济带和21世纪海上丝绸之路的愿景与行动》,人民网,http://ydyl.people.com.cn/n1/2017/0425/c411837-29235511.html。
④ 郑必坚:《"一带一路"推进新一轮经济全球化》,光明网,http://theory.gmw.cn/2017-11/07/content_26715033.htm。

人员往来密切，是天然的合作伙伴，中韩之间的合作对"一带一路"建设的推进具有积极示范作用。中国保持着韩国最大贸易伙伴国和韩国第二大海外投资目的国的地位，韩国则是中国第三大贸易伙伴国和主要外资来源国之一。2015年12月签署的《中韩自由贸易协定》是中国迄今为止对外签署的覆盖议题范围最广、标准最高的自贸协定，为"一带一路"背景下中韩的经贸合作提供了制度基础，有助于深化双边在贸易、投资、文化等领域的合作，标志着"一带一路"沿线双边自由贸易区建设的加速。《中韩自由贸易协定》的第17章为"经济合作"，协定第26条为"中韩产业园"，指出中韩双方同意在指定产业园的设立、运营和发展方面加强合作，包括知识分享、信息交换和投资促进，双方应致力于推动指定产业园内企业的相互投资。中韩产业园合作机制是中国商务部和韩国产业通商资源部为落实两国领导人共识、加快推进产业园发展而建立的国家层面合作机制。2015年中韩双方在韩国首尔召开了第一次会议，重点围绕中韩产业园的发展定位、合作模式、推进机制、支持政策等进行了交流。2017年12月，习近平主席与来访的韩国总统文在寅就共同建设中韩产业园达成共识后，中国国务院正式对外发布《国务院关于同意设立中韩产业园的批复》（国函〔2017〕142号），同意在江苏省盐城市设立中韩（盐城）产业园，在山东省烟台市设立中韩（烟台）产业园，在广东省惠州市设立中韩（惠州）产业园，依托三地现有的经济技术开发区、高新技术产业开发区建设，打造中韩地方经济合作和高端产业合作的新高地，积极落实《中韩自贸协定》有关规定，加快复制推广上海等自贸试验区改革试点经验，努力把中韩产业园建设成为深化供给侧结构性改革、加快建设创新型国家、推动形成全面开放新格局的示范区，以及中韩对接发展战略、共建"一带一路"、深化贸易和投资合作的先行区。[①]根据国务院对三个中韩产业园的战略定位，中韩产业园是新形势下加强双边经贸及产业合作的新平台、新载体，是中韩经贸合作政策的具体落实，有助于推动贸易、双向投资自由化和便利化，是促进区域经济一体化及"一带一路"建设的重要路径。2018年6月，中韩产业园合作协调机制第二次会议在江苏盐城举行，双方提出开展体制机制创新，促进与韩国新万

---

① 《国务院关于同意设立中韩产业园的批复》，中国政府网，2017年12月11日，http：//www.gov.cn/gongbao/content/2018/content_ 5254311.htm。

金韩中产业园协同发展,积极探讨和推进有关具体项目,推动相关建设合作。①

二 "一带一路"视角下的中韩产业园国际合作背景

在当今大变革、大发展、大融合的时代,世界各国的政治、经济、文化联系日益紧密、相互依存日益加深,合作共赢越来越成为国际关系的主流和大趋势。② 与韩方共建中韩产业园是习近平主席亲自提出和推动的重大倡议,是党中央、国务院着眼我国改革开放新形势做出的重大决策部署,并被写入2015年12月生效的《中韩自贸协定》,成为中国对外自贸区合作的创新举措。中韩产业园建设有利于进一步发挥中韩经贸合作的地缘优势。邻近国家间的自由贸易区具有人员往来与物流便利、文化相近等多种有利条件,具有更多的优势条件来扩大经济合作以获得互利双赢的结果。中韩两国同处东亚地区,相近的文化传统使两国紧密地结合在一起。在经济全球化的今天,寻找共同的发展机遇,提高国民的生活水平与国力是中韩两国的共同诉求。

当前跨国企业对华投资正发生着深刻的转变,投资的动机、方向和内容都与过去不同。第一,对华投资格局发生巨大变化。美国鼓励制造业回流美国,并通过降低税负等方式,促使大量企业在美国投资;欧洲也实施再工业化,希望回到世界制造业中心的位置;随着中国成本的上升,产业转型升级,中低端制造业正在加速向成本更低的国家转移。第二,产业投资方向更倾向于中国消费市场所需。消费市场已经取代资源、成本等要素成为外商投资中国的首要因素,越来越多的消费市场依赖型产业加速转移至中国。第三,投资结构向高端制造业和现代服务业转变。随着中国成本的上升,以中低端制造业为代表的劳动密集型产业正加速向成本更低的其他发展中国家转移,我国正利用外资结构从低端制造业向高端制造业和现代服务业转变,这种投资者的增加顺应了中国经济发展过程中开始加速的结构性转型和升级趋势,对我国经济结构转型升级有重要的积极作用。第四,国际合作模式不断

---

① 《中韩产业园合作协调机制第二次会议在江苏盐城举行》,中华人民共和国商务部,2018年6月13日,http://www.mofcom.gov.cn/article/ae/ai/201806/20180602754908.shtml。
② 邢丽菊:《关于加强中韩人文交流的思考》,《东北亚论坛》2014年第6期,第112~124页。

推陈出新。传统的国际合作模式主要为独资、合资、合作等方式，随着产业转移趋势的转变，更多的国际合作模式不断显现，如基金模式、融资租赁模式等，以更好地吸引智能制造、新兴服务业企业落户。中韩两国之间的产业转移仍在继续，中国进入承接高端技术和现代服务转移的新时期。随着新技术、新模式不断涌现，新一轮产业革命和科技革命带来新的调整和突破，中韩两国在传统制造业上的合作因同质化竞争日趋艰难，中韩（烟台）产业园、中韩（盐城）产业园、中韩（惠州）产业园和新万金韩中产业园根据目前两国产业园构建现状及相对优势产业进行合作，步入借助高端要素互补，携手向先进制造业、新兴产业和现代服务业发展的新时期。

新万金韩中产业园位于韩国中部全罗北道，包括群山国家产业园区、新万金产业园区、新万金观光园区等，毗邻中国、日本、俄罗斯等巨大市场，与中国各沿海经济特区距离短，是韩国西海岸最大的制造业基地，韩国政府计划将其打造成东北亚未来新兴产业和旅游休闲产业中心。《中韩自贸协定》正式签署后，韩国成为唯一与世界三大经济体缔结自贸协定的国家，这为中国企业经由韩国投资全球带来重大历史机遇。盐城、烟台和惠州三个城市分别地处长三角经济圈、环渤海经济圈和珠三角经济圈，是"一带一路"倡议与韩国区域合作战略对接融合点，在开展对外经贸合作特别是对韩经贸合作方面具有独特优势。在三个城市建设中韩产业园，有利于发挥其各自优势，形成区域平衡的对韩合作布局，实现北、中、南良性互动和协同发展，发挥以点带片、以片带面的辐射带动效应。目前，上述三个产业园所在的江苏省、山东省和广东省人民政府正积极进行建园工作，落实《中韩自贸协定》有关规定，复制推广上海等自贸试验区改革试点经验，开展体制机制创新，探索对外经济合作新模式、新路径、新制度。韩国总统文在寅在访华期间提到，韩国的"新北方政策"和"新南方政策"与中国提出的"一带一路"倡议一脉相承，建议韩中企业强强联合，充分利用 FTA 网络，共同进入第三方国家市场。同时，中国市场的急速变化衍生了多样化的中韩商业合作需求，不仅是中韩企业间的合作需求，还包括中韩企业携手与第三方国家合作的国际性需求。综上所述，中韩产业园的国际合作是在经济全球化、国际投资贸易格局和多边投资贸易规则酝酿调整、中韩两国合作共赢的国际背景和中国深化改革开放、积极推进"一带一路"倡议的时代背景下展开的，其发展对区域经济合作、中国产业升级及共建"一带一路"具有重要的示范效应。

三 "一带一路"建设与中韩产业园发展并举的具体措施

"一带一路"建设与中韩经济合作之间的关系不是对立的,二者在很多领域存在互补关系,需要协调相互间行为及策略,追求合作共赢。

(一) 设立中韩投资基金,推动对韩金融创新

中韩投资合作基金是两国约定事项。2015年10月,韩国产业通商资源部与中国商务部决定共同研究设立投资合作基金。2017年12月,中韩首脑会谈决定开展合作基金设立可行性联合研究,其共同研究协议内容为:支持中韩FTA生效后设立投资与金融调度平台;推动两国政府为发掘两国贸易投资机会、联合创新、企业创业等设立基金;中韩两国通过商务合作协议,具体协商设立基金等具体方案。投资合作基金是实现中韩两国间生产网络质的转变的重要手段,是摆脱目前纵向分工生产网络、发掘中国产业升级对应的新合作范式,是升级两国产业结构、加强对市场劣势领域及公共资源的扶持的重要手段。金融方面要深化合作,扩大中韩两国本币互换、结算的范围和规模。在中韩FTA中新纳入的金融服务方面,中韩双方承诺将提高金融服务领域的监管透明度,在解决投资者与国家的投资争端方面专门设置事前磋商机制,通过协商解决分歧。金融改革创新方面推动投融资便利化,增强金融服务功能,支持韩国银行机构对园区内企业开展跨境人民币贷款业务,支持韩国银行、保险等金融机构到园区设立分支机构。符合条件的韩资企业可在园区设立合资基金管理公司,园区内银行机构可办理中韩货币互换项下韩元融资和各类海外直贷等创新业务,鼓励开展外商投资企业知识产权质押贷款业务。

(二) 加快产业升级,融入全球供应链管理

产业升级就是使产品附加值提高的生产要素改进、结构改变、生产效率与产品质量提高、产业链升级。通过与"一带一路"沿线国家的贸易和投资合作,实现我国制造业产业链国际分工和价值链开放布局的转型升级,是"一带一路"建设的基本出发点。[①] 中韩产业园应加快产业转型升级和推动

---

① 徐坡岭、那振芳:《我国制造业在"一带一路"的产业链布局问题——竞争优势互补与中间品贸易视角》,《东北亚论坛》2018年第3期,第88~109页。

基于价值链的合作，完善产业链上下游支撑体系，形成分工明确的专业化产业链，布局价值链高端并引领产业走向。目前，中韩两国都具备极大的高端产品和技术市场需求，具备共同推进产业链合作、协同发展高端产业的合作空间。中韩产业园应建立产能创新合作平台，促进中韩两国先进制造业产业链深度合作：一是依托现有领域产业配套基础，引入韩国产业链高端环节企业；二是以优势产业为先导，推进相关产业标准互认、政策互通，鼓励中国优势产业向新万金韩中产业园投资，拓展韩国市场，利用韩国与美国及欧盟的自贸协定绕过部分产业封锁；三是面向"一带一路"巨大的基础设施和轨道交通等市场，发挥中韩两国在资本、技术、工程、设备等产业链环节的互补优势，制定行业标准，在国际市场竞争中实现两国产业利益最大化。

全球供应链管理已经成为使世界各国企业紧密联系在一起的重要工具。[1] 在中国"一带一路"倡议背景下，中韩产业园作为全球供应链上的一个节点，在管理体制和政策设计上应当充分考虑全球运筹管理对产业园开发开放的要求，在产业园功能与政策整合的基础上，不断融入全球供应链管理。全球供应链中的所有连接都是指企业间的连接，三个产业园的企业通过与韩国跨国企业发生联系，开展分工协作，各取所需，扩大自己的生产线并在国际范围内扩张，形成优势互补、共同发展的良好局面。

（三）培育经济新动能，集聚中韩创新要素

创新是推动一个国家和民族向前发展的重要力量，也是推动整个人类社会向前发展的重要力量。面对全球新一轮科技革命与产业变革的重大机遇和挑战，面对经济发展新常态下的趋势变化和特点，面对实现"两个一百年"奋斗目标的历史任务和要求，必须深化体制机制改革，加快实施创新驱动发展战略。[2] 从产业角度看，中韩产业园要集中资源重点发展战略性新兴产业，特定区域内较强的产业集聚对韩商直接投资有较强的吸引力。加快"中国制造2025""海洋强国"与韩国"第四次工业革命"战略对接，中国的"大众创业、万众创新"与韩国的"创新经济"都将创新上升为国家战

---

[1] 李泊溪、周飞跃、孙兵：《中国自由贸易园区的构建》，机械工业出版社，2013，第37页。
[2] 《中共中央国务院关于深化体制机制改革加快实施创新驱动发展战略的若干意见》，中国政府网，http://www.gov.cn/xinwen/2015-03/23/content_2837629.htm。

略,从国务院对中韩产业园的批复来看,是希望中韩产业园的建设能"加快建设创新型国家"。根据韩国对外经济政策研究院2018年2月发布的《新常态中国各地域创新战略及韩国对应方案》分析,对于创新先导产业,特别是中韩两国共同关心的领域,如人工智能、干细胞、生物医药、纳米技术及环境等,韩国政府将强化各产业与中国的合作,推进科技成果应用并使之企业化和商业化,加强与中国技术转让中心的合作,同时希望对于两国共同保有的尖端技术,在研究期间相互加强招商引资或者强化两者间的合作。中韩产业园要多争取韩国高级创新要素,加速发展中国创新型经济,利用中国经济内需的"虹吸效应",吸收韩国创新要素为中国产业升级服务,提升产业园内企业产品出口档次,加强与韩国新万金产业园的互动合作,促进新兴产业共生共兴。中韩产业园应鼓励企业对韩创新合作,加强创新政策统筹协调,营造激励创新的公平竞争环境,加大对产业园内中小企业创新支持力度,建立技术创新市场导向机制,完善成果转化激励政策,构建更加高效的科研体系,形成未来产业创新要素集聚区。近年来,随着互联网的发展,数字经济作为一种新的经济形态,正在成为中国转型升级的重要驱动力,也是全球新一轮产业合作的主要方式,中韩企业可以推动以数字经济为主的产业创新合作。

(四) 扩大服务贸易自由化,发展现代服务业

新环境下,服务贸易发展已开始成为经济全球化、区域经济一体化的重点所在。大力发展服务贸易是中国与世界各国深化合作的重要领域,也是中国深度融入经济全球化进程、提升全球价值链地位的重要途径。[①] 通过服务贸易自由化谋求发展现代服务产业并配套升级制造业已成为国际贸易发展的重点领域。服务贸易对中韩两国GDP的贡献不断提高,在两国国民经济中正扮演着越来越重要的角色。未来5~10年,中国新技术革命与13亿人的消费大市场的结合,将推动健康、文化、旅游、信息等服务型消费需求快速增长,服务贸易将成为中韩自由贸易最大的市场潜力所在。为适应服务贸易发展的大趋势,中韩应以开放包容和可持续发展为基本原则,加快服务贸易自由化的制度安排。随着经济转型升级,中国逐步形成了战略性新兴产业和

[①] 顾学明:《大力发展服务贸易 提升全球价值链地位》,商务部国际贸易经济合作院,2018年9月7日,http://www.caitec.org.cn/n6/sy_xsyj_tw/4776.html。

传统制造业并驾齐驱、现代服务业和传统服务业相互促进、信息化和工业化深度融合的经济结构新格局,制造业与服务业的融合发展成为中国经济发展的双引擎。① 中韩服务业合作与服务贸易的扩大有助于发掘新的增长动力,应对双方服务业升级,促使第四次产业革命的制造业与服务业相融合,推动双方产业向 GVC 上游迁移并实现产业升级。推动高水平服务贸易自由化,考虑以两国特定地区为对象实施示范工程的方案,相对于全面开放,使两国政府感受的风险小,且具备开展多种试验的可能。坚持高端制造业和现代服务业"双轮驱动",加快对现代服务业的引进,尤其是对知识、技术和人力资本密集的高级生产性服务业的引进,得到韩国先进技术和人才的支持,可缩短一些领域的赶超进程,扩大服务合作,实现合作品质飞跃提升,如跨境电子商务、仓储物流、研发设计、检验检测、维修、国际结算、分销、展览等生产性服务业以及旅游休闲、文化、医疗美容等消费者服务业。探索推进服务贸易数字化,运用数字技术提升服务可贸易性,推动数字内容服务贸易新业态、新模式快速发展。积极拓展新兴服务贸易,重点推进服务外包、技术贸易、文化贸易发展。同时,应注重改善民生,增进消费者权益,发展消费者服务业。还可在产业园内形成新的市中心,推动在医疗、旅游、文化等领域的开放与相互合作,如:旅游 + 医疗、旅游 + 文化。除特定服务业以外,要一并落实相关领域实质性开放或制度创新,如开放医疗服务 + 扩大医疗器械进口,颁发给医生以外其他医疗人员在中国国内的工作许可证。

(五) 落实中韩自贸协定,促进贸易投资自由化、便利化

投资贸易合作是中韩产业园建设的重点内容,两国政府宜着力解决投资贸易便利化问题,消除投资和贸易壁垒,构建区域内两国良好的营商环境。同时,要适应新形势、把握新特点,推动商品和要素流动型开放向规则等制度型开放转变。在放宽韩资准入方面,争取对来自韩国的投资实行准入前国民待遇和负面清单制度,② 逐步减少和取消韩国投资准入限制。要扩大进出

---

① 逯新红:《未来中韩经贸合作重点领域在哪里》,《中国对外贸易》2018 年第 7 期,第 39 ~ 41 页。
② 所谓的负面清单(Negative List),是指针对凡是外资的、与国民待遇和最惠国待遇不符的管理措施或业绩要求和高管要求等方面的管理措施,均以清单方式列明,其特征是以否定性列表的形式标明外资禁入的领域。

口贸易，推动出口市场多元化，削减进口环节制度性成本。保护韩商在华合法权益特别是知识产权，允许更多领域实行独资经营。贸易便利化可以全面改善全球进出口贸易的透明度与可信度，改革边境管理措施，提升贸易质量与效率。此外，中国海关应全方位地深化韩国与"一带一路"沿线国家通关合作，积极推动沿线国家AEO互认，优化海关监管服务，推进通关流程去繁就简，促进外贸转型升级，加快培育外贸发展新动能，支持新型贸易业态发展。三大中韩产业园要利用贸易便利化等政策优势，携手韩国物流企业以及欧洲物流企业，构建完整的国际多式联运供应链，开辟中韩"一带一路"贸易通道，促进中韩和"一带一路"沿线国家贸易创新发展和合作交流。并且，中韩产业园的企业也要"走出去"，发挥企业主体作用，通过在韩国新万金设厂或并购等方式，以资本控制力为突破，利用新万金及全罗北道的投资优惠政策，在技术、品牌、渠道等价值链高端环节实现发展方式转型。两国企业可共同承揽"一带一路"国家大型基础设施项目建设，韩国利用在设计及关键零部件制造领域的优势，中国利用在价格、金融、采购等方面的优势，共同拓展第三国市场，带动产能转移，推动中国产业升级和扩大出口，提高企业"走出去"的竞争力。

（六）营造中韩深化交流环境，培育合作创新文化

中韩产业园是两国政府间的合作项目，有必要从国家、省级和市级等多层次形成多种合作交流机制，对标国际一流标准，不断提升制度环境软实力，加快形成法治化、国际化、便利化的营商环境，有效增强对韩资本、技术、人才、管理等高端要素的吸引力。在国家层面，发挥政党、议会交往的桥梁作用，加强与韩国立法机构、主要党派和政治组织的友好往来，形成常态化的政府合作交流机制，对中韩产业园建设和创新发展的重大问题进行沟通协调，有针对性地提供政策支持，为中韩产业园创新发展创造一定的制度优势。在省级层面，各省形成制度化的协调机制，加强对中韩产业园创新发展的统筹协调和指导，为国际化优质人才、资本和技术的引进，以及合作平台建设、合作项目推介、两国智库之间开展联合研究、举办合作论坛等提供财政支持。在市级层面，开展城市交流合作，互结友好城市，以人文交流为重点，建设多元开放交流环境，鼓励与韩国地方政府和民间开展文化艺术、体育竞技、娱乐演艺、旅游推介等交流活动，优化国际化的教育、医疗、居

住、生活环境，改善签证便利政策，健全境外专业人才流动机制，畅通外籍高层次人才来华创业渠道，推动职业资格互认，为中韩产业园的经贸活动及精准定位主导产业提供积极保障。同时，中韩产业园在建设和发展过程中，要避免依赖政策红利所形成的"企业扎堆"现象，从硬件、软件等多方面构建共享、交互的创新生态环境。

四　结语

中国的"一带一路"倡议与中韩两国产业园的设立为中韩两国提供了合作的新框架和交流的新渠道，有助于以亚洲区域为背景实现亚欧经济一体化。中韩两国分别作为世界第二和第十四大经济体，共建中韩产业园对两国经济发展意义重大。在中国沿海开放城市设立中韩产业园，是进一步推动中国改革开放的适宜选择，是烟台、盐城、惠州三个城市融入"一带一路"建设的重要载体。依托三个中韩产业园各自的区位优势对接国家自贸区战略和"一带一路"倡议，深化贸易和投资合作，对应对单边主义和贸易保护主义，推进中日韩自贸区谈判和实现东亚地区贸易投资自由化具有重要示范意义。随着"一带一路"建设的不断推进，中韩两国的双边贸易投资会更具活力，三个中韩产业园的示范性作用会更加凸显，有助于加快区域经济一体化与中国经济全球化进程，并将极大地推动"一带一路"建设。

The Research on the Construction of Industrial Park between China and ROK from the Perspective of "the Belt and Road"

Tang Kun

Abstract Economic globalization and trade liberalization have become the main melody of economic development in the world today. The essential requirement of "the Belt and Road" initiative is to promote economic globalization, realizing the liberalization and facilitation of investment and trade.

And speeding up regional economic integration is an important content of "the Belt and Road" construction. ROK is a strategic partner of China. The entry into force of China-ROK FTA provides the institutional basis for China-ROK economic and trade cooperation under the background of "the Belt and Road" and is conducive to economic and trade cooperation between the two countries and countries in the Eurasian region. In December 2017, the Ministry of Commerce clearly established China-ROK Industrial Park in Yantai (Shandong Province), Yancheng (Jiangsu Province) and Huizhou (Guangdong Province). The construction and development of China-ROK Industrial Park can promote the two countries to upgrade their economic and trade relations and strategic partnership comprehensively and help China to build a modern industrial system and foster new economic momentum, and it is an important path to promote regional economic integration and the construction of "the Belt and Road".

Keywords　Economic Globalization; The Belt and Road; China-ROK Industrial Park; Investment and Trade Facilitation

韩国国际医疗旅游发展：
现状、问题与经验启示

梁江川　潘　玲

【内容提要】 韩国在短时间内快速发展成为国际知名的医疗旅游目的地，其成功经验与问题挑战并存，尤其赴韩整形美容的中国游客人数激增，暴露了韩国医疗产业接待能力有限、非法中介频出、信息不对称、民意争议大等问题。韩国国际医疗旅游是以国家政府为主导、私营医疗企业为主体的发展模式。政府在法律政策保障、相关部门协同、国际标准认证、患者权益保护、专业人才培养、品牌宣传推广、医疗旅游产品开发、海外市场开拓等顶层设计层面，引导和支持各类医疗机构积极开展外国患者接待和医疗技术服务海外输出业务，对我国国际医疗旅游发展具有一定的启示作用。

【关键词】 国际医疗旅游　韩国模式　国家主导战略　经验启示

【作者简介】 梁江川，博士，广东财经大学岭南旅游研究院副研究员。潘玲，广州商学院管理学院讲师。

韩国政府将医疗旅游定位为新成长动力产业和创造经济的先导产业，并于2009年修改《医疗法》，将医疗机构或中介机构开展招揽外国患者赴韩就诊的营利行为合法化，这标志着韩国国际医疗旅游产业的全面兴起。2009~2016年这8年期间，韩国国际医疗旅游产业快速发展，累计接待外国患者

---

* 本文系教育部人文社科研究青年基金项目（项目号：20YJC790070）的阶段性成果。

156万人，创造经济收入约28亿美元。①韩国拥有先进的医疗技术和高科技的医疗器械，检查诊断速度快，治疗服务优良，而且费用相对低廉，并辅以丰富完善的休闲旅游资源，在全球医疗旅游市场具有较高的竞争力。2016年，韩国政府提出到2021年吸引80万外国患者来韩就医、推动211个医疗机构开拓海外医疗市场的目标。②

韩国国际医疗旅游的热门领域主要有健康体检、整形美容（整形手术、护肤、抗衰老治疗）、轻症治疗（妇产科、矫形外科、牙科、眼科）、重症治疗（癌症、心脏病、器官移植、脑部疾病）、传统韩医及保健疗养（丛林治疗、寺院住宿、度假村休养、慢食运动）等。早期韩国医疗机构专注于整形美容项目，在成功打造品牌形象后，目前致力于开发综合医疗项目，现已形成以整形美容、轻症治疗、重症治疗等西医为主，以天然药物治疗、针灸等传统韩医为特色，以历史古迹、自然风光、美食购物、民俗体验等文化旅游为辅的医疗旅游体系。

韩国在国际医疗旅游发展的成功案例引起业界的广泛关注，并加剧了周边区域国际客源市场竞争。韩国与中国地缘相近、文缘相通、人缘相亲，探析韩国国际医疗旅游发展的市场现状、存在问题及相关经验，对我国发展国际医疗旅游产业具有一定的启示作用。

一 国际医疗旅游概念辨析

国际医疗旅游的概念由来已久。早在两千多年前，古希腊人就曾前往位于土耳其帕加马的阿斯克勒庇俄斯③神庙求医，当地人使用按摩、泥土疗法、草药、解梦心理分析法等手段为患者进行有效治疗，之后地中海地区的各国患者纷纷慕名而去。这被认为是西方国际医疗旅游的雏形。21世纪以来，随着人们收入增加、闲暇时间增多、对于健康长寿的关注日益密切，以客流反向流动、高品质低价位、对客源国依赖弱为特征④的国际医疗旅游市

---

① 《2016韩国接待外国患者实绩统计分析报告》，韩国保健产业振兴院，2017年10月26日，http：//www.khiss.go.kr/board/view?linkId=64141&menuId=MENU00308。
② 《医疗机构海外输出及吸引外国患者的综合计划（2017~2021）》，韩国保健福祉部，2016年11月30日，https：//www.khidi.or.kr/board/view?linkId=211476&menuId=MENU01151。
③ Asclepius，希腊神话中的医神。
④ 高静、刘春济：《国际医疗旅游产业发展及其对我国的启示》，《旅游学刊》2010年第7期，第88~94页。

场逐渐兴盛。吸引人们以医疗为目的进行跨国移动的拉力要素主要是较低的医疗服务价格、较短的候诊时间、本国缺少的医疗服务或优美的自然环境、个人隐私保护意愿以及异域旅游体验等。[1] 由于具有经济效益高、综合带动性强等特点，国际医疗旅游成为近年来世界各国旅游目的地管理部门与相关业界高度重视和大力发展的高附加值产业。据全球知名调查公司"联合市场研究"（AMR）统计，全世界医疗旅游市场产值在2016年达到611.72亿美元，预计2023年将达到1653.45亿美元，2017～2023年平均增长率将为15%。[2] 目前，以印度、新加坡、泰国、韩国、马来西亚等为代表的亚洲国家凭借高性价比的医疗服务和独具异域特色的旅游资源，成为全球最具影响力的医疗旅游目的地。

国际医疗旅游是指人们离开常住地前往其他国家进行疾病医治、保健疗养，并根据个人身体状况在当地进行观光、购物、文化体验等的活动。早期的学者更倾向使用"健康旅游"（health tourism 或 health-care tourism）的概念。例如，古德里奇认为医疗旅游是指旅游设施或旅游目的地为了吸引游客，在常规旅游吸引物之外，特意提供的保健服务和设施；保健服务包括由执业医师和护士在度假区或酒店实施医疗检查、素食或特殊膳食、针灸、抗衰老注射及复合维生素摄取、肌肉锻炼项目、各类疾病的特殊医学治疗、草药治疗等。[3] 刘智润（音）结合韩国资源特色，将医疗旅游定义为：为了达到个人健康最佳状态而进行疗养、医治、美容等保健活动的同时，积极体验自然生态、传统饮食、农村渔村等旅游资源的活动。[4] 近十多年来，随着专业医疗在旅游过程中所占比重增加，人们通过医疗旅游可获得的不仅是诸如美容、护牙、健康体检等非必要护理，还有需要专业医师和高新技术的复杂手术。曹美惠与崔基东认为医疗旅游是指为了接受高品质低价

---

[1] 오익근·이병숙，「의료관광 연구에서 관광학의 접근방법」，『관광학연구』，35 집，2011，pp. 35 - 52。

[2] Allied Market Research, "Medical Tourism Market by Treatment Type-global Opportunity Analysis and Industry Forecast (2017 - 2023)," September 2017, https://www.alliedmarketresearch.com/medical-tourism-market.

[3] Jonathan N. Goodrich, Grace E. Goodrich, "Health-care Tourism-an Exploratory Study," *Tourism Management*, Vol. 8, No. 3 (1987): 217 - 222.

[4] 유지윤，『관광산업 복·융합화 촉진 방안：의료관광을 중심으로』，한국문화관광정책연구원，2006，p. 3。

位的医疗技术而前往外国，同时将治疗、休养、观光、度假并行的活动。[①]李昌美（音）等认为医疗旅游是健康旅游中的一种形态，医疗旅游是包含专业医师诊疗在内的旅游活动，在没有专业医师诊疗的情况下，在一般性设施上进行的按摩、水疗、冥想等保健活动不应纳入医疗旅游范畴。[②]

综上可见，学界关于国际医疗旅游的概念莫衷一是。本文认为，国际医疗旅游有广义和狭义之分。广义的国际医疗旅游泛指一切以保持或增进健康状态为目的的、离开惯常居住地前往外国的休闲体验活动。狭义的国际医疗旅游仅指患者以治疗为目的前往外国求医、利用余暇时间观光休闲的活动。韩国保健产业振兴院作为韩国国际医疗旅游产业的行政主管部门，更倾向于使用狭义概念，将国际医疗旅游者严格限定为以医疗为主要目的的、来韩且未加入韩国国民健康保险的非常住外国患者。[③] 医疗旅游虽然是医疗业和旅游业的融合产业，但主体还是医疗产业，以医疗为主、旅游为辅的产业格局更有利于提升医疗旅游产业的核心竞争力。

二　韩国医疗旅游发展现状分析

（一）市场规模与效益

韩国政府实行外国患者接待医疗机构登记制度。登记对象分为两类：一是提供疾病诊疗和康养服务的医疗机构，二是开展医疗旅游者招徕业务的中介机构。韩国保健福祉部统计数据显示，截至2016年底，正式登记注册的、有实际经营业绩的医疗机构共1613家，中介机构共597家，[④] 大部分集中在首尔、京畿道和仁川等首都圈地区，在空间上形成产业集聚分布。2016年，全韩医疗机构接待了来自186个国家的外国患者36.42万人，2009~2016年接

---

① 조미혜·최기동,「의료관광 인적자원 구성과 교육 프로그램 및 서비스 품질에 대한 의료기관 구성원들의 인식」,『관광학연구』, 35집, 2011, pp. 341-371。
② 이창미·유형숙,「한국의료관광의 현황에 대한 Q방법론적 분석: 의료관광 전문가 인식을 중심으로」,『관광연구』, 28집, 2013, pp. 269-286。
③ 《2016韩国接待外国患者实绩统计分析报告》, http://www.khiss.go.kr/board/view?linkId=64141&menuId=MENU00308。
④ 韩国保健产业振兴院：《2016韩国保健产业统计集》, 2017年3月24日, https://www.khidi.or.kr。

待患者人数的年平均增幅达 29.3%；医疗收入共 7.81 亿美元，与 2009 年比较，年平均增幅达 25.9%。可见，2009～2016 年韩国国际医疗旅游持续快速发展，国际医疗旅游市场规模和效益不断增加。

表 1 韩国接待外国患者人数和医疗收入（2009～2016 年）

	2009	2010	2011	2012	2013	2014	2015	2016	年均增幅(%)
患者人数(万人)	6.02	8.18	12.23	15.95	21.12	26.65	29.69	36.42	29.3
医疗收入(亿美元)	0.50	0.94	1.64	2.42	3.57	5.05	6.07	7.81	25.9
客源国家(个)	139	163	180	188	191	190	187	186	—

资料来源：《2016 韩国接待外国患者实绩统计分析报告》，第 6 页。

（二）客源国

2016 年来韩就诊的外国人主要来自中国（35.2%）、美国（13.4%）、日本（7.4%）、俄罗斯（7.0%）、哈萨克斯坦（4.1%）、蒙古国（4.1%）等。此外，阿联酋（114.6%）、哈萨克斯坦（97.5%）、乌兹别克斯坦（67.1%）、泰国（62.2%）、中国（60.1%）等国家来韩就诊人数年均增速较快。美国客源较多的原因与韩侨回国治病、驻韩美军就诊有关。总体而言，韩国国际医疗旅游客源市场集中在周边亚洲国家，其中，中国是最大的客源市场国。

表 2 韩国主要医疗旅游客源国（2016 年）

国别	人数(人)	比重(%)	2009～2016 年年平均增幅(%)
中国	127648	35.2	60.1
美国	48788	13.4	19.6
日本	26702	7.4	10.8
俄罗斯	25533	7.0	46.6
哈萨克斯坦	15010	4.1	97.5
蒙古	14798	4.1	50.4
越南	8746	2.4	59.9
加拿大	4123	1.1	22.7
乌兹别克斯坦	4103	1.1	67.1
泰国	3933	1.1	62.2
菲律宾	3686	1.0	39.6
阿联酋	3562	1.0	114.6

资料来源：《2016 韩国接待外国患者实绩统计分析报告》，第 7 页，经翻译整理。

（三）热门科目

外国人来韩就诊热门科目依次是综合内科（20.0%）、整形外科（11.3%）、皮肤科（11.1%）、健康体检（9.3%）、矫正外科（5.7%）、妇产科（5.4%）等。其中，整形外科就诊人数年平均增幅最大，达49.6%，这与近年来受韩流文化影响，赴韩整形美容的中国游客大幅增加有关。总体而言，赴韩医疗旅游者以轻症治疗、整形、护肤美容、健康体检为主，而因重症疾病就医者相对较少。

表3 韩国各诊疗科目接待外国患者情况（2016年）

科目	人数（人）	比重（%）	2009~2016年年平均增幅（%）
综合内科	85075	20.0	24.5
整形外科	47881	11.3	49.6
皮肤科	47340	11.1	34.3
健康体检	39743	9.3	23.7
矫正外科	24121	5.7	33.5
妇产科	23081	5.4	28.6
普通外科	13595	3.2	32.4
牙科	12984	3.1	30.3
神经外科	12513	2.9	33.3
眼科	12335	2.9	30.4
耳鼻喉科	10980	2.6	23.7
泌尿生殖科	8938	2.1	26.1
韩医综合	18011	4.2	37.9
其他科室	68783	16.2	37.5

资料来源：《2016韩国接待外国患者实绩统计分析报告》，第8页，经翻译整理。

三 韩国医疗旅游发展问题分析

（一）私营小型门诊医院占主体，接待能力有限

韩国《医疗法》根据接待规模将医院主要分为四类：高级综合医院、综合医院、普通医院（牙科医院、传统韩医院及其他专科医院）、门诊医院

(诊所)。其中，门诊医院（诊所）主要接待门诊患者，病床数在 30 张以下。2015 年，全韩正式注册登记的可接待外国患者的医疗机构约 2813 家，仅占医疗机构总数的 4.4%。其中，小型私营门诊医院或诊所占绝大多数，合计 2076 家，约占总数的 73.8%。小型私营医疗机构是韩国国际医疗旅游产业的主体，该类医院以营利为宗旨，更擅长于开展患者招徕、医疗用品导购等商业行为。

表4　接待外国患者医疗机构分类构成（2015）

类别	接待外国患者登记医疗机构数量(个)	占登记医疗机构总数比重(%)	全韩医疗机构总数(个)	占全韩医疗机构总数比重(%)
高级综合医院	43	1.5	43	100.0
综合医院	173	6.2	294	58.8
普通医院(专科医院)	507	18.0	1969	25.7
门诊医院(诊所)	2076	73.8	59710	3.5
其他医院(疗养院等)	14	0.5	1372	1.0
合计	2813	100.0	63388	4.4

资料来源：《2016 韩国保健产业统计集》，第 119 页，经翻译整理。

（二）本国医患供需关系紧张，医生不足问题严重

在韩国，医务人员数量相比患者需求严重不足。截至 2015 年，全韩执业医师仅 11.6 万人。[1] 据世界经合组织（OECD）统计，韩国每千人平均医生数位列 OECD 成员国倒数第三，仅为 2.2 人，远低于 3.4 人的 OECD 成员国平均水平；与此同时，韩国医生每年平均诊疗患者 7140 人，相比 OECD 成员国平均值高出 3.1 倍，是 OECD 成员国中最高的。[2] 可见，韩国执业医师相较国内患者已经出现供不应求的局面。随着国际医疗旅游过快过热发展，来自国外的就诊需求大量增加，韩国持证医师短缺问题越发凸显，导致个别医院雇用无证临时医师和医院之间买卖患者等乱象不断。

---

[1] 韩国保健产业振兴院：《2016 韩国保健产业统计集》。
[2] OECD, "Consultations with Doctors in Health at a Glance 2017," Paris: OECD Publishing, 2017.

(三) 非法中介频出，整形美容医疗纠纷时有发生

整形美容属于暴利行业。虽然韩国政府认可的中介费指导价是手术费的 20% 以内，但非法中介的市场价往往高达手术费的 50%～90%，导致近年来非法从事医疗旅游的中介机构和人员横行。韩国国内从事整形美容招徕业务的中介人员分为兼职导游、专职中介、临时人员三种类型，招揽顾客的方式主要有两种：一是与外国公司合作将顾客带到韩国，二是通过互联网在客源国投放宣传广告吸引顾客前来。2015 年中韩媒体集中报道了多起赴韩整容纠纷事件，多与非法中介有关，加重了外国人对韩国医疗机构的不信任感。

(四) 医疗旅游信息不对称，虚假广告泛滥

由于语言、文化、法律的国际差异以及医疗行业自身的高专业性，国际医疗旅游行业存在天然的信息壁垒。首先，医疗项目价格不透明。相比疾病治疗，整形美容大多是患者的非必要性选择，所产生费用不在医疗保险的报销范围之列。整形美容项目中非受保治疗的手术种类繁多，手术的费用多由医生自行决定，因此部分整容医院的宰客行为屡禁不止。[1] 其次，不少医疗机构刊登虚假广告，故意夸大术前术后的巨大差别，或雇佣"水军"在网络上编写虚假的点评信息，误导外国消费者。

(五) 民意基础不牢，影响立法通过

虽然国际医疗旅游在促进经济增长、带动劳动就业等方面能发挥积极作用，但不少市民团体基于医疗公益性和国民优先性的角度反对国际医疗旅游产业化发展。赴韩外国患者增多，相当于侵占了原本就已稀缺的国民医疗资源。目前在韩常住的外国人口达 237 万人，占韩国总人口的 4.6%，[2] 他们加入韩国健康医疗保险，享受与韩国公民同等的廉价医疗服务，这已给韩国公共医疗服务带来一定压力。在韩国，关于医疗的本意应该是治病救人还是

---

[1] 李剑：《割个双眼皮 60 万？韩政府将就整容医院宰客现象展开调查》，亚洲日报，http://china.ajunews.com/view/20171018080814668。

[2] 《在韩居住外国人统计 2018》，韩国法务部，http://www.moj.go.kr/moj/2412/subview.do。

赚钱盈利的问题，一直存在争论。发展国际医疗旅游的社区民意基础其实并不坚实，导致与国际医疗旅游相关的各种立法阻力重重。

四　经验与启示

（一）立法先行，保障国际医疗旅游产业合法性

在韩国，医疗服务属于公共资源，利用公共资源发展具有营利性的国际医疗旅游必须要有法律依据。为了推进国际医疗旅游产业发展，韩国政府首先从国家法律层面，为各类医疗旅游活动的开展提供了政策保障。2009年，韩国政府修订《医疗法》第27条，允许医疗机构招揽外国患者，实施接待外国患者医疗机构和中介机构登记制度，发放医疗旅游签证。2015年底，韩国国会通过《关于支持医疗海外输出及招徕外国患者的法案》，进一步加大对国际医疗旅游产业发展的支持力度，许可医疗机构有限制地刊登外语标示广告，允许医疗机构经营交通、住宿、咨询等与医疗旅游相关的附属业务，医疗机构开拓海外市场时可享受金融和财税优惠。

（二）政府主导，推动多部门协同合作

国际医疗旅游发展涉及多个行政职能部门，各部门之间的协同是实现制度优化和管理强化的前提。为了促进国际医疗旅游产业发展，韩国构建了"一体两翼多部门"的政府协同体系，以保健福祉部（卫生部门）为主体，文化体育观光部（旅游部门）和产业通商资源部（商务部门）为两翼辅助，联动企划财政部、法务部、外交部、雇佣劳动部、金融委员会等相关部门，共同推动作为产业主体的医疗机构和中介机构开展外国患者接待和医疗技术服务海外输出等业务。政策审议委员会由相关中央部委长官及专家学者组成，负责审议国际医疗旅游发展的政策法规，其办公室设在保健福祉部。促进国际医疗旅游发展的具体业务主要由保健福祉部、文化体育观光部、产业通商资源部各自下属的准政府机构即韩国保健产业振兴院、韩国观光公社、韩国贸易投资振兴公社分别执行（详见图1）。此外，韩国成立了多个与医疗旅游相关的社会组织，例如大韩医院协会、大韩医生协会、韩国医疗旅游协会、大韩医疗旅游振兴

协会、韩国医疗旅游协调人协会等，承担行业技术创新与发展、宣传与交流、行业监督与资格认证等职能。

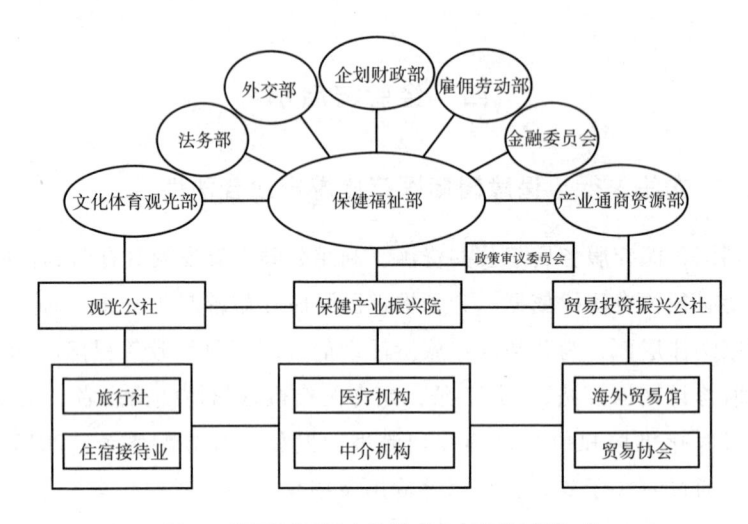

图 1　韩国国际医疗旅游产业协同机制构成

（三）标准认证，确保医疗服务高品质

医疗服务质量关系到医疗旅游者的生命安全，严格高水平的认证制度是外国患者来韩就诊的信心保证。韩国国际医疗旅游服务的标准认证包括医疗机构、从业人员两个方面。一是针对医疗机构的认证制度，除了美国 JCI 认证①之外，韩国保健产业振兴院于 2011 年自主研发了"外国患者指定接待医疗机构认证制度"（KAHF），根据医疗机构的接待设施体系、专业医护人员配备、医疗风险防控等指标进行评估审核，获得认证的医疗机构将通过韩国驻外使领馆、国际保险公司、韩国观光公社和保健产业振兴院共同运营的"韩国医疗旅游信息网"等政府公共渠道对外宣传推广。二是针对国际医疗旅游从业人员的资格认证制度，在韩国，国际医疗旅游行业所涉及的从业资格证包括医生执业资格证、整形外科专门医师证、国际医疗旅游协调人资格证等。

---

① Joint Commission International，由美国医疗机构联合委员会开展的对医院安全与规范管理的国际认证。

（四）权益保护，建立医疗纠纷处理机制

风险点多是医疗旅游与一般旅游的最大不同之处，而且一旦医疗纠纷或事故发生，对国家及整个行业形象将造成巨大负面影响。不论大小，手术不可避免地存在生理风险、时间风险、资金风险，这就需要政府在法律制度层面制定相关保障措施，以及每个医疗机构出台相应的应急处理方案加以应对。韩国医疗法律规定接待外国患者的医疗机构必须加入医疗赔偿责任保险或医疗赔偿共济组织，并要求加强外国患者的就诊事前事后管理，将患者就诊信息在保健福祉部备案。韩国观光公社与保险公司针对外国患者联合开发了"医疗旅游安心保险"，提供医疗纠纷翻译服务、伤残或身亡赔偿、滞留费用赔付等项目。韩国保健产业振兴院设立"医疗纠纷调解仲裁院"，专门处理医疗纠纷事故。韩国医疗旅游信息网公开了常见手术的诊疗费、手术所需时间及恢复时间等信息，增加了医疗信息的透明度。

（五）重视教育，扩充专业人才队伍

医护人员、医疗翻译、医疗旅游协调人、医疗旅游市场营销员、医疗旅游国际护理员等是国际医疗旅游业不可或缺的人力资源。目前不少韩国高校设立了国际医疗旅游专业及相关培训机构，培养兼备医疗保健技术、经营管理知识和外语能力的国际化专业人才。韩国政府为了培养和扩充具有国际水准的医疗旅游专业人才队伍，采取了如下一系列举措：设立国际医疗旅游协调人（International Medical Tour Coordinator）资格考试，并将该考试纳入国家技术资格考试之列；实施医疗翻译能力考试，提高医疗翻译服务水平；加强对医疗旅游及制药、医疗器械、化妆品行业从业人员的海外市场开拓实务培训，开设外国文化与人力资源管理、外国医疗市场分析、医疗产品研发等短训课程；设立国际医疗研修中心，培养国际医疗人才；重点支持药学、医疗器械、医疗信息化、护理等专业的大学研究生院建设。

（六）品牌先导，加大宣传推广力度

品牌是品质和信任的保证，国家形象提升对于国际医疗旅游目的地形象认知具有积极影响。韩国政府从2009年以来致力推广国家医疗品牌"智慧呵护 医疗韩国"（Smart Care，Medical Korea），每年举办世界保健医疗大

会，开展国际慈善医疗项目、海外推介会等多种国际医疗合作与交流活动。韩国政府意识到演艺影视作品的海外输出也是韩国医疗旅游对外宣传的一种重要手段，积极利用电视连续剧、综艺节目、电影、流行音乐等韩流元素，充分发挥韩流明星在妆容审美方面的示范和代言作用，提升韩国作为国际医疗旅游目的地的国家形象。此外，首尔、仁川和釜山等地运营医疗旅游咨询服务与体验中心，派驻英文、中文、日文等专业外语咨询人员，向外国患者提供医疗机构和医疗旅游相关信息，现场设置各类医疗检查体验项目，为游客提供机场接送、医院介绍、医疗旅游商品咨询、酒店预订、周边旅游景点介绍等与医疗旅游相关的一站式服务。

（七）整合资源，开发"医疗＋"融合产品

韩国观光公社调查发现，以非医疗目的来韩旅游却体验了医疗服务的外国游客比重达到29.5%。[①] 随着人们对健康和美容的日益关注，以健康养生为主题的"医疗＋"产品将不断扩大其市场份额。目前，韩国各地根据外国游客不同的访韩目的，整合观光、住宿、购物、娱乐、交通等相关资源，积极开发医疗与其他产业相结合的旅游产品，不断增加访韩外国游客对医疗服务项目的参与和体验比重。例如，仁川观光公社联合仁川机场开发换乘医疗观光项目，吸引航空中转旅客进行洗牙护齿、健康体检、美白护肤、童颜微整形等安全快速的医疗服务；有的旅行社推出高端定制医疗旅游产品，从患者及家属抵韩、医院咨询、治疗与康复治疗、旅游安排到回国均由策划专员全程进行管家式服务；釜山针对日本游客开发"邮轮＋传统韩医体验"产品；济州岛针对中国游客开发医疗旅游的夜间产品和周末产品。韩各大医院致力开发外国患者专用菜单，根据外国患者的疾病、身体状态和饮食习惯提供不同的治疗餐饮，例如，三星首尔医院提供西餐、俄餐、阿拉伯餐、泰国餐、蒙古餐等五种特色饮食，受到患者好评。

（八）海外输出，支持医疗企业拓展外国市场

韩国内需医疗市场和接待服务能力非常有限，开拓海外市场是医疗产业

[①] 韩国观光公社：《2015 医疗旅游满意度调查报告》，2016，http：//tong.visitkorea.or.kr/ktobiz/upload/business/marketing/MedicalTour_ 2015_ satisfaction.pdf。

化发展的必由之路。目前开展海外业务的主要是中小医疗企业,客源市场集中在中国、美国、哈萨克斯坦和阿联酋。韩国政府大力支持优势医疗企业"走出去",推动医疗技术和医院管理系统的海外输出,以提升韩国医疗产业的全球竞争力。为了提高海外市场开拓效率,避免海外投资失败风险,韩国政府从法律政策、海外市场信息提供、金融财税、人力教育、外国政府公共关系管理、当地宣传营销等方面,出台了一系列多元化的政策支持方案。例如,出版17个主要海外国家的医疗产业投资指南书;提供关于海外经营合作的标准化法律合同样本;成立分地区和分领域的医疗系统海外输出全球咨询专家库,提供当地法律、金融、税收等方面的定制式咨询服务;设立韩国医疗全球化基金,用于举行企业投资说明会、投资对接会等信息交流和扩大投资的活动;扩大风险投资基金规模,扶持中小医疗机构海外创业;借力韩国贸易投资振兴公社海外分社,开展市场调查、合作伙伴遴选、联合宣传推广等活动。

五 结语

韩国发展国际医疗旅游沿用了其发展经济惯用的国家主导型出口导向产业化战略。首先政府高度重视,将该产业上升到国家战略层面;然后选择具有一定规模和实力的企业作为扶持对象,为其提供全方位的政策支持。韩国作为"小国",受资源、生产要素、内需市场等因素制约,只能依靠开拓外部国际市场,通过扩大出口以实现规模经济。[①] 但是,这种依赖出口的经济模式容易受外部国际环境的不稳定性和不确定性影响,尤其对于敏感性较强的国际旅游业,受各类政治、经济等突发事件影响的风险较大。例如,2016年7月至今,因韩美在韩部署"萨德"问题,访韩中国游客人数骤减。韩国国际医疗旅游产业需要建立一种能快速响应外部市场变化的产业结构,尽可能降低对某个国家或地区市场的依存度,实施市场多源化战略,以将外部环境引致的负面影响降低到最低限度。

我国拥有庞大的内需消费市场优势,但对于发展国际医疗旅游的内生动

[①] 申东镇:《"小国"经济的"大国"战略:韩国经济模式的另一种解读》,《韩国研究论丛》总第33辑,社会科学文献出版社,2017,第270页。

力明显不足。尽管近年来从国家到地方陆续出台多项政策文件提及支持国际医疗旅游发展,①但关于发展国际医疗旅游的重要战略意义的社会认同度仍有待提高。而且,目前我国医疗旅游仍处于起步阶段,优质医疗资源不均衡不充分与消费者对医疗服务需求不断提高之间的矛盾依然突出,我国医院的管理和服务水平与医疗旅游发达国家相比仍存在较大差距。中国发展国际医疗旅游要善于学习借鉴国际先进发展经验,加强与医疗旅游产业发达国家、相关国际组织和机构的交流合作,深入挖掘自身独特资源,尤其是中医药和养生文化特色优势,开创一条特色化、品牌化的发展道路,力争在激烈的国际市场竞争中取得领先地位。

A Case Study of International Medical Tourism Development in ROK: Current Situation, Problems and Enlightenment

Liang Jiangchuan, Pan Ling

Abstract ROK has rapidly developed into an internationally renowned medical tourism destination in a short period, with successful experiences and problems. In particular, the surge in the number of Chinese tourists visiting ROK has exposed a number of problems, such as the limited reception capacity of the medical industry, the frequency of illegal intermediaries, the asymmetry of information and public controversy. The development mode of ROK's international medical tourism is led by national government and is dominated by private medical enterprises. The government guides and supports all kinds of medical enterprises to actively carry out foreign patients receiving business and

---

① 中共中央、国务院发布《"健康中国 2030"规划纲要》提出要"打造具有国际竞争力的健康医疗旅游目的地"。国务院出台《关于促进旅游业改革发展的若干意见》(国发〔2014〕31 号)要求"推进整形整容、内外科等优势医疗资源面向国内外提供医疗旅游服务"。国务院于 2013 年批准海南设立博鳌乐城国际医疗旅游产业园区,为我国国际医疗旅游发展先行先试。

export medical technology and services overseas business from the perspective of top-level design, such as legal policy guarantee, related department synergy, international standard certification, patient rights protection, professionals cultivation, brand propaganda and promotion, medical tourism product development and overseas market exploitation, which have some enlightening effect on the China's international medical tourism development.

Keywords International Medical Tourism; ROK Model; State-led Strategy; Experience Enlightenment

"一带一路"倡议下中韩知识产权国际保护合作研究*

任 虎

【内容提要】中韩两国自 1992 年正式建立外交关系以来，通过签署 80 多项双边条约，共同加入 13 项知识产权国际公约，促进了知识产权的双边保护。特别是在知识产权的协商战略、"一揽子"协商模式以及市场培育等双边合作方面所取得的成就，不仅对"一带一路"倡议的成功实施具有重要的借鉴意义，而且对中韩两国就携手开拓第三国市场中的知识产权领域合作具有重要启示。中韩两国应遵循"一带一路"倡议和"新北方政策""新南方政策"所具有的共性，为共同关心的技术研发、技术实施和技术转移方面提供合作平台，为促进区域知识产权合作制度树立国际合作典范，从而最终实现知识产权权利人利益的最大化。

【关键词】中韩 FTA 协定　"一带一路"倡议　知识产权　国际合作

【作者简介】任虎，法学博士，华东理工大学法学院副教授，兼职律师，仲裁员。

据中国一带一路网报道，截至 2019 年 4 月 28 日，同我国签署"一带一路"合作协议或表示加入"一带一路"倡议的沿线国家数量已增加至

---

* 本文系 2018 年国家留学基金委公派访学项目阶段性研究成果。

137个，①而且其数量还在扩大。频繁的投资经贸活动推动着我国同"一带一路"沿线国家的知识产权合作。据国家知识产权局统计，2017年中国在"一带一路"沿线国家（不含中国）专利申请公开量为5608件，同比增长16%。但专利申请公开量中72.6%集中在印度和俄罗斯，体现出我国在"一带一路"沿线国家中专利权布局的局限性。②

中韩两国自1992年正式建交以来，通过签署多层次、多领域的双边条约，以及共同加入国际公约，促进了知识产权的双边保护。特别是在加强中韩两国同"一带一路"沿线国家之间的互联互通、贸易投资合作，以及推动中韩企业携手开拓第三国市场等领域，③韩国的"新北方政策"和"新南方政策"同"一带一路"倡议具有诸多共性。

本文拟从对我国同沿线国家既已签署的知识产权保护相关国际条约的宏观分析着手，结合中韩两国知识产权保护相关双边条约的现状，就中韩两国携手开拓第三国市场中的知识产权领域合作提出粗浅的方案，为"一带一路"倡议下的知识产权保护提供新的视角。

一 "一带一路"倡议下知识产权保护相关国际条约现状及存在的问题

为推动全球国际贸易和技术进步，国际社会早在19世纪末就签订了《保护工业产权巴黎公约》以协调知识产权保护因其地域性而带来的诸多弊端，并以世界知识产权组织为核心，由世界贸易组织、联合国教科文组织、国际植物新品种保护联盟等国际组织共同构建了当今国际社会的知识产权国际保护法律体系。

---

① 137个国家包括43个亚洲国家、27个欧洲国家、39个非洲国家、9个大洋洲国家、11个北美洲国家以及8个南美洲国家。截至2019年4月28日，赤道几内亚是最后加入"一带一路"倡议的国家。参见中国一带一路网，https：//www.yidaiyilu.gov.cn/info/iList.jsp？cat_id=10037。

② 5608件公开专利申请中，在印度的专利申请公开量为2724件，占总数的48.57%；在俄罗斯的专利申请公开量为1354件，占总数的24.14%。参见戚易斌《中国国际专利申请全球第二 "一带一路"知识产权合作加速》，中国网，http：//news.china.com.cn/world/2018-03/27/content_50751780.htm。

③ 薛力、彭锦涛：《韩国"新北方政策"与中国"一带一路"》，搜狐网，2018年4月19日，http：//www.sohu.com/a/228810741_247581。

我国自1980年6月3日加入《建立世界知识产权组织公约》以来，陆续加入了《保护工业产权巴黎公约》（1985年3月19日）、《与贸易有关的知识产权协定》（以下简称TRIPs协定）（2001年12月11日）等知识产权国际公约，以及《专利合作条约》《世界知识产权组织版权条约》《商标国际注册马德里协定》等5个专利国际保护条约、5个著作权国际保护条约以及3个商标权国际条约。①

按照"一带一路"沿线国家所共同加入的国际条约缔约国（方）数量来看，依次是《建立世界知识产权组织公约》，缔约国为134个国家，密克罗尼西亚联邦、巴勒斯坦、南苏丹尚未加入；《保护工业产权巴黎公约》，缔约国为124个国家，纽埃、斐济、瓦努阿图、库克群岛、密克罗尼西亚联邦、巴勒斯坦、缅甸、东帝汶、马尔代夫、佛得角、南苏丹、索马里以及埃塞俄比亚等13个国家尚未加入；《TRIPs协定》，缔约方为114个成员方，亚洲有土库曼斯坦、巴勒斯坦、黎巴嫩、叙利亚、东帝汶、不丹、阿塞拜疆、乌兹别克斯坦、伊拉克以及伊朗共10个国家尚未加入，欧洲有波黑、白俄罗斯以及塞尔维亚共3个国家尚未加入，大洋洲有纽埃、库克群岛、密克罗尼西亚联邦共3个国家尚未加入，非洲有南苏丹、阿尔及利亚、索马里、利比亚、埃塞俄比亚、苏丹、赤道几内亚共7个国家尚未加入。

概而言之，"一带一路"沿线国家在知识产权多边国际保护方面存在如下问题。第一，"一带一路"沿线国家共同加入的国际条约数量有限，普遍适用某一特定条约的可能性较小。不管是国际组织创立公约，还是知识产权相关实体条约或者程序条约，都不存在所有"一带一路"沿线国家都加入的国际条约。《建立世界知识产权组织公约》作为国际组织成立宪章，尽管是"一带一路"沿线国家加入数量最多的国际条约，但其宗旨在于通过国

---

① 具体包括《专利合作条约》（1994年1月1日）、《国际承认用于专利程序的微生物保存布达佩斯条约》（1995年7月1日）、《建立工业品外观设计国际分类洛加诺协定》（1996年9月1日）、《国际专利分类斯特拉斯堡协定》（1997年6月19日）、《国际植物新品种保护公约》（1999年4月23日）共5个专利国际保护条约，《世界知识产权组织版权条约》（2007年6月9日）、《世界知识产权组织表演和录音制品条约》（2007年6月9日）、《保护录音制品制作者防止未经许可复制其录音制品公约》（1993年4月30日）、《伯尔尼保护文学和艺术作品公约》（1992年10月15日）、《世界版权公约》（1992年10月30日）共5个著作权国际保护条约，《商标国际注册马德里协定》（1989年10月4日）、《商标国际注册马德里议定》（1995年12月1日）、《商标注册用商品和服务国际分类尼斯协定》（1994年8月9日）共3个商标权国际保护条约。

家之间的合作促进世界范围内的知识产权保护,以及作为成员国之间的行政合作之保证,并未赋予成员国保护知识产权的义务,故其不能为"一带一路"倡议的实施提供强有力的国际法保障。第二,缔约方对特定条款的保留影响条约的有效适用。比如,《巴黎公约》的缔约国通过 1967 年《斯德哥尔摩议定书》就公约第二十八条争议的解决提交国际法院管辖做出保留,以及就《专利合作条约》第五十九条的国际法院之争议管辖做出保留,从而排除了国际法院对特定争议的强制管辖,减损了缔约方之间的条约效力。① 第三,国家之间加入国际条约的数量差距比较大,直接或间接地影响其国内知识产权法律制度的建立和实施。欧洲国家普遍加入知识产权国际条约的国家居多,但我国海外投资或对外贸易比较集中的亚洲、非洲国家则相对较少。公约的加入与否直接或间接反映其本国相关知识产权制度的建立和完善程度,最终将影响海外投资或经贸活动中的知识产权权利人的利益保护及救济。

此外,我国与"一带一路"沿线国家已签署的双边条约多达 3000 多项,其中不乏含有知识产权国际合作相关双边条约或条款,主要体现为以下三种形式。第一,以双边自由贸易协定明确知识产权条款。如《中国—新西兰自由贸易协定》第七章、《中国—大韩民国自由贸易协定》第十五章等,双方明确知识产权保护客体、权利义务及争议解决等具体事项,以及知识产权海关合作等行政合作事项。作为双边自由贸易协定的一部分,知识产权国际合作有明确的制度保障。第二,以双边科学技术合作协定确定知识产权条款。如 1994 年签署的《中国和印度尼西亚科学技术合作谅解备忘录》第五条第 1 款规定,"双方采取各种必要措施鼓励两国的技术合作,包括交换科技数据和推动两国专业机构间的全面技术合作",并就执行备忘录共同研究项目所产生的知识产权的权利分配做了约定。第三,以联合声明、公报等外交声明约定知识产权国际合作。如 2015 年《中国和俄罗斯关于深化全面战略协作伙伴关系、倡导合作共赢的联合声明》第三条、1999 年《中国和埃及关于建立战略合作关系的联合公报》等皆强调深化双方在科技与知识产权领域的交流与合作,推动双方在高科技产业的合作发展。

---

① 值得关注的是我国对《巴黎公约》的相关条款做了保留声明,但对《专利合作条约》未做保留声明。

尽管我国与"一带一路"沿线国家间形成了如上知识产权双边国际合作基础，但仍存在以下三点不足。第一，知识产权保护制度尚未普遍确立。尽管我国不断推进同"一带一路"沿线国家的自由贸易协定，但同"一带一路"沿线国家总数相比较则其占比不到10%，我国知识产权相关权利人的利益无法得到有效保护。第二，知识产权双边保护条约急需更新，以保持一致。因诸多条约在不同主管部门的主导下签署，故而存在双边条约之间不衔接，以及部分条款不符合国际公约内容而急需调整等问题。第三，知识产权国际合作与科技合作、双边贸易脱节。除自由贸易协定之外，大部分包含知识产权国际合作或科技合作、双边贸易等的条约各执一词，未能明确知识产权、科技研发和国际贸易相互之间的依赖关系和有效协调机制，因而缺乏可持续促进知识产权国际合作的制度保障。

"一带一路"倡议的终极目标是创造和促进"一带一路"沿线国家间的相互"网状贸易"，是沿线国家的共同繁荣发展，是共同奏响和谐的交响乐。但现阶段，"一带一路"倡议下我国与沿线国家的国际经济贸易合作具有以我国为中心的"点对点"的特征，[1] 故我国仍应注重对双边知识产权国际合作的最大化利用，应尽快梳理、完善以及更新同沿线国家之间的双边知识产权条约或相关条款，以便更好地保障"一带一路"倡议的成功实施。中韩两国在知识产权双边合作方面已积累的经验则为有益的范例。

二 中韩知识产权双边合作沿革及其对"一带一路"的启示

中韩两国自1992年8月24日正式建交以来，在投资经贸融资、海陆空运输、文化科学、司法行政合作及战略同盟等项目上共签署了80多个双边条约，推动了两国在经济、文化、教育、科技等领域的交流，加强了两国在亚洲地区及国际事务中的合作。特别是在知识产权的保护和行政合作方面，中韩两国政府亦通过签署多层次、多方面的双边条约，"为知识产权权利人及使用者提供了知识产权保护和执法方面的准确性"，"通过知识、技术和

---

[1] Hu Ren, "Treaties on the International Trade Dispute Settlement and the China 'Belt and Road' Initiative," *Beijing Law Review*, Vol. 10 (2019), p. 453.

创造性作品的传播,促进国际贸易以及经济、社会和文化的发展"。①

在中韩两国签署的双边条约中,"知识产权"条款主要体现在双边科技合作协定、投资保护协定、税收协定、中央政府及相关部门间的合作备忘录以及自由贸易协定中,其内容相互交错和支撑,且随着时间的推移,不断丰富和完善。

首次提起"知识产权"问题的双边条约是1992年9月30日签署、于同年10月30日生效的《中华人民共和国政府和大韩民国政府科学技术合作协定》。在以鼓励和促进两国之间在科学技术领域的合作为目的而签署的协定的第五条第2款中,规定了"本协定合作活动所产生的知识产权问题应在执行计划中做出规定",但对于如何规定则没有明确具体内容。

在"三次"投资保护协定中,②"知识产权"都作为"投资"的一种而被予以保护,这不仅确定了"知识产权"的定义,而且明确了投资保护协定同其他知识产权公约的关系。比如,在"知识产权"的定义方面,前两次协定都以罗列的方式将其范围规定为"包括著作权、商标、专利、工业设计、工艺流程、专有技术、商业秘密、商名和商誉",但在中日韩三国签署的投资保护协定中则将其范围扩展至"包括著作权及相关权利,专利权,以及与实用新型、商标、工业设计、集成电路布图设计、植物新品种、商号、产地标识、地理标识及未披露信息相关的权利"等,从而将其范围延伸至当今知识产权相关主要领域。在投资保护协定同其他知识产权公约的关系方面,第一次投资保护协定理顺了其同巴黎公约及其修改的规定,或根据任何一国已是或可能为成员国的现存或将来的国际协定的关系,明确"投资保护协定的任何规定不应解释为影响到知识产权方面的任何权利或义务。"③ 在此基础上,中日韩三国签署的投资保护协定进一步明确了缔约方在"制定

---

① 《中华人民共和国政府和大韩民国政府自由贸易协定》,第15.1条第一款第(二)、(一)项。
② 《中华人民共和国政府和大韩民国政府关于鼓励和相互保护投资协定》(1992年9月30日北京签署)、《中华人民共和国政府和大韩民国政府关于促进和保护投资的协定》(2007年9月7日悉尼签署)、《中华人民共和国政府、日本国政府及大韩民国政府关于促进、便利及保护投资的协定》(2012年5月3日北京签署)。
③ 《中华人民共和国政府和大韩民国政府关于鼓励和相互保护投资协定》议定书第一款。另有《中华人民共和国政府、日本国政府及大韩民国政府关于促进、便利及保护投资的协定》第九条第二款:本协定任何规定均不得解释为减损两个或两个以上缔约方加入的知识产权保护国际协定项下的权利和义务。

和保持透明的知识产权制度",以及"在现有的知识产权磋商机制下促进缔约各方在知识产权领域的交流及合作"。[1]

中韩两国在投资保护协定中有关知识产权的相关条款在2014年4月签署的《中韩自由贸易协定》(以下简称 FTA 协定)中得以进一步完善。FTA协定第十五章作为"知识产权"专章,不仅明确了 FTA 协定与包括 TRIPs 协定在内的其他国际协定之间的关系,而且规定了版权和相关权、商标、专利和实用新型、遗传资源、传统知识和民间文艺、植物新品种保护、未披露信息、工业品外观设计等知识产权保护客体,以及知识产权的取得与存续、执行、国际合作等行政合作内容,为解决两国共同关心领域的知识产权问题做出了安排,不仅体现了双方在知识产权保护及行政合作方面的诉求,也推动了中韩两国国内法律制度的完善。比如在著作权保护方面,尽管中韩 FTA 协定并没有提出高标准的著作权保护要求,但在明确表演者、录音制品制作者、广播组织者等权利主体及其保护范围等方面,对中国《著作权法》第三次修订产生了重要影响。

中韩两国间的知识产权保护问题还延伸至因知识产权的许可使用而产生的双重税收以及规避税收问题。1994年9月签署的《关于对所得避免双重征税和防止偷漏税的协定》对发生于缔约国一方而支付给缔约国另一方居民的、因使用知识产权而产生的特许权使用费进行的征税做出了规定。其中,在第十二条第三款规定"特许权使用费"为"使用或有权使用文学、艺术或科学著作,包括电影影片、无线电或电视广播使用的胶片、磁带的版权,专利、专有技术、商标、设计或模型、图纸、秘密配方或秘密程序所支付的作为报酬的各种款项,或者使用或有权使用工业、商业、科学设备或有关工业、商业、科学经验的情报所支付的作为报酬的各种款项",征税的一般原则是"发生于缔约国一方而支付给缔约国另一方居民的特许权使用费,可以在该缔约国另一方征税","这些特许权使用费也可以在其发生的缔约国,按照该缔约国的法律征税。但,如果收款人是特许权使用费受益所有人,则所征税款不应超过特许权使

---

[1] 《中华人民共和国政府、日本国政府及大韩民国政府关于促进、便利及保护投资的协定》,第九条第一款(二)。

用费总额的 10%"。①

此外，中韩两国政府也通过战略合作伙伴协定以及知识产权相关部门之间的谅解备忘录促进知识产权领域的合作。比如于 2013 年 6 月共同发布的《充实中韩战略合作伙伴关系行动计划》中写明，"双方在既有合作基础上，进一步加强知识产权领域交流合作，推进知识产权创造、运用、保护、管理相关互惠合作项目"；2013 年 12 月签署的《中华人民共和国知识产权局与大韩民国专利厅知识产权领域全面合作谅解备忘录》和 2009 年 6 月签署的《中华人民共和国国家工商行政管理总局和大韩民国特许厅战略合作谅解备忘录》等也奠定了两国在知识产权创造、保护、管理等方面的合作基础。

总体来讲，中韩两国在知识产权双边保护合作方面所取得的成绩对"一带一路"倡议下的知识产权国际保护具有如下借鉴意义。第一，知识产权双边保护谈判宜先易后难、循序渐进，最终达到较高的保护水平。正如中韩两国于 1992 年签署《中华人民共和国政府和大韩民国政府科学技术合作协定》并约定知识产权问题时，尽管未明确知识产权的含义、保护内容及实施机制，但为中韩两国后来的知识产权双边谈判迈出了第一步。2014 年《中韩自由贸易协定》设知识产权专章，尽管仍有许多问题尚待进一步完善，但已基本体现了知识产权国际保护的较高水平。因此，"一带一路"倡议下的知识产权国际保护应遵循先易后难、循序渐进的模式，需首先明确知识产权保护的必要性，即便是原则性的规定也必须反映在"一带一路"合作协定中。第二，知识产权国际保护需有投资、贸易、知识产权、金融等"一揽子"协定才能获得有效保护。中韩两国签署的三次双边或多边投资保护协定、税收协定以及自由贸易协定将知识产权和贸易投资之间的关系体现得淋漓尽致，为知识产权的立法、行政和司法等全方位保护提供了条约保障。因此，"一带一路"倡议下的知识产权国际保护要与投资、贸易、金融等"一揽子"国际条约相互协调，不能推行单一的知识产权保护协定，需由相关部门协同合作才能保证有效实施。第三，支持和援助"一带一路"国家逐步提升科学和技术水平，构建和完善知识产权法律制度。中韩两国签署的双边科技合作协定、知识产权领域合作备忘录都明确了在知识产权创

---

① 《中华人民共和国政府和大韩民国政府关于对所得避免双重征税和防止偷漏税的协定》第十二条第一款、第二款。

造、保护、管理方面合作的重要性,若没有自己的科学技术基础,就没有活跃的知识产权市场,其结果自然缺乏强有力的知识产权保护法律制度。因此,"一带一路"倡议下的知识产权国际保护要以援助"一带一路"国家创造知识产权、培育知识产权市场为先,以援助建构和完善知识产权法律制度为辅,逐步推进"一带一路"倡议的成功实施。

三 "一带一路"倡议下中韩两国知识产权合作必要性及其实施方案

韩国文在寅政府提出的"新北方政策"和"新南方政策",从实施的侧重领域看,前者与丝绸之路经济带相似,后者则与21世纪海上丝绸之路相似,都旨在通过互联、互惠合作实现共赢,通过互联互通实现欧亚共同繁荣。"新北方政策"的实施地区包括独联体国家、中国和蒙古,其重点是包括天然气、铁路、港湾、电力、北极航线、造船、工业园、农业、水产领域在内的"九桥战略规划",与"一带一路"有较大的重叠;"新南方政策"的实施地区包括东盟十国加上印度,其核心是"人才"(People)、"繁荣"(Prosperity)与"和平"(Peace)的3P战略,旨在促进韩国与新南方地区的共同繁荣,[1] 同"21世纪海上丝绸之路"有诸多重合。

2014年中韩FTA的签署意味着两国在国内知识产权相关法律制度上的差距进一步缩小,保护水平进一步趋于平衡,因此相互之间的知识产权保护问题将逐渐减少。但"一带一路"倡议与"新北方政策"和"新南方政策"的重叠,则意味着中韩两国及其知识产权权利人在第三国可能产生权利冲突,或者需要更紧密的合作。比如,作为2017年中国专利公开数量排名前几位的国家,俄罗斯和印度无疑将是中韩两国知识产权权利人利益角逐的对象。首先,中韩两国分别同第三国签署的双边协定中知识产权保护条款或水平的不一致可能会减损中韩FTA协定的实施效果。比如,A国同中国和韩国分别签署的知识产权协定中不同水平的边境措施,可能导致在中韩FTA协定框架下得不到保护的产品通过A国进入B国,最终仍然会损害

---

[1] 薛力:《韩国"新北方政策""新南方政策"与"一带一路"对接分析》,《东北亚论坛》2018年第5期,第63~64页。

FTA 协定缔约国知识产权权利人的利益。其次，专利或商标的平行进口问题则可能导致两国相关产品在第三国市场上造成权利冲突。A 品牌中国公司在中国生产的产品与 A 品牌韩国公司在韩国生产的产品在"一带一路"第三国家出现相互市场竞争的问题将是冲突的主要表现形式。最后，中韩两国在帮助第三国建立健全知识产权法律制度、培训知识产权行政管理人员、开展科学技术成果的转移以及培育知识产权市场等领域仍存有广阔的合作空间。

中韩两国就在第三国或者国际知识产权保护方面有合作先例。如中韩 FTA 协定第 15.17 条第五款规定了"两国在遗传资源和传统知识保护方面的国际法领域的合作，以确保此类权利对公约目标起到支持而非阻碍作用"。因此，在中国的"一带一路"倡议和韩国的"新北方政策"或"新南方政策"的共同照明下，中韩两国要走出既存双边条约中的知识产权合作框架，为在第三国的共同利益而开展新的合作。中韩两国在知识产权领域的合作应注重以下五个问题：第一，在同"一带一路"倡议和"新北方政策"或"新南方政策"重叠的沿线国家的知识产权合作方面，两国应紧密协作、相互借鉴，帮助第三国尽快加入国际公约或完善其国内知识产权保护制度，以提高知识产权保护水平，最终维护两国知识产权权利人的利益；第二，在新技术的研发、实施和转移方面，特别是影响中韩两国气候环境变化的技术问题上，两国应携手合作，依托中国在韩国与其他国家之间形成的"丝绸之路"传统文化优势，共同探索技术需求，在中国境内寻找相似环境先行先试，研发技术和产品，最终为东亚地区社会的可持续发展做出贡献；[1] 第三，在知识产权的行政和司法保护以及反垄断执法方面，中韩两国应加强海关执法措施的信息共享和协同执法，尽快建立司法裁决的相互承认与执行制度，推动知识产权反垄断域外执行协同体系的建立，树立区域知识产权保护国际合作的典范；第四，中韩两国在"一带一路"倡议和"新北方政策""新南方政策"的对接方面，应共同推行 FTA 协定中的知识产权条款，使其成为"一带一路"沿线国家或"新北方政策"和"新南方政策"合作国家的协商蓝本，从而将 FTA 协定的知识产权保护成效最大化；第五，在区域经济贸易合作方面，作为全球第二大经济体的中国和第十大经济体的韩国应

---

[1] 任虎、袁静：《"一带一路"倡议下国际技术转移机制创新研究》，《科技与法律》2018 年第 1 期，第 35~36 页。

共同致力于区域经济贸易的推进,推动区域知识产权贸易市场的形成,以便真正实现和维护知识产权权利人的权益。

四 结论

作为私权,知识产权追求权益的最大化,但权利的确定、保护和救济则需要由制度来架构,知识产权法律制度就是由国家赋予强制力和提供保障的制度,其具有的地域性特征就是国家主权的体现。而知识产权国际法律制度则是国家之间就知识产权的国际保护达成的一致意见,是国家主权的让与,其目的在于知识产权价值的最大化。因知识产权的价值主要体现在知识产权权利的行使过程中,故知识产权法律制度同投资、贸易、生产和消费等经济活动具有密切的关系。比如,"一带一路"倡议下的技术创新、知识传播、权益保护等问题亦需与"政策沟通、设施联通、贸易畅通、资金融通、民心相通"的"五通"一并考虑,要建构囊括知识产权、投资、贸易、金融和文化合作在内的"一揽子"法律制度,才能有效实现知识产权的价值。

知识产权保护的地域性特征决定了从事投资和经贸的企业在"一带一路"沿线国家布局专利权的策略,要么任意"裸奔",即寻求"一带一路"沿线国家国内法的保护,或者无法律保障;要么寻求"保驾",即寻求知识产权相关双边和多边条约的保护。但对我国同"一带一路"沿线国家共同加入的知识产权相关国际公约的研究表明,并没有一个公约能普遍适用于所有"一带一路"沿线国家。因此,加强双边合作,尽快完善双边条约是实现"一带一路"倡议的现实的阶段性路径。

中韩FTA协定第15.3条规定,"缔约双方重申遵守缔约双方均已作为缔约国加入的已有国际协定中有关知识产权的既有承诺",故上述知识产权相关国际条约构成了中韩两国知识产权法律制度的基础。因此,不管是中国的"一带一路"倡议,还是韩国的"新北方政策"或"新南方政策",在重叠的沿线国家中所遇到的国际公约问题应基本相同,其区别仅存在于双边条约的具体约定。

中韩两国比较成熟的知识产权合作模式,以及"一带一路"倡议同"新北方政策"和"新南方政策"所具有的共性,可为两国共同关心的技术的研发、实施和转移提供合作平台,为促进区域知识产权合作制度而树立国际合作典范。中韩 FTA 协定中的知识产权条款,尤其应成为两国同"一带一路"沿线国家或"新北方政策"和"新南方政策"合作国家的协商蓝本,从而使得 FTA 协定实施效果获得价值最大化。

The Research on China-ROK Cooperation on International Intellectual Property Protection Under "the Belt and Road" Initiative

Ren Hu

Abstract Since the formal establishment of diplomatic ties in 1992, China and Republic of Korea have promoted the bilateral protection of intellectual property rights through the signing of 80 bilateral treaties, as well as their joint accession to 13 international conventions. The achievements of bilateral cooperation, especially in negotiation strategy, intellectual property package consultation mode, and market cultivating, not only for the successful implementation of "The Belt and Road" Initiative has important significance, but also for both China and Republic of Korea to expand cooperation in the field of intellectual property of a third country market has the important enlightenment. China and Republic of Korea should follow the common characteristics of the "The Belt and Road" Initiative, the "New North Policy" and the "New South Policy", provide a cooperation platform for the research and development, implementation and transfer of technologies of common interest, and set up a model of international cooperation for promoting the regional intellectual property cooperation system, so as to maximize the interests of intellectual property rights holders.

Keywords China and Korea FTA; "The Belt and Road" Initiative; Intellectual Property; International Cooperation

"冰上丝绸之路"背景下的中韩北极合作

王晨光 孙 凯

【内容提要】2017年,中国和韩国分别提出了"冰上丝绸之路"倡议和"新北方政策",这为中韩北极合作提供了新的机遇和空间。中韩两国对北极事务的参与几乎同时起步,具备相似的利益诉求,开展了相近的政策实践。而鉴于北极地区特殊的自然环境以及中韩作为北极域外国家的不利身份,合作是两国更好地维护和实现北极利益的现实选择。目前,中韩北极合作基于双边关系平稳、海洋合作良好以及积极进行战略对接而具备较强的可行性,但也受到了美国掣肘、北极国家戒备以及中韩潜在竞争的制约。今后一段时期,中韩应通过提升战略互信、扩大科技互鉴、推动人文交流和促进企业合作等,实现在北极问题上的互利共赢。

【关键词】中韩关系 北极合作 冰上丝绸之路 新北方政策

【作者简介】王晨光,博士,中共中央对外联络部当代世界研究中心助理研究员;孙凯,博士,中国海洋大学国际事务与公共管理学院副院长、教授,泰山学者青年专家。

---

* 本文为国家社科基金重大项目"'北极命运共同体'理念下'冰上丝绸之路'合作机制构建研究"(项目号:19ZDA140)、中国—上海合作组织国际司法交流合作培训基地研究基金项目"上海合作组织与'冰上丝绸之路'建设研究"(项目号:19SHJD016)的阶段性成果。

2017年9月，韩国文在寅政府提出了"新北方政策"（New Northern Policy）①，组建了总统直属北方经济合作委员会（The Presidential Committee on Northern Economic Cooperation），确定了以俄罗斯为主要合作对象的"九桥战略"（9 - Bridge）②，旨在打造一个从朝鲜半岛到俄罗斯远东地区再经北极进而延伸至欧亚大陆的经济共同体。几乎同时，中俄两国以加强北极东北航道的开发利用为基础，逐渐就将东北航道及其相关建设纳入"一带一路"倡议，即共建"冰上丝绸之路"达成共识，中国政府在2017年6月推出的《"一带一路"建设海上合作设想》、2018年1月出台的《中国的北极政策》白皮书等政策文件中都对其做了相应规划。"新北方政策"和"冰上丝绸之路"的提出，为中韩在北极地区的合作开辟了广阔空间，并为两国突破传统上局限于黄海、东海的海洋合作勾勒了新的方向。对此，本文将在回顾中韩两国北极参与历程及其利益主张的基础上，对中韩北极合作的必要性、可行性和阻碍性因素予以分析，进而为推进两国北极合作提供若干政策建议。

一　中韩北极参与历程及其利益主张

近年来，受全球气候变化影响，北极地区呈现出环境恶化与经济机会反向上升的局面，即传统的气候、环境等问题更趋严峻，之前"冰封"的油气、航道、渔业等资源的开发潜力日益显现。③ 面对北极形势快速变化及北极问题呈现出的全球性影响，中韩两国都予以积极关注，并开展了相应的政

---

① "新北方政策"是相对于韩国历史上的"北方政策"而言的。20世纪80年代，卢泰愚政府开始实施"北方政策"，加强与北方的朝鲜、中国和苏联三个社会主义国家的经济合作，进而改善与它们的政治关系及半岛紧张局势。"北方政策"取得了一定成效，韩国与朝鲜一起加入了联合国，并与中国、苏联等社会主义国家建立了外交关系。到了金大中时期，韩国对朝鲜奉行"阳光政策"，到卢武铉时期更是开始建设开城工业区。但在李明博时期，韩国与朝鲜关系恶化，其北方政策的重心是俄罗斯，同时加强了与中东国家的关系。2013年10月，朴槿惠政府提出了"欧亚倡议"，旨在促进欧亚经济共同发展，并利用经济合作为朝韩关系提供稳定的环境。文在寅政府的"新北方政策"，既继承了"欧亚倡议"的原有内容，又增加了"北极合作"这一新的内容。
② "九桥战略"，即韩国与俄罗斯合作的九个重点领域，包括天然气、铁路、港口、电力、北极航线、造船、农业、水产和工业园区。
③ 杨剑：《域外因素的嵌入与北极治理机制》，《社会科学》2014年第1期，第4~13页。

策实践。

中国对北极事务的参与，可追溯到1925年北洋军阀的段祺瑞政府加入《斯瓦尔巴德条约》，从而使中国享有了在斯瓦尔巴德群岛及其附近海域进行科学研究、自由航行、和平开发等的权利。但受国际局势和国家实力的制约，中国在当时及此后很长一段时期都未能在北极地区开展实质性活动。直到20世纪90年代，中国才开始在南极科考的基础上筹备北极科考，并于1996年加入国际北极科学委员会（IASC），1999年组织了首次北极考察。2004年，中国在斯瓦尔巴德群岛建立了第一个北极考察站——黄河站。2005年4月，北极科学高峰周会议（ASSW）在云南昆明举行，这是该会议第一次在发展中国家和亚洲国家举办。2007年，中国向北极治理中最重要的区域性制度安排北极理事会（Arctic Council）提出观察员申请，并于2013年5月被接纳。[1] 2018年1月，国务院新闻办首次公布《中国的北极政策》白皮书，对中国参与北极事务的政策目标、基本原则、政策主张等予以全面阐述。2018年10月，中国第二个北极考察站中国—冰岛联合北极科学考察站正式运行。[2]

相较而言，韩国对北极事务的参与比中国要晚，但进展迅速。1999年，韩国科学家通过搭乘"雪龙"号参与中国的北极科考，实现了韩国的首次北极科考。2001年底，韩国北极科学理事会（Korean Arctic Science Council, KASCO）成立。2002年4月，韩国加入国际北极科学委员会，在斯瓦尔巴德群岛建立茶山（Dasan）科考站。2008年，也就是中国向北极理事会提出观察员申请后一年，韩国也提出了申请，并在2013年5月同中国一起成为正式观察员。其间，时任总统李明博多次出访俄罗斯、瑞典、丹麦等北极国家[3]，为韩国获得这一身份制造声势。2009年，韩国凭借在造船领域的优势，建造了7500吨的破冰船"亚伦"（Araon）号，此后每年都

---

[1] 王晨光：《对中国参与北极事务的再思考——基于一个新的分析框架》，《亚太安全与海洋研究》2017年第2期，第64~74页。

[2] 梁有昶、张淑惠：《中—冰北极科学考察站正式运行》，新华网，http://www.xinhuanet.com/world/2018-10/19/c_1123580109.htm。

[3] 北极国家，即在北极圈内拥有领土的俄罗斯、加拿大、美国、丹麦、挪威、冰岛、芬兰和瑞典。它们是北极理事会成员国，按照北极理事会的规定，接纳正式观察员需获得成员国的一致同意。

开展北极考察。① 2011年3月,韩国在首尔主办了第12届北极科学高峰周会议,并于2012年加入《斯瓦尔巴德条约》。2013年7月,韩国在成为北极理事会正式观察员后不久便发布《北极政策框架计划》,随后在12月出台了内容更为翔实的《北极政策综合计划》,开亚洲国家之先河。② 2015年4月,又推出了《2015年北极政策执行计划》,标志着韩国的北极战略规划步入实施阶段。③

表1 中韩北极主要活动情况

北极活动国家	中国	韩国
首次北极考察	1999年	1999年
北极科考站	黄河站(2004年)、中—冰联合考察站(2018年)	茶山站(2002年)
破冰船	"雪龙"号(1.5万吨,1993年从乌克兰购进)、"雪龙2号"(1.4万吨,2019年自主建造)	"亚伦"号(7500吨,2009年自行建造)
北极理事会	2007年提出申请,2013年5月被接纳为正式观察员	2008年提出申请,2013年5月被接纳为正式观察员
《斯瓦尔巴德条约》	1925年加入	2012年加入
国际北极科学委员会	1996年加入	2002年加入
北极科学高峰周会议	2005年举办	2011年举办
官方北极政策	《中国的北极政策》白皮书(2018年1月)	《北极政策框架计划》(2013年7月)、《北极政策综合计划》(2013年12月)、《2015年北极政策执行计划》(2015年4月)

资料来源:作者自行整理。

由于中韩存在很多相似性,如都位于东北亚地区,属北极域外国家,都受东亚季风气候影响,都是海上贸易大国、资源进口大国等,两国在北极问题上的利益诉求和政策主张都围绕科学研究、资源开发、国际合作等展开。分别来看,韩国的《北极政策综合计划》以"支持北极的未来"为主题,

---

① Iselin Stensdal, "Asian Arctic Research 2005 – 2012: Harder, Better, Faster, Stronger," FNI Report, March 2013, https://www.fni.no/getfile.php/131756 – 1469869075/Filer/Publikasjoner/FNI – R0313.pdf.
② Hyun Jung Kim, "Success in Heading North? South Korea's Master Plan for Arctic Policy," *Marine Policy*, Vol. 61 (2015), pp. 264 – 272.
③ 肖洋:《韩国的北极战略:构建逻辑与实施愿景》,《国际论坛》2016年第2期,第13~19页。

以北极资源商业开发为重点,确定了三大政策目标——构建北极伙伴关系、加强北极科研活动、探索北极经济开发新机遇,设定了四个努力方向——加强北极国际合作、提升北极科研能力、促进北极商业开发和扩展法律制度基础。①《中国的北极政策》白皮书则表示,将秉承"尊重、合作、共赢、可持续"的原则,以认识北极、保护北极、利用北极和参与治理北极为目标,不断深化对北极的探索和认知,保护北极生态环境和应对气候变化,依法合理利用北极资源,积极参与北极治理和国际合作,促进北极和平与稳定。②

二 中韩北极合作的必要性分析

综上可见,中韩对北极事务的参与几乎同时起步,具备相似的利益诉求,开展了相近的政策实践,这为两国北极合作奠定了一定基础。而鉴于北极地区的特殊环境以及作为域外国家的不利身份,中韩在北极问题上可谓"合则两利、斗则俱伤",合作是双方更好地维护和实现北极利益的现实选择。

中韩开展北极合作的必要性,主要体现在以下三个方面。第一,北极地理位置特殊、自然环境恶劣,人类对北极地区的知识积累还十分有限。一般来讲,北极地区是指北极圈(北纬66°34′)以北、被北极八国环绕的海陆兼备的区域,总面积约2100万平方公里。这一区域终年寒冷,常年被冰雪覆盖,最冷的1月份平均气温介于-20℃到-40℃之间,而最暖的8月份平均气温也只有-8℃。恶劣的自然环境使北极一度成为人类活动的禁区,直到近代以来才由欧洲探险家逐渐揭开其神秘的面纱。当前,人类虽然已在北极地区开展了形式多样的科学考察活动,但由于这一地区埋藏着太多自然奥秘以及人类技术手段有限,国际社会对北极的认识尚待深入。认识北极是保护北极继而开发利用北极的前提,中韩两国都积极致力于北极研究科考,并将此作为增强北极话语权和有效存在的主要手段。因此,两国有必要加强合作,共同提升对北极的认识水平。

---

① Ministry of Oceans and Fisheries, etc., "Arctic Policy of the Republic of Korea," December 2013, http://library.arcticportal.org/1902/1/Arctic_Policy_of_the_Republic_of_Korea.pdf.

②《中国的北极政策》,中华人民共和国中央人民政府网,http://www.gov.cn/zhengce/2018-01/26/content_5260891.htm。

第二，北极地区的资源并非触手可及，如何在环保与开发之间寻求平衡是世界各国共同面对的难题。全球气候变暖虽然使北极冰雪消融加速，北极地区蕴含的油气、航运、渔业、旅游等商机逐渐显现，但同时也给这一地区带来了更大的生态环境难题。北极地区生态环境十分脆弱，且自我修复能力极差，有专家曾指出，假如北极地区发生类似 2010 年墨西哥湾的原油泄漏事件，将造成其十余倍的危害结果。这表明北极经济开发必须坚持可持续原则，对生态破坏和环境污染采取零容忍态度。另外，特殊的自然环境、严格的环保要求，也给企业在北极的经济开发活动带来了更大的成本要求和不确定性，如壳牌公司就在 2015 年 9 月中止了在阿拉斯加北极海域的油气勘探。[①] 中韩皆为北半球国家，面临北极自然环境变化的影响，同时又为北极经济开发所吸引，需共同应对挑战，一同承担责任。

第三，北极地区发展较为滞后，经济开发和基础设施建设存在较大的资金缺口。在北极地区进行经济开发活动，离不开相应的基础设施保障。但北极地区人烟稀少，发展滞后，即使近年来北极国家出台的北极政策中都开始重视本国在北极地区的基础建设，短时间内也难见成效。以俄罗斯为例，其战略重心长期置于国土西部，对广阔的远东地区一直疏于管理和开发。2008 年以来，俄罗斯出台了一系列政策文件，旨在将北极地区打造成为"国家能源保障基地"、将北方海航道打造成为"国家交通干线"等。[②] 但由于自身经济实力有限以及 2014 年乌克兰危机后面临西方国家的经济制裁，俄罗斯一直心有余而力不足，迫切需要与相关国家开展合作。中韩两国都是新兴经济体，具有较强的科技水平和经济实力，两国联手更有利于推动北极地区基础设施建设，促进北极发展繁荣。

三 中韩北极合作的可行性探讨

作为全球治理的新兴议题，北极治理的各个方面如认识北极、保护北

---

① 孙凯、张瑜：《对北极治理几个关键问题的理性思考》，《中国海洋大学学报》（社会科学版）2016 年第 3 期，第 1~5 页。
② 参见俄罗斯政府出台的《2020 年前俄罗斯联邦北极地区国家政策原则及远景规划》《2020 年前俄罗斯联邦北极地区发展和国家安全保障战略》《2020 年前北极地区社会经济发展国家规划》《北方海航道发展综合规划》等政策文件。

极、开发利用北极等都有待深入,且相关举措的实施离不开国际合作,这为中韩北极合作提供了可能。再就中韩双边关系及合作基础而言,两国已建立了相应的合作机制并进一步寻求战略对接,中韩北极合作呈现出了较强的可行性。

第一,中韩双边关系在总体上平稳向好。中韩自1992年正式建交以来,两国政治关系发展顺利:1998年,两国领导人宣布建立面向21世纪的合作伙伴关系;2000年,两国宣布将中韩友好合作关系推向全面发展的新阶段;2003年,中韩关系被提升为全面合作伙伴关系;2008年,两国领导人一致同意将中韩关系提升为战略合作伙伴关系。在提升交往层次的同时,中韩经贸合作稳步提升:目前中国是韩国最大的贸易伙伴,韩国是中国的第三大贸易伙伴。此外,两国文化、科技、教育、司法等部门及不少地方政府之间也建立了友好关系,开展了形式多样的交流合作。[1] 当然,中韩关系在近三十年的发展过程中也经历了一些波折,最近一次当属2016年至2017年持续发酵的"萨德"入韩事件。但自2017年10月中韩就妥处"萨德"问题、扫除双边关系障碍达成基本共识,以及同年12月文在寅总统成功访华后,双边关系已实现了转圜和回暖。[2]

第二,中韩在海洋及极地领域建立了一系列合作机制。作为隔海相望的邻国,中韩自建交以来一直高度重视在涉海领域的交流合作,特别是21世纪初,两国先后提出了"海洋强国"战略,共同致力于保护海洋、开发利用海洋,并建立了一系列合作机制。目前,中韩海洋合作主要体现在科技、渔业及执法等领域,如签订了《中国国家海洋局与韩国科学技术部海洋科技合作谅解备忘录》《中华人民共和国政府和大韩民国政府渔业协定》《中华人民共和国海监总队和大韩民国海洋警察厅合作谅解备忘录》,建立了中韩海洋科学共同研究中心、中韩海洋科学技术合作联合委员会,等等。具体到极地问题上,两国开展了海洋化学、生物生态、气象、冰芯的合作调查与研究,进行了极地管理交流培训和极地科考后勤保障合作。韩国科学家参加了中国组织的第一到第四次北极考察,中国科学家也多次参加韩国的北极科

---

[1] 《中国同韩国的关系》,中华人民共和国外交部,2019年5月,https://www.fmprc.gov.cn/web/gjhdq_676201/gj_676203/yz_676205/1206_676524/sbgx_676528/。

[2] 《中韩关系渐回暖》,《人民日报》(海外版)2018年9月15日第6版。

学考察等。①

第三，中韩在北极合作上进一步寻求战略对接。2017年12月，文在寅总统在访华期间，多次提到要推进"新北方政策""新南方政策"与中国"一带一路"倡议的对接。2018年4月，韩国北方委发布《韩国"新北方政策""新南方政策"与中国"一带一路"的战略对接探析》，论述了"新北方政策""新南方政策"与"一带一路"倡议的新机遇以及"一带一路"倡议下经济合作项目可行性，并就对接的领域、项目等提出了比较具体的建议，如成立副总理级的中俄韩对话渠道、局长级的磋商渠道等。② "一带一路"倡议坚持共商、共建、共享原则，一直对韩国敞开怀抱，"冰上丝绸之路"亦是如此。2017年5月，《"一带一路"建设海上合作设想》提出，"积极推动共建经北冰洋连接欧洲的蓝色经济通道"；③ 2018年1月，《中国的北极政策》白皮书明确表示，中国愿依托北极航道的开发利用，与各方共建"冰上丝绸之路"，为促进北极地区互联互通和经济社会可持续发展带来合作机遇。④

四 中韩北极合作的障碍性因素

在中韩双边关系实现回暖、海洋及极地合作机制不断完善以及积极寻求"冰上丝绸之路"与"新北方政策"战略对接的背景下，两国北极合作亟待进一步深入。但不可否认，受若干外部因素以及两国国内情况影响，中韩北极合作还面临着一些障碍。

一是中韩关系发展受到了美国的严重掣肘。相较中韩于2008年建立的战略合作伙伴关系，美韩早在1953年便签署了《共同防御条约》，缔结了军事同盟关系。冷战结束后，有美国战略人士指出，保持美国在亚洲的军事存在依然重要，因为这将为遏制中国崛起、防止中国在东亚谋取霸权奠

---

① 《中韩海洋合作20年历程回眸》，《中国海洋报》2013年6月28日第4版。
② 薛力：《韩国"新北方政策""新南方政策"与"一带一路"对接分析》，《东北亚论坛》2018年第5期，第60~68页。
③ 《"一带一路"建设海上合作设想》，新华网，http：//www.xinhuanet.com//politics/2017-06/20/c_1121176798.htm。
④ 《中国的北极政策》，http：//www.gov.cn/zhengce/2018-01/26/content_5260891.htm。

定基础。① 如今，随着中国的迅速崛起，美国已日渐感受到压力，中美关系也呈现出了更多的竞争色彩。因此，无论是美国早些年提出的"亚太再平衡"，还是近年来提出的"印太战略"，都将中国视作主要对手而进行遏制。其中，美国十分重视包括韩国在内的亚太盟国的力量，2013年在《韩美同盟60周年纪念宣言》中，两国明确韩美同盟的作用将从防御朝鲜扩大到东北亚合作再到全球合作，从军事领域扩大到政治、经济、社会等其他领域。② 这使中韩关系正常发展不时会受到美国的影响，如"萨德"入韩问题很大程度上就是因美国的强推造成的。③

二是北极国家对中韩参与北极事务心存疑虑。虽然北极的科研、气候等问题具有公共性，需要世界各国共同参与和应对，但北极也涉及主权、安全等敏感问题，北极八国对域外国家参与北极事务一直有所戒备。如北极理事会2011年出台《努克宣言》规定：申请成为北极理事会观察员的国家必须承认北极国家的主权、主权权利和管辖权；观察员的职责只是参与科研或提供资助，且资助额度不得超过北极国家；观察员在任何事项上都不享有表决权，会议发言也需得到大会主席的批准。④ 可见，随着北极问题日益引起关注，八国进一步强调"域内自理"，中韩等域外国家虽然被北极理事会接纳为正式观察员，但享有的权利有限。另外，中韩等域外国家的北极科研或经济活动，大多要在北极八国的领土、专属经济区、大陆架等处进行。很多北极国家虽然表面上表示欢迎，但实际上情感复杂，往往要求域外国家的北极活动必须由其主导或受其监督。

三是中韩在一些具体事务上可能面临恶性竞争。虽然中韩两国在北极合作问题上存在较大的必要性和可行性，但由于国际社会的"无政府"状态以及资源的稀缺性特质，国家通常都是按照各自意愿和利益行事，这使两国

---

① Stephen M. Walt, Taming American Power: The Global Response to U.S. Primacy, New York: W. W. Norton and Company, 2005, p. 241.
② 张慧智、于婷：《朴槿惠政府的东北亚外交政策新课题》，《东北亚论坛》2014年第1期，第39~46页。
③ 吴晶晶：《韩国部署"萨德"的政策演变》，《国际问题研究》2017年第6期，第83~95页。
④ Arctic Counicl, "Nuuk Declaration on the Occasion of the Seventh Ministerial Meeting of the Arctic Council," May 12, 2011, http://library.arcticportal.org/1254/1/Nuuk_Declaration_FINAL.pdf.

无法排除在一些具体事务上存在恶性竞争的可能。比如很多北极经济开发项目都是通过公开招投标的方式进行，一方所得往往意味着一方所失。与韩国企业相比，中国企业虽然往往具备资金和人力优势，但在节能减排、破冰抗冻等关键技术领域存在一定差距，同时在人文软实力建设上也有所欠缺，因而很多时候韩国企业比中国企业更受北极国家的欢迎。[①] 另外，中韩都是油气进口大国和海运大国，两国在北极油气资源向亚太市场的转向、分配及承运问题上存在潜在竞争。这一竞争不仅是出价高低以及获量多少的问题，还涉及油气管道走向、港口布局建设、海运行业话语权等问题，关乎国家能源安全建设。

五 中韩增进北极合作的路径选择

针对上述问题，中韩两国应进一步认识和把握北极形势的发展变化，通过提升战略互信、扩大科技互鉴、推动人文交流和促进企业合作等，推动"冰上丝绸之路"和"新北方政策"的顺利对接，实现在北极问题上的互利共赢。

首先，进一步提升中韩北极战略互信。在政治上保持战略互信，是中韩推动北极合作、破解上述几个障碍性因素的前提。也就是说，两国只有在北极问题上形成较高程度的战略互信，才能有效降低国际形势变化特别是美国从中作梗的影响，在与北极国家的互动往来中克服被动局面、争取更多利益，并在具体项目、短期利益等出现竞争时能以大局和长远为重。对此，中韩两国领导人应以当前双边关系稳定发展为基础，选择适当时机提升两国于2008年建立的战略合作伙伴关系的层次，[②] 构建旨在促进海洋合作和可持续

[①] 肖洋：《中日韩俄在参与北极治理中的合作与竞争》，《和平与发展》2016年第3期，第82~85页。

[②] 中国伙伴关系的称谓，有全面战略合作伙伴、战略合作伙伴、全面战略伙伴、全面友好合作伙伴、全面合作伙伴等十多种，显示了不同的层次、内涵和亲疏关系。一般而言，"全面"指合作范围不仅包括政治、经济、军事等"高政治"领域，也包括文化、环保、社会等"低政治"领域；"战略"则意味着合作层次更高或着眼点更高，双方从整体上、全局上、核心利益和未来发展趋势上都具有一致性；"合作"强调政策相互协调、相互配合、相互支持，其中不加"战略"修饰的合作多指经济合作；"友好"则指政治关系良好，一般用于和小国的关系。也就是说，中韩关系还可以进一步提升为全面战略合作伙伴关系，目前与中国建立这种伙伴关系的国家有越南、老挝、柬埔寨、缅甸、泰国等。参见孙敬鑫、林剑贞《伙伴关系助力中国特色大国外交》，《当代世界》2015年第10期，第34~37页。

发展的蓝色伙伴关系,为深化务实合作构建良好的政治环境。另需注意的是,早在 2015 年 10 月朴槿惠政府时期,中韩就签订了《关于"一带一路"与"欧亚倡议"开展合作的谅解备忘录》以及其他一系列文件。[①] 因此两国应总结经验,寻求政策的延续性和相似性,落实"冰上丝绸之路"与"新北方政策"的战略对接。

其次,进一步扩大中韩北极科技互鉴。正如前文所言,认识北极是保护北极继而开发利用北极的前提,而认识北极往往需要依赖科技手段。鉴于科技对域外国家参与北极事务的基础性作用,中韩两国都积极致力于北极科学研究,并形成了较好的合作基础。随着"冰上丝绸之路"与"新北方政策"的推进,两国应进一步加强在科技这一"低政治"领域的交流合作,增强在北极事务上的发言权和影响力。第一,充分利用既有的双边合作平台。如中韩海洋科学技术合作联合委员会[②]作为两国海洋科技合作的最高决策机构,应加强对北极研究项目的重视程度和资助力度。第二,积极探索新的合作机制。如中韩在斯瓦尔巴德群岛分别建有黄河站和茶山站,两国可探索考察站之间的开放共享机制。第三,继续加强多边渠道的科技合作。如两国都是北极理事会的正式观察员、国际北极科学委员会的成员,应在其中扩大共同利益,发挥更大作用。

再次,进一步推动中韩北极人文交流。中韩两国地缘相近、人缘相亲、文缘相通,人文交流一直都是中韩关系发展的稳定器和助推器。2013 年 6 月,中韩两国元首发表《中韩面向未来联合声明》,指出要积极推进加强两国人文纽带活动,成立"中韩人文交流共同委员会",[③] 这是为促进两国人文交流搭建了更为制度化的平台。"冰上丝绸之路"与"新北方政策"的推进和对接,离不开两国及北极国家民众的支持和响应,因此中韩北极人文交流应从两个方面予以努力:一方面,加强中韩两国的人文交流,支持两国智库、学者之间建立机制化的交流渠道,促使两国在北极问题上增信释疑、凝

---

① 《"一带一路"倡议和韩国"欧亚倡议"有机对接 双方签署合作谅解备忘录》,中国一带一路网,2015 年 11 月 3 日,https://www.yidaiyilu.gov.cn/xwzx/bwdt/77053.htm。
② 该委员会由中国国家海洋局和韩国海洋水产部共同组成,其职责是商定两国重大的合作事项,组织、协调有关合作事宜。联委会会议每两年召开一次,在两国轮流举行。
③ 《中韩面向未来联合声明(全文)》,人民网,http://politics.people.com.cn/n/2013/0627/c1001-22000275.html。

聚共识，更好地协调利益和行动；另一方面，两国应更好地发掘儒家和汉字文化圈的共性，联手推进对俄罗斯、加拿大等北极国家民众和北极原住民的人文交流，进而改善国家形象、优化参与环境、提升投资绩效，更好地维护和实现北极利益。

最后，进一步增强中韩北极企业合作。21世纪以来，随着北极进入"开发时代"，企业的作用变得越来越重要，已成为北极经济开发的"先行者"和"排头兵"。[①] 其中，中韩两国的企业都表现不俗，如中石油获得了俄罗斯亚马尔液化天然气（LNG）项目20%的股份，中远集团自2013年起不断扩大对东北航道的商业开发；韩国的大宇造船海洋近年来承接了大批量的抗冰船订单，现代重工建造了不少极地海上天然气储卸平台等。今后一段时期，"冰上丝绸之路"和"新北方政策"将为两国造船、航运、油气、渔业等企业进军北极创造新的机遇。面对北极丰富资源和脆弱环境之间的悖论，两国企业应秉持互利共赢和可持续发展原则，坚决摒弃零和思维、避免恶性竞争，同时积极承担社会责任、推动优势互鉴互补，通过股权互持、联合竞标、共同研发、技术共享等方式，深化北极合作并探求在北极问题上的"第三方市场合作"。

China-ROK Arctic Cooperation in the Context of "the Polar Silk Road"

Wang Chenguang, Sun Kai

Abstract China and ROK respectively proposed "The Polar Silk Road" Initiative and the "New North Policy" in 2017, which provided new chance and space for China-ROK Arctic cooperation. The Arctic participation of China and ROK started almost simultaneously, with similar interests and policy practices. In view of the special natural environment in the Arctic region and unfavorable status of China and ROK as non-Arctic countries, cooperation is a realistic choice for the

---

① 孙凯、张佳佳：《北极"开发时代"的企业参与及对中国的启示》，《中国海洋大学学报》（社会科学版）2017年第2期，第71~77页。

two countries to maintain and realize the Arctic interests. At present, China-ROK Arctic cooperation is highly viable based on stable bilateral relations, good maritime cooperation and active strategic docking, but it is also constrained by the US's constraints, Arctic countries' suspicion and potential competition between China and ROK. In the coming period, China and ROK should achieve mutual benefit and win-win in the Arctic issue by enhance strategic trust, science and technology exchange, humanities communication and enterprises cooperation.

Keywords　China-ROK Relations; Arctic Cooperation; The Polar Silk Road; New North Policy

复旦大学《韩国研究论丛》
征稿启事

《韩国研究论丛》为复旦大学韩国研究中心主办的学术集刊，创刊于1995年，一直秉承"前沿、首创、权威"的宗旨，致力于朝鲜半岛问题研究，发表文章涉及朝鲜半岛问题研究的各个领域。

2005年，《韩国研究论丛》入选CSSCI首届来源集刊，2014年再次入选CSSCI来源集刊，并进入全国邮政发行系统。

《韩国研究论丛》用稿涵盖朝鲜半岛问题各研究领域，设置三个专题栏目：（一）政治、外交与安全；（二）历史、哲学与文化；（三）社会、经济与管理。

投稿时请注意学术规范。

（一）原创性论文。本刊论文出版前均经学术不端检测，有条件者请自行检测后投稿。同时，在本刊发表之前，不得在其他出版物上（含内刊）刊出。

（二）文章格式严格遵循学术规范要求，如中英文标题、摘要（200字以内）和关键词及作者简介（姓名、籍贯、工作单位、职务及职称、研究领域）；基金项目论文，请注明下达单位、项目名称及项目编号等。

（三）论文一般不超过10000字。

（四）稿件均为Microsoft office word文档（不接受其他格式文档），注释采用脚注形式，每页重新编号，注释序号放在标点符号之后。因需要分发审阅，不再接受纸质版论文。所引文献需有完整出处，如作者、题名、出版单位及出版年份、卷期、页码等。网络文献请注明完整网址。

（五）《韩国研究论丛》编辑部根据编辑工作的需要，可能对来稿文字做一定删改，不同意删改者请在投稿时注明。

（六）编辑部信箱：cks@fudan.edu.cn，电话：021-65643484。

本刊将继承和发扬创刊以来形成的风格，注重学术性、前沿性、创新性、时代性，依托复旦大学，面向世界，努力反映当前最新研究成果。欢迎国内外同行不吝赐稿。

《韩国研究论丛》编辑部

复旦大学韩国研究中心

图书在版编目(CIP)数据

韩国研究论丛.2019年.第二辑：总第三十八辑/复旦大学韩国研究中心编.--北京：社会科学文献出版社,2020.3
（复旦大学韩国研究丛书）
ISBN 978-7-5201-6240-1

Ⅰ.①韩… Ⅱ.①复… Ⅲ.①韩国-研究-文集 Ⅳ.①K312.607-53

中国版本图书馆 CIP 数据核字（2020）第029050号

·复旦大学韩国研究丛书·

韩国研究论丛　总第三十八辑（2019年第二辑）

编　　者 / 复旦大学韩国研究中心
出 版 人 / 谢寿光
组稿编辑 / 高明秀　许玉燕
责任编辑 / 许玉燕
文稿编辑 / 郑彦宁

出　　版／社会科学文献出版社·国别区域分社（010）59367078
　　　　　地址：北京市北三环中路甲29号院华龙大厦　邮编：100029
　　　　　网址：www.ssap.com.cn
发　　行／市场营销中心（010）59367081　59367083
印　　装／三河市尚艺印装有限公司
规　　格／开　本：787mm×1092mm　1/16
　　　　　印　张：17.25　字　数：283千字
版　　次／2020年3月第1版　2020年3月第1次印刷
书　　号／ISBN 978-7-5201-6240-1
定　　价／89.00元

本书如有印装质量问题，请与读者服务中心（010-59367028）联系

▲ 版权所有 翻印必究